国家社科基金
GUOJIA SHEKE JIJIN HOUQI ZIZHU XIANGMU
后期资助项目

# 电子商务环境下的消费者认知与行为研究

## Research on Consumer Cognition and Behavior in E-commerce

李杰　陈维军　杨芳　著

科学出版社
北京

## 内 容 简 介

本书用实证方法研究电子商务环境下消费者认知与冲动购买、电商购物节购买、在线评论和消费者投诉等行为之间的关系，揭示上述行为背后的消费者价值观及个人特征的影响作用。针对粉丝情感与互动行为这一社会化商务的核心问题，从自媒体平台收集大量粉丝评论和互动数据，分析挖掘社会化商务环境下粉丝构成特征、互动行为和粉丝情感演化规律。

本书为电子商务、社会化商务、市场营销、消费者心理与行为等领域的研究提供参考和借鉴，为相关企业和从业人员提供理论指导。

**图书在版编目（CIP）数据**

电子商务环境下的消费者认知与行为研究 / 李杰，陈维军，杨芳著. —北京：科学出版社，2021.8

国家社科基金后期资助项目

ISBN 978-7-03-069415-7

Ⅰ. ①电… Ⅱ. ①李… ②陈… ③杨… Ⅲ. ①消费者行为论—研究 Ⅳ. ①F036.3

中国版本图书馆 CIP 数据核字（2021）第 146453 号

责任编辑：徐 倩 / 责任校对：贾娜娜
责任印制：张 伟 / 封面设计：无极书装

科学出版社出版
北京东黄城根北街 16 号
邮政编码：100717
http://www.sciencep.com
北京中石油彩色印刷有限责任公司印刷
科学出版社发行 各地新华书店经销
*
2021 年 8 月第 一 版 开本：720 × 1000 1/16
2022 年11月第三次印刷 印张：17
字数：300 000

**定价：172.00 元**

（如有印装质量问题，我社负责调换）

# 国家社科基金后期资助项目
# 出版说明

后期资助项目是国家社科基金设立的一类重要项目，旨在鼓励广大社科研究者潜心治学，支持基础研究多出优秀成果。它是经过严格评审，从接近完成的科研成果中遴选立项的。为扩大后期资助项目的影响，更好地推动学术发展，促进成果转化，全国哲学社会科学工作办公室按照“统一设计、统一标识、统一版式、形成系列”的总体要求，组织出版国家社科基金后期资助项目成果。

全国哲学社会科学工作办公室

# 前　言

电子商务对于实现我国的扩大内需战略，加快构建以国内大循环为主体、国内国际双循环相互促进的新发展格局具有非常重要的意义。尤其是面对新冠肺炎疫情的严峻挑战，电子商务为支撑消费增长、打通国内经济内循环提供了有力支撑。2020 年上半年，全国网上零售额达 51 501 亿元，同比增长 7.3%，其中实物商品网上零售额占社会消费品零售总额的比重已达 25.2%[①]。

扩大内需的关键是激发和满足消费者需求。电子商务的优势在于能够通过分析消费者的在线选购、在线评论、在线投诉等数据，了解消费者心理和需求特征，从而有针对性地改进产品和服务质量，提高用户满意度，进一步促进消费，形成扩大内需的良性循环。因此，本书第一篇以动机理论、口碑理论、使用与满足理论等为基础，研究消费者的享乐主义和功利主义价值观、个人特征、商家促销等因素对消费者冲动购买、电商购物节购买、在线评论、在线投诉等方面的影响，对消费者在线购物全过程的关键问题进行深入剖析，为电子商务发展提供理论指导。

随着经济的发展和人民收入水平的提高，促进消费者冲动购买成为商家促销的重要目的。对于商家来说，有必要清楚什么样的人在什么情况下更倾向冲动购买。本书研究了享乐主义和功利主义消费价值观及个人特征对冲动购买的影响，并探讨商家促销、社会影响等对冲动购买的促进作用。研究发现，享乐主义价值观对冲动购买有显著的促进作用，而功利主义价值观对冲动购买有显著的负面作用。女性比男性更容易冲动购买，低学历和低收入者更容易冲动购买。营销刺激和社会影响都会促进冲动购买，而前者的作用大于后者。

“618”“双十一”等电商购物节也是电子商务中的一个热点问题。本书研究了消费价值观与购物节购买行为之间的关系，探讨什么样的消费者倾向于在电商购物节购买商品，分析什么因素刺激消费者购买行为及虚假促销、物流延误等因素对消费者购物节购买的负面影响。研究发现，与冲动购买相反，功利主义价值观的消费者更喜欢在购物节时购

① 中国互联网络信息中心 2020 年 9 月发布的第 46 次《中国互联网络发展状况统计报告》。

买商品。价格折扣、从众心理及不买吃亏的心理促进购物节购买。物流延误和怀疑瑕疵对消费者购物节购买行为具有显著的负面作用。

在线评论是电子商务商家信誉的基础，也是消费者购买决策的重要参考。从两个角度研究在线评论，一是消费者在购买前主要关注什么样的评论，即在线评论关注问题；二是消费者在收到商品后的追加评论问题。研究发现，功利主义消费者比享乐主义消费者更加关注在线评论内容，而享乐主义消费者较功利主义消费者更愿意追加评论。女性和高学历消费者对在线评论更为关注。

在线投诉对电子商务的影响远远超过传统线下销售模式，是电商卖家和平台都极为关注的问题。通过对投诉行为进行深入研究，揭示投诉行为的规律和特征。功利主义和享乐主义等级越高，消费者越容易投诉，对商家的期望越高。男性比女性更倾向于进行投诉，但女性比男性更期待商家对投诉的反馈和解决。学历不影响投诉行为，但学历越高的消费者对投诉的期望也越高。收入越高，越容易投诉，对投诉后的期望也越高。

社会化商务是近几年发展起来的电子商务新模式。其中，电商直播发展迅猛，尤其在 2020 年 1 月至 6 月成为各级政府提振经济、拉动消费的新增长点。2020 年 4 月 20 日，习近平同志在陕西省调研时鼓励当地电商直播工作人员，表示“电商在推销农副产品方面大有可为”①。在社会化商务中，吸引观众、促进互动、培养粉丝是自媒体直播平台成功的关键。本书第二篇以农村电商直播平台为研究对象，以使用与满足理论、准社会交往（para-social interaction，PSI）理论、情感认知评价理论等为基础，挖掘社会化商务环境下粉丝构成特征、互动行为和粉丝情感演化规律，为相关研究和自媒体平台提供参考和借鉴。

通过与粉丝互动提高用户黏性是社会化商务的本质特征，有必要对粉丝互动行为及影响因素进行系统研究。本书第二篇首先研究了粉丝不同互动行为之间的关系及时间、人物和事件对粉丝互动的影响。研究发现，粉丝的互动行为主要包括播放、点赞、收藏、评论等，互动频次受时间、视频人物、视频主题的影响。评论是交互程度最高、黏性最强的粉丝互动行为。

忠实粉丝占比是自媒体平台发展质量和水平的关键评价指标，研究自媒体不同粉丝类型构成及其发展的变化规律具有重要的理论和实践价值。本书基于幂定律拟合评论发布数量与相应的粉丝人数之间的关

① http://www.xinhuanet.com/politics/leaders/2020-04/24/c_1125902153.htm[2020-5-30]。

系，比较不同阶段粉丝构成的幂定律参数变化。研究发现，粉丝构成符合幂定律，且随着时间变化评论发布行为越来越集中到少数忠实粉丝身上。忠实粉丝的形成过程符合生命周期规律。

粉丝情感决定粉丝行为，了解自媒体粉丝情感及演化规律对于忠实粉丝的培养有重要价值。本书用文本挖掘的方法，重点研究粉丝对自媒体核心人物的情感演化，探究粉丝情感强度从低到高的发展过程。该过程表现为粉丝情感从评价性的夸奖到带有感情投入的喜欢，再到家人般的共情，同时用户也由路人发展为普通粉丝，最后成为忠实粉丝。

本书是团队多人合作的结晶，刘佳颖、郑晗、冀永茂、时胜男、郭栋炜、钟究、尹淼分别完成了第 3 章到第 9 章的数据收集和分析工作，黄倩文、裴庆楠、孙妍妍、孙震、王乐、魏全、徐慧、朱佳佳参与了书稿的修改工作。感谢所有团队成员的付出。

本书得到国家社科基金后期资助项目（16FGL4）的资助，感谢国家社会科学基金的支持，感谢各位评审、鉴定专家提出的宝贵修改意见，感谢科学出版社的编辑提出的修改意见。

本书在撰写过程中参考了国内外诸多专家的研究成果，有的已经在参考文献中列出，但难免存在疏漏，在此向所有专家表示感谢。由于时间仓促和水平所限，书中难免有疏漏和瑕疵，请各位读者批评指正。

# 目　录



## 第一篇　电子商务环境下的消费价值观与消费者行为

# 第1章 绪 论

## 1.1 研究背景与意义

随着互联网经济的快速发展，我国网民规模持续平稳增长，互联网应用模式不断创新，线上线下服务融合加速，互联网在经济社会发展中的重要地位更加凸显，我国向建设网络强国目标持续迈进。中国互联网络信息中心（China Internet Network Information Center，CNNIC）报告显示，截至2020年6月，中国网民规模已达到9.4亿，互联网普及率达到67%[①]。在互联网、大数据、人工智能和实体经济从初步融合迈向深度融合的新阶段，数字经济成为经济发展的新引擎，互联网和数字化推动传统经济向互联网经济升级和转型。

作为互联网经济的引擎，电子商务市场快速发展。截至2020年6月，我国网络购物用户规模达到了7.49亿，占网民总数的79.7%。这显示更多的经济活动正在加速步入互联网时代，我国电子商务步入了快速发展的轨道。

电子商务的发展对传统商业模式造成巨大的冲击，促进竞争格局和商业环境的改变，进而引发经济发展模式的创新。市场竞争的全球化是电子商务带来的最巨大的变化。在传统商务模式下，企业很难将商品销售到全世界范围，一般只能在一个局部区域市场参与竞争。电子商务使企业的目标市场范围由局部区域扩大为全国甚至全世界。同时，消费者可以很方便地购买到全世界的商品和服务。这种全球化的竞争格局对于商家来说既是机会也是挑战。对于企业来说，为了赢得竞争，必须不断提高创新发展能力，针对顾客需求提供更好的产品和服务。因此，在以电子商务为支撑的全球竞争环境下，宏观上资源配置更加高效，各种创新层出不穷。

我国在电子商务领域的创新发展引人瞩目。淘宝上数以亿计的商品、相对低廉的价格、保证双方资金安全的支付宝、在线评论及信誉评价体系等多方面的创新使手机淘宝App（application，手机软件）在综合电商

① 中国互联网络信息中心2020年9月发布的第46次《中国互联网络发展状况统计报告》。

行业用户规模排名第一[①]。京东靠着物流配送次日达的优势迅速崛起，成为商对客（business to consumer，B2C）电子商务模式市场上的佼佼者（李杰等，2018）。腾讯微店借助微信庞大的用户群迅速崛起，以信任为基础，以面向朋友圈销售为特色，迅速渗透和发展。滴滴整合了出租车、快车、专车、顺风车等交通服务，改变了人们的出行方式，引发了出租车行业巨变。通过去哪儿、携程等网站，人们动动手指就可以购买飞机票、预订酒店、购买景点门票等。美团和大众点评的出现，使订外卖成为年轻人解决吃饭问题的重要选项。

此外，社会化商务近几年快速崛起，大量的网红如雨后春笋般涌现。这些网红通过自媒体的方式吸引了大量粉丝，带货销售能力惊人。抖音美妆界带货第一名的口红带货达人李佳琦曾在5分钟内卖出15 000支口红。除了这种专业带货的网红之外，还涌现出大量的聚焦不同主题的视频主播。通过日常录制播放一些美妆、美食等主题的视频，逐渐吸引大量粉丝，并在其中穿插售货。例如，在今日头条上自称首个农村儿童成长专栏、三农达人团成员、优质“三农”领域创作者的布衣小童，自 2017 年 10 月 3 号发布第一个视频到 2019 年 7 月这不到两年的时间里已经有 96 万粉丝关注。在近百万粉丝的支持下，布衣小童几次销售农产品活动均取得巨大成功，在几天时间内卖完数以万计的农产品。

随着电子商务的发展，电子商务平台和各种社会化的虚拟社区成为消费者购物、娱乐、沟通、交友的媒介，建立和维系顾客忠诚变得越来越困难。从更深层次来看，社会经济的发展、人们收入的大幅度提高、社交方式的改变及商业模式的不断创新，上述种种变化使消费者的消费价值观发生了翻天覆地的变化。消费者购买商品和服务的目的不再仅仅是满足基本的生活需求。

消费者购买行为背后的动机和情感复杂，享乐主义和功利主义成为商家和学术界关注的热点。各大电商平台实施折扣、满减、限时降价、赠品、返现等花样翻新的促销活动，目的无非是促进“剁手族”的冲动购买。更有甚者，商家竞相全力打造令网民疯狂追捧的购物节来刺激消费，淘宝的“双十一”和京东“618”最有名，已成为全民购物的狂欢节。消费行为更加透明，消费者通过在线评论和投诉表达自己的感受、维护自己的权利并影响后来者的购买决策。网红主播们更是使出浑身解数吸引粉丝的关注，温度、情怀和情感成为社会化商务的独特关键词。新现象、新模式、新问

① http://news.iresearch.cn/content/202101/359285.shtml[2021-1-28]。

题层出不穷，传统的消费者心理和行为理论已经无法解释当前电子商务尤其是社会化商务环境下的消费者行为。

对在线消费者行为进行研究，特别是在一些关键性的研究领域，如功利主义、享乐主义、冲动购物、在线评论、投诉行为及社会化商务背景下的粉丝情感、粉丝互动行为等，进行深入的研究，挖掘消费者认知与行为中存在的潜在规律，能推动电子商务消费者行为理论向前发展，为研究新兴电子商务提供有价值的理论依据和参考，使电子商务更加智能化和人性化。

从理论上说，消费者行为研究涉及多个学科，包括管理学、经济学、社会学、人类学、民族学、心理学等。电子商务环境下的商业模式发生了改变，网络环境下消费者行为呈现出区别于传统环境下消费者行为的特征，对此进行深入分析，发展传统的消费者行为理论，有助于丰富管理学、经济学、心理学等相关理论。

从实践上来看，对电子商务环境下消费者行为特征与规律的研究能够为电子商务市场主体商家、消费者及政府部门的相关决策提供参考。对于商家来说，商家的经营活动是以消费者为出发点和终结点的。电子商务环境下网络消费者行为产生较大的变化，了解网络消费者购物心理和动机、购物行为及决策过程的关键因素、售后评论及投诉等，明确消费者购买行为的本质，有利于商家更好地细分市场，合理利用企业营销资源，节约成本，对企业市场营销策略的制定具有借鉴作用。此外，对网络消费者行为的研究，有助于了解消费者需求，从而有效地刺激消费者需求。更好地满足消费者需求，有助于商家真正做到以消费者为中心，对企业获得长期的生存和发展及竞争力的提升具有重要的现实意义。

对于消费者来说，电子商务的出现影响了消费者的购物习惯，在给消费者带来益处的同时，也给消费者带来了不确定性的困扰。对网络消费者行为进行研究，有助于网络消费者理性地做出购买决策，引导其建立正确的消费观念和消费模式。

对于政府相关部门来说，电子商务模式在中国的发展日新月异，成为我国经济快速发展新的驱动力。对这类模式下消费者行为、心理特征和规律进行研究，有利于对这种购物模式进行理性的预测，对把握中国电子商务发展趋势和制定公共政策等方面起到一定的参考作用，从而促进我国新兴电子商务更健康、快速和高效地发展。

## 1.2　内容与逻辑框架

随着电子商务的不断发展和创新，新问题和新模式不断涌现。电子商务环境下的在线评论、购物节、冲动购物、网上投诉等都是电子商务环境下独有的新现象和新问题。社会化商务则是近几年发展得如火如荼的电子商务新模式，而粉丝是社会化商务的核心，粉丝情感和互动行为决定社会化商务的发展状况。

本书重点关注电子商务环境下消费者认知和行为的独特主题和社会化商务环境下的粉丝情感与互动行为，分析消费者价值观、个人特征、社会影响、商家促销等因素对消费者行为的影响，挖掘社会化商务环境下粉丝构成特征、互动行为和粉丝情感演化规律，揭示消费者在电子商务购物过程和对社会化商务平台的认知及行为方面的本质特征，丰富在线消费者行为理论。

将上述两大部分的内容分为两篇。第一篇主题是电子商务环境下的消费价值观与消费者行为，主要研究电子商务环境下不同消费价值观的消费者在商品评论的关注、冲动购买、购物节购买、追加评论、在线投诉等方面的行为表现特征。第二篇主题是社会化商务背景下的粉丝互动及情感演化，主要研究社会化商务平台粉丝互动行为的相互关系及影响因素、粉丝构成特征及演化、粉丝情感演化等方面的规律。

### 1.2.1　电子商务环境下的消费价值观与消费者行为研究内容

本质上来看，购买是买卖双方的价值交换行为，消费价值观决定了消费者对商品和服务的价值认知。对于不同消费价值观的消费者来说，同样一件商品的价值可能相差巨大。有人从功利角度购买商品，主要看重质量、功能和实用性。也有人从享乐角度购买商品，主要看重款式外观、趣味性、人文情怀、特色等。功利主义和享乐主义是两种典型的消费价值观。消费价值观是消费者决策和行为的内在基本驱动力。因此，第一篇将以刺激-有机体-反应（stimulus organism response，SOR）模型、动机理论、口碑理论、使用与满足理论等为理论基础，用 4 章的篇幅研究消费价值观对消费者在线评论、冲动购买、购物节购买及投诉行为的影响。第一篇研究内容框架如图 1.1 所示。

除了消费价值观之外，消费者行为还会受到消费者个人特征、商品和服务特征、社会因素及商家促销的影响。本篇将以消费价值观为核心，

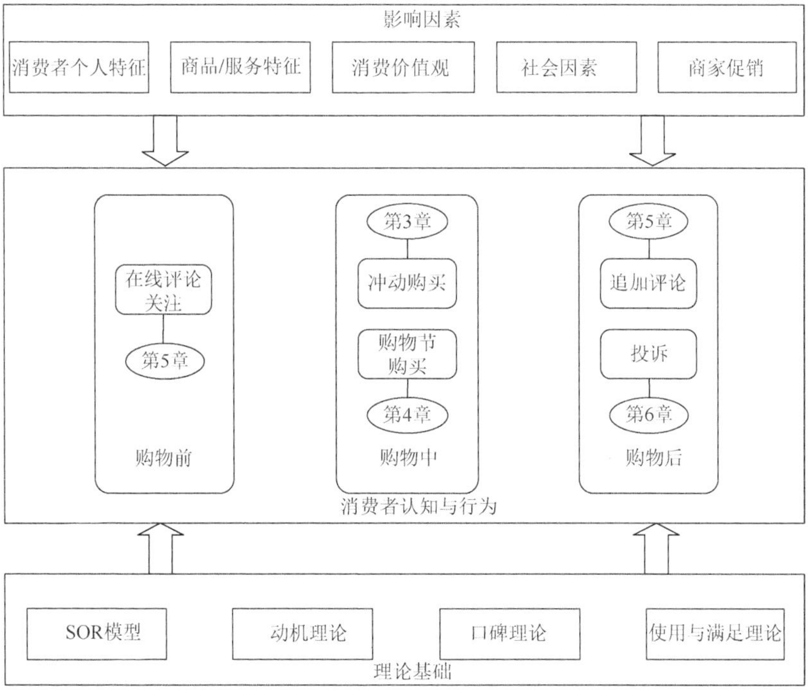


图 1.1 消费价值观与消费者行为研究内容

同时在不同章节研究其他相关重要因素的作用。其中，消费者个人特征主要包括性别、年龄、学历、职业、收入水平、婚姻状况、家庭人口情况等人口统计学特征。商品和服务特征主要包括质量、功能、价格、实用性、易用性、趣味性、特色、物流、服务态度等。社会因素主要指对消费者的购买决策可能起到影响作用的熟人、网红、节日氛围等方面的因素。商家促销主要指商家为了促进销售而采取的折扣、赠品、饥饿营销等促销手段。

在线评论对消费者的购买决策和行为有重要的影响。第 5 章将以口碑理论为基础，从两个角度研究在线评论，一是消费者在购买前主要关注什么样的评论，即在线评论关注问题；二是消费者在收到商品后的追加评论问题。不同的评论对消费者的影响也不同。在评论关注部分，重点研究不同消费价值观和个人特征的消费者对于负面评论、追加评论、带图评论和内容详细评论的关注程度及差异，为商家在评论管理和口碑营销方面提供理论参考。在追加评论方面，重点研究不同消费价值观和个人特征的消费者在满意后追加评论和不满意追加评论两方面的表现和行为特征，进而指导商家有针对性地采取激励措施，提高追评质量，帮助后来消费者选购。

随着人们收入和生活水平的提高，购物不再只满足基本需求，冲动购物比例逐年增加。第 3 章将基于 SOR 模型，研究消费价值观与冲动购买行为，重点关注享乐主义和功利主义消费价值观及个人特征对冲动购买的影响，并探讨商家促销、社会影响（网红、熟人）等对冲动购买的促进作用，揭示冲动购买与内在消费价值观的关系，给出性别、年龄、职业、收入水平等因素对冲动购买行为的影响。

电商购物节近几年已经发展成为全民购物的狂欢节，京东和淘宝等主流电商平台都严阵以待使出各种招数渲染购物节氛围，力促购物节销售额连年攀升。在购物节火爆销售的同时，也出现了虚假促销、商品瑕疵、物流积压延误等各种问题，导致部分消费者对电商购物节失去兴趣。第 4 章将基于动机理论，重点研究消费价值观与购物节购买行为之间的关系，探讨什么样的消费者倾向购物节购买，分析什么因素刺激促进消费者购物节购买及虚假促销、物流延误等负面因素对消费者购物节不购买的影响。

电子商务环境下消费者不满意时能够非常容易方便地向第三方平台进行投诉。消费者投诉是商家产品和服务质量的晴雨表，能够精确反映造成消费者不满意的痛点问题。进一步来看，商家被投诉后的反应能否符合消费者预期决定着消费者对该事件的最终态度及后续是离开还是继续购买。因此，第 6 章将基于使用与满足理论，对消费者投诉行为进行深入研究，分析消费价值观和消费者个人特征与投诉行为之间的关系，剖析消费者售后投诉的主要原因及消费者对商家在快速响应、态度和补偿方面的期望，为商家提高服务质量提供决策参考。

### 1.2.2 社会化商务背景下的粉丝互动及情感演化研究内容

与一般电子商务环境下消费者自助购物模式不同，社会化商务环境下消费者与博主之间的互动是粉丝形成的关键，这一独有特性构成了社会化商务的发展基础。第二篇将以使用与满足理论、准社会交往理论、相似吸引理论、情感认知评价理论、群体情感理论为理论基础，以粉丝和博主之间的互动行为为核心，以“三农”自媒体博主“布衣小童”为研究对象，研究自媒体粉丝互动行为及影响因素、粉丝构成及演化、粉丝情感及演化等三个方面的内容，揭示社会化商务环境下粉丝情感及互动行为的本质特征和规律。第二篇的研究内容逻辑框架如图 1.2 所示。

第 7 章将从“三农”自媒体平台收集播放、点赞、收藏、评论等粉丝互动行为数据，采用文本挖掘、相关分析、$t$ 检验、回归分析等方法，

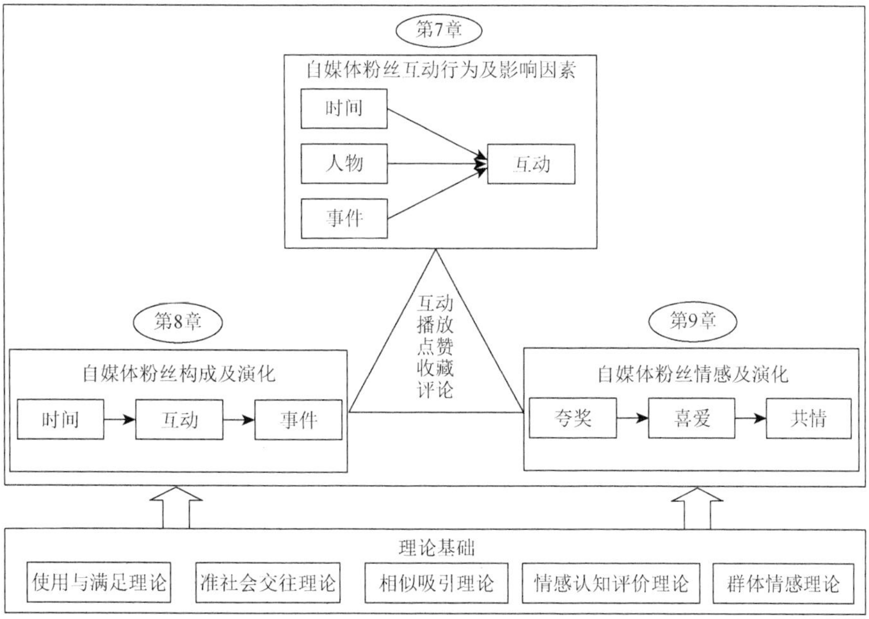


图 1.2 自媒体粉丝互动与情感演化研究内容

重点研究粉丝互动行为之间的关系及时间、人物和事件对粉丝互动的影响，找出用户关注度高的视频人物和事件主题特征，为促进粉丝交互行为和吸引更多粉丝提供理论依据。

第 8 章主要研究粉丝构成及演化规律。首先，以发表评论的数量为依据将用户分为三类，即路人、普通粉丝和忠实粉丝。基于幂定律拟合评论发布数量与相应的粉丝人数之间的关系，用定量的方式刻画粉丝构成，并通过比较不同阶段粉丝构成的幂定律参数变化，找出粉丝构成的变化规律。其次，选择典型忠实粉丝，逆向追踪用户在各阶段的评论发布行为，分析评论数量随时间的变化规律，验证忠实粉丝的形成过程符合生命周期模型。最后，基于互动行为，如播放、点赞、评论、收藏等构建反映粉丝转化的复合评价指标，分析粉丝不同互动行为转化率的漏斗模型结构特征及其演化规律。

第 9 章研究粉丝情感及其演化规律。社会化商务环境下粉丝情感决定粉丝行为。本章以一个典型的“三农”自媒体博主“布衣小童”为研究对象，利用文本挖掘的方法，重点研究粉丝对该自媒体核心人物小欧的情感演化，探究粉丝情感强度从低到高的发展过程。该过程也是由路人发展为普通粉丝，最后成为忠实粉丝的演化过程。将表示粉丝情感程度的夸奖、喜欢和共情三种情感词的频数、普通粉丝转化率和忠实粉丝转化率与“时间”变量做回归分析，得出各个指标随时间的变化情况，最后总结出社会化商务中粉丝的情感及演化规律。

## 1.3 研究方法与技术路线

### 1.3.1 电子商务环境下的消费价值观与消费者行为研究方法

第一篇研究电子商务环境下的消费价值观与消费者行为之间的关系，采用问卷调查的实证研究方法，基于SOR模型、动机理论、口碑理论、使用与满足理论，研究消费价值观与消费者在线行为之间的关系，遵循文献研究—模型构建—量表设计—问卷收集—信效度分析—方差分析—回归分析/结构方程模型分析的研究技术路线，保证研究的规范性和严谨性。技术路线如图1.3所示。

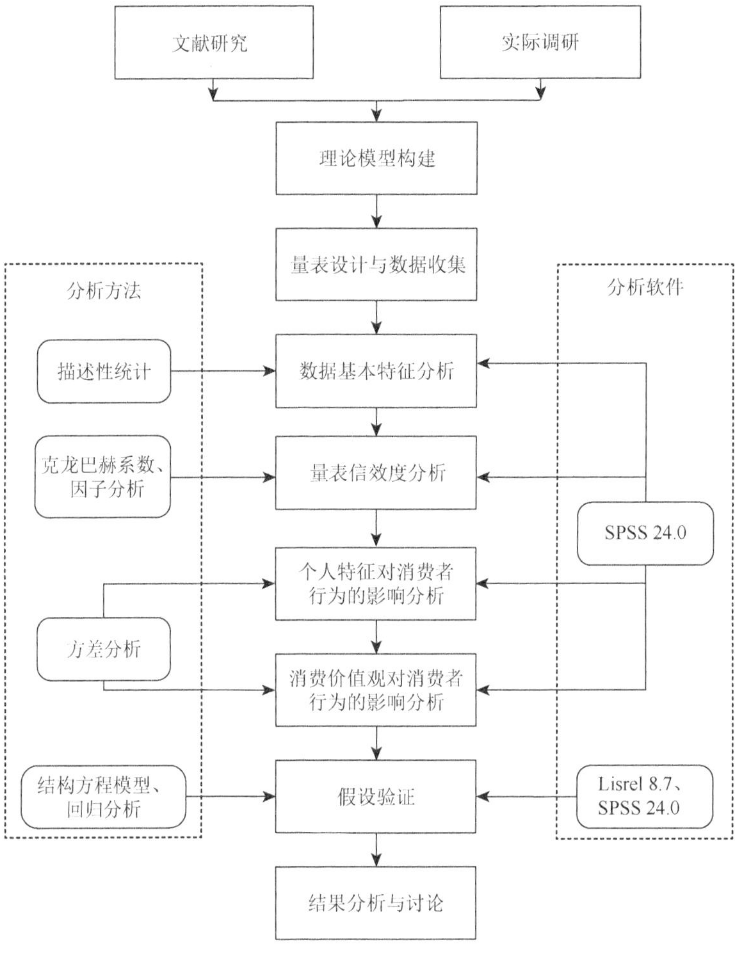


图1.3 消费价值观与消费者行为研究技术路线

第一阶段，在确定研究目标和整体研究方案的基础上，进行系统的文献检索与分析。同时，结合中国电子商务发展的实践，与淘宝和京东等主流电子商务平台的员工进行面对面的深度访谈，选择在线评论关注、冲动购买、购物节购买、追加评论及投诉等热点问题作为研究主题，并深入研究消费价值观与上述消费者认知及行为之间的关系。基于 SOR 模型、动机理论、口碑理论、使用与满足理论，将理论与实践相结合进行各主题研究模型的构建并提出假设。

第二阶段，进行量表设计与问卷数据收集。一般实证研究的量表设计主要以现有文献中的量表为依据，进行适当的修正即可使用。项目组系统搜集了国内外相关文献，进行了量表梳理，借鉴了部分量表。但是，由于电子商务实践领域的发展一日千里，现有文献中的量表都是几年前研究所用的，与本书研究主题相关的量表过少。因此，项目组通过与京东、淘宝工作人员进行深度访谈的方式，采用头脑风暴法和德尔菲法进行量表设计。消费价值观与消费者行为的全部量表放在一张问卷中发放，为后续进一步研究不同行为之间的关系提供数据基础。

为保证问卷质量，先进行问卷的预调研，根据调研数据进行问卷的信效度分析，并对信效度低的问卷题项进行讨论和修正，形成正式调查问卷。为了方便收取问卷，采用问卷星进行问卷发放。为提高研究质量，保证调查对象的多样性和代表性，项目组师生分别在高校教师群、企业工作群、学生课程群、同学校友群、家庭亲友群等不同类型的多样的虚拟社交群发布问卷，并积极与群成员进行实时的沟通和激励，最后收回有效样本 1459 份。

第三阶段，进行数据分析、模型验证及结果讨论。首先，通过描述性统计了解调查对象的基本特征、消费价值观及消费者行为的整体概况。其次，使用 SPSS 24.0 软件通过方差分析研究消费者个人特征和消费价值观对消费者认知与行为（评论关注、冲动购买、购物节购买、追加评论、投诉）的影响。再次，采用 Lisrel 8.7 软件，通过结构方程模型对模型假设进行验证。最后，对研究结果进行总结和讨论，提出相应的建议和对策。

### 1.3.2 社会化商务背景下的粉丝互动及情感演化研究方法

第二篇重点研究社会化商务背景下的粉丝互动行为及情感演化规律，主要涵盖粉丝互动行为及影响因素、基于互动行为的粉丝构成及演化、基于评论用词的粉丝情感及演化三个主题。本篇研究技术路线如图 1.4 所示。

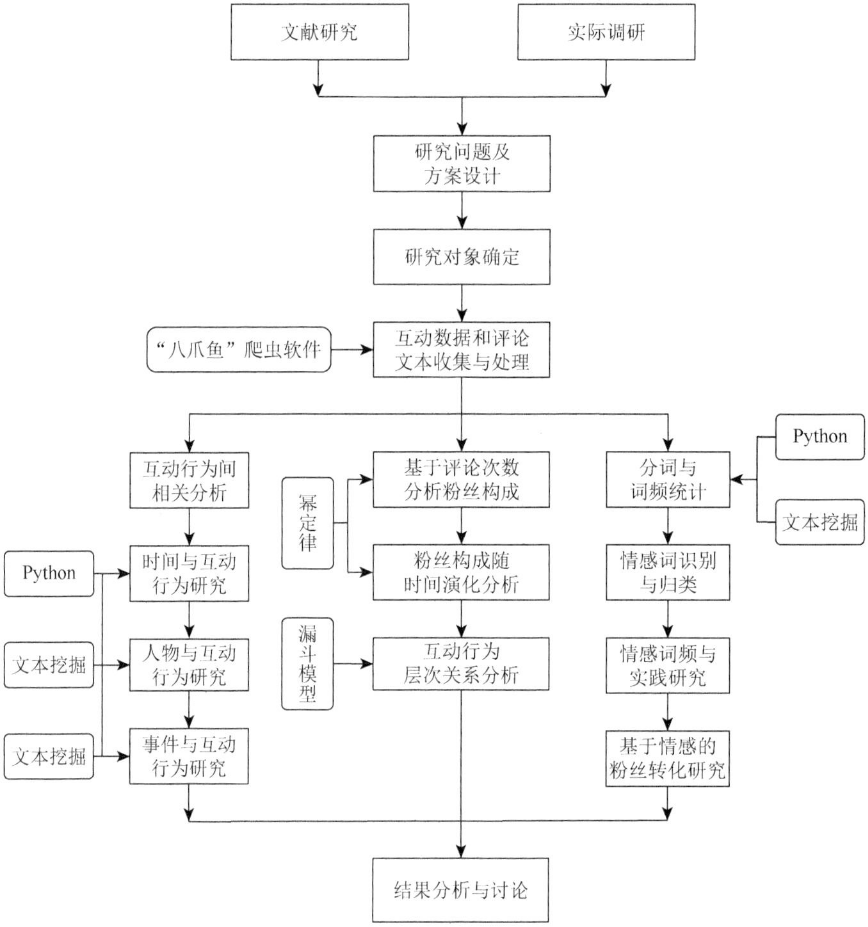


图 1.4　粉丝互动及情感演化研究技术路线

第一阶段，在文献研究和实际调研的基础上，确定研究主题，设计研究方案，选择研究对象。社会化商务领域发展迅速，创新模式和应用层出不穷。在这种情况下，相关理论研究相对比较滞后，远远不能为社会化商务的发展提供适当的理论指导。因此，本书在借鉴现有文献的基础上，进行实际调研，浏览各主流自媒体平台并进行系统分析，挖掘社会化商务背景下粉丝行为和情感演化的核心问题，设计研究方案，并选择有代表性的“三农”自媒体博主“布衣小童”为研究对象。

第二阶段，采用“八爪鱼”爬虫软件爬取该自媒体成立以来的所有粉丝互动数据和粉丝评论文本，并用 Python 编程进行数据的处理。为了研究粉丝互动随时间变化的规律，将数据按时间段分组，便于后续研究互动行为与时间的关系及评论情感随时间的演化。为了研究互动行为与人物和事件的关系，对每一个视频涉及的人物和事件进行人工标注和编码。为了研究不同行为之间的层次关系，构建衡量粉丝互动行为的复合指标，如相对于播放的收藏率、评论率等。为了进行粉丝评论的情感研究，用 Python 对评论文本进行分词和词频统计等。

第三阶段，根据不同的研究主题和研究目标，进行粉丝互动、粉丝构成和粉丝情感演化研究，对应后面的第 7 章到第 9 章的内容。第 7 章研究粉丝行为及影响因素，先用相关分析方法分析播放、收藏、点赞、评论等行为之间的关系，再用回归分析和 $t$ 检验方法研究上述评论行为与视频发布时间、视频人物和事件之间的关系，验证时间、人物和事件对粉丝互动行为的影响。

第 8 章基于粉丝互动行为研究粉丝构成。基于幂定律拟合评论发布次数与相应的粉丝人数之间的关系，验证粉丝构成符合幂定律，并通过对幂定律参数随时间变化的规律分析粉丝构成演化特征。基于漏斗模型研究粉丝互动行为层次结构，并将其与粉丝类型相对应，验证粉丝互动行为符合漏斗模型，并分析不同阶段漏斗斜率及变化特征。

第 9 章基于评论文本研究粉丝情感及演化。采用 Python 编程，基于文本挖掘方法，通过对评论文本进行分词和词频分析，找到体现粉丝情感的词汇，并根据情感强度和情感投入度将其分为普通夸奖、喜欢和共情三种类型。对应三种情感，定义粉丝类型分别为路人、普通粉丝和忠实粉丝。统计不同阶段三种类型情感词的词频数量，采用 Minitab 软件，应用回归分析方法，分析三种情感词频与时间的关系。定义喜欢词频与普通夸奖词频的比率为普通粉丝转化率，定义共情词频与喜欢词频的比率为忠实粉丝转化率，并用回归分析方法研究粉丝转化率与时间的关系。最后，给出粉丝情感随时间变化的演化规律，对研究结果进行总结和讨论。

# 第 2 章　文献研究综述

企业如何在急剧扩大和逐渐增长的全球化电子商务市场中占据优势，关乎企业存亡。自从电子商务出现后，国内外学者就在线消费者行为问题从不同视角不同层次进行了大量的研究，取得了丰硕的研究成果。电子商务模式不断创新发展，新的问题也不断出现，国内外学者的研究主题也随着现实的需求与时俱进。

本章研究目标主要是通过对相关文献的梳理和分析回答以下问题。

（1）2010～2019 年电子商务环境下消费者认知与行为领域的主要研究主题有哪些？

（2）2010～2019 年该领域研究主题有什么发展变化规律？

（3）2010～2019 年该领域研究的主要理论基础是什么？

（4）2010～2019 年该领域研究在理论方面有什么发展变化规律？

## 2.1　文献研究方法

基于上述几个目标，本书系统地检索了国内外在线消费者行为研究领域 2010～2019 年发表的期刊论文，并从关键词和所用理论方面进行系统的分析。

文献检索方法和筛选分析过程如图 2.1 所示。第一个阶段是文献检索。主要通过两种方式完成。第一种方式是从谷歌学术中以“E-commerce”“marketing”“consumer behavior”“online consumer behavior”为关键词进行文献检索，检索时间范围为 2010～2019 年。显然，上述检索的关键词范围比较大，会检索出很多无关论文。这种检索方式的目的是尽可能全面地进行检索。然后，人工对检索到的论文根据题目进行逐一筛选，找出相关论文。第二种方式是找到电子商务、营销、信息系统、管理等领域的国际期刊排名信息，从中找出有关的高水平国际期刊，见表 2.1。在谷歌学术搜索时已经覆盖了这些期刊的论文，再进行进一步搜索的目的是查漏补缺，因此对上述期刊中 2015～2019 年的论文目录进行人工查看，找出相关论文。

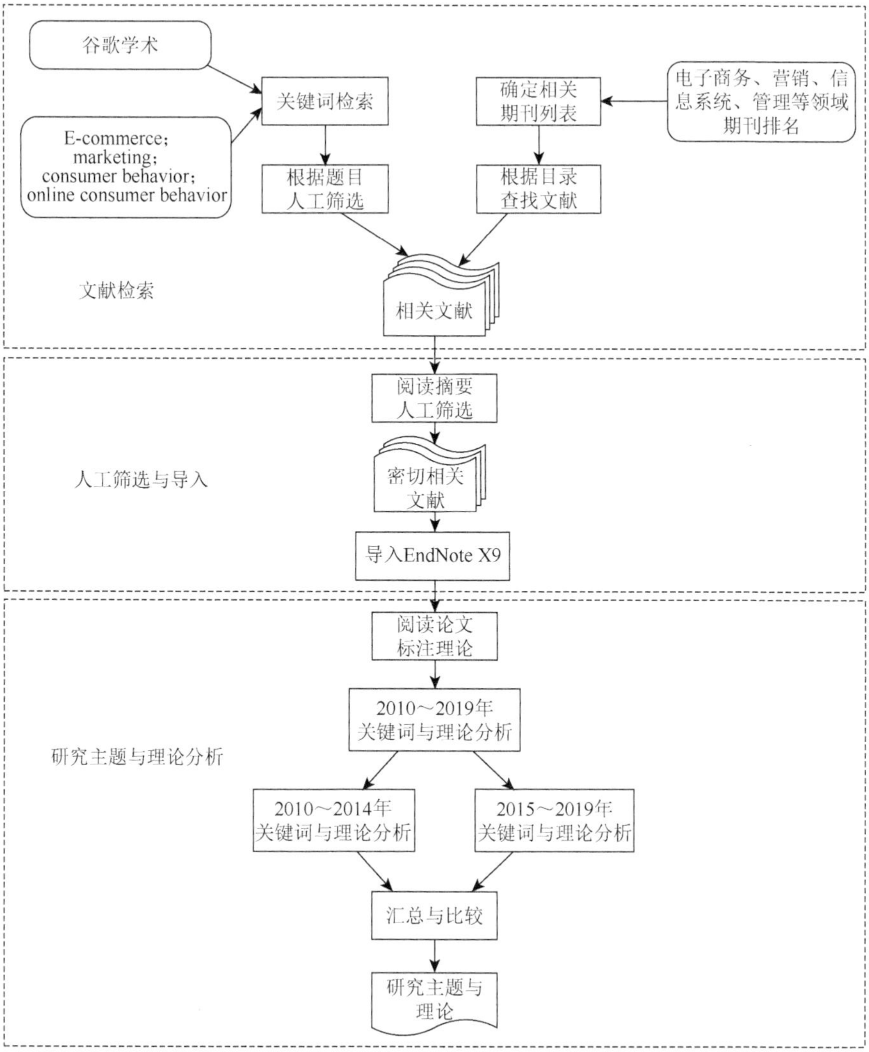


图 2.1 文献检索方法与筛选分析过程

**表 2.1 检索期刊列表**

| 领域 | 期刊 |
|---|---|
| 电子商务 | International Journal of Electronic Commerce |
| | Electronic Commerce Research and Applications |
| | Electronic Commerce Research |
| | Journal of Electronic Commerce Research |
| | Journal of Organizational Computing and Electronic Commerce |
| 营销 | Journal of the Academy of Marketing Science |
| | Journal of Marketing |
| | Industrial Marketing Management |

续表

| 领域 | 期刊 |
|---|---|
| 营销 | Journal of Consumer Research |
| | Journal of Interactive Marketing |
| | Academy of Management Perspectives |
| | Journal of Retailing |
| | Journal of Retailing and Consumer Services |
| | Marketing Theory |
| | Electronic Markets |
| | Journal of Advertising |
| | International Marketing Review |
| | Journal of International Marketing |
| | International Journal of Research in Marketing |
| | Electronic Commerce Research and Applications |
| | Marketing Science |
| | Journal of Consumer Psychology |
| | Consumption Markets & Culture |
| | Psychology & Marketing |
| | Journal of Consumer Culture |
| | Quantitative Marketing and Economics |
| 信息系统 | International Journal of Information Management |
| | MIS Quarterly |
| | Information & Management |
| | Information Systems Journal |
| | Journal of the Association for Information Systems |
| | ACM Transactions on Information Systems |
| | European Journal of Information Systems |
| | Information Systems Frontiers |
| | Information Systems Research |
| | Knowledge and Information Systems |
| | Information Systems and E-Business Management |
| 管理 | Academy of Management Annals |
| | Academy of Management Review |
| | Journal of Management |
| | Administrative Science Quarterly |
| | Journal of Operations Management |
| | Journal of International Business Studies |
| | International Journal of Management Reviews |
| | Academy of Management Journal |
| | Personnel Psychology |

文献研究的第二个阶段是对文献进行人工筛选并导入文献管理软件 EndNote X9 中。为了确认文献的研究内容是否属于本书的范畴，人工逐篇阅读文献的摘要，根据摘要内容确定文献的取舍，得到密切相关的文献 249 篇，并导入 EndNote X9 软件中，输入关键词等相关信息。

第三个阶段是对文献进行精读和分析。文献精读的目的是进一步了解文献的研究内容，尤其是掌握文献研究的理论基础，并将文献所用理论信息输入 EndNote X9 软件中，便于进行理论分析。

在文献分析部分，首先将文献按发表时间分为两个阶段：2010～2014 年发表的文献为 134 篇；2015～2019 年发表的文献为 115 篇。然后，采用 EndNote 的分析工具进行关键词分析和理论分析，得到关键词和理论的出现频率。由于存在同样含义的关键词有不同写法的问题，需要对关键词进行归类和汇总。例如，电子商务有两种常见写法，分别是"E-commerce"和"electronic commerce"。口碑有多种写法，如"WOM""word of mouth""e-WOM""word-of-mouth""online word of mouth"等。另外，在电子商务环境下，在线评论是主要的口碑形式，在此将两者合并。

对 2010～2019 年文献中出现的关键词词频数量排序，得到出现次数较多的研究主题，并分析比较不同研究主题在 2010～2014 年和 2015～2019 年两个阶段的出现次数及变化规律。

对于文献所用的理论，存在同一个理论有全称和缩写两种形式，所以要对其进行统一。然后，采用与关键词分析同样的方法，找到 2010～2019 年来使用次数较多的理论，并比较 2010～2014 年和 2015～2019 年两个阶段不同理论的出现次数及变化规律。

## 2.2　研究主题分析

### 2.2.1　关键词词频分析

本部分基于关键词统计及分析结果来看国际期刊文献的研究主题及发展变化规律。采用 EndNote X9 文献管理工具，统计出文献的关键词出现次数，并对含义相同的词汇进行整理汇总，得到国际期刊论文在线消费者行为领域研究的关键词及词频统计，见表 2.2。

**表 2.2　2010～2019 年相关文献关键词及词频统计**

| 序号 | 关键词 | 2010～2019 年 | 2010～2014 年 | 2015～2019 年 |
|---|---|---|---|---|
| 1 | E-commerce | 61 | 43 | 18 |
| 2 | trust | 29 | 11 | 18 |

续表

| 序号 | 关键词 | 2010～2019 年 | 2010～2014 年 | 2015～2019 年 |
|---|---|---|---|---|
| 3 | social media | 27 | 13 | 14 |
| 4 | word of mouth/consumer reviews | 26 | 10 | 16 |
| 5 | consumer behavior | 23 | 17 | 6 |
| 6 | purchase intention | 18 | 6 | 12 |
| 7 | risk | 13 | 9 | 4 |
| 8 | social commerce | 13 | 0 | 13 |
| 9 | brand | 13 | 1 | 12 |
| 10 | website | 12 | 7 | 5 |
| 11 | social network | 12 | 5 | 7 |
| 12 | consumer attitude | 10 | 5 | 5 |
| 13 | Internet | 8 | 8 | 0 |
| 14 | customer satisfaction | 8 | 5 | 3 |
| 15 | customer loyalty | 7 | 6 | 1 |
| 16 | marketing | 7 | 6 | 1 |
| 17 | Facebook | 6 | 1 | 5 |
| 18 | stimulus-organism-response | 6 | 3 | 3 |
| 19 | consumer decision making | 5 | 3 | 2 |
| 20 | adoption | 4 | 3 | 1 |
| 21 | perceived usefulness | 4 | 1 | 3 |
| 22 | personalization | 4 | 2 | 2 |
| 23 | technology acceptance model | 4 | 3 | 1 |
| 24 | credibility | 3 | 1 | 2 |
| 25 | emotions | 3 | 1 | 3 |
| 26 | information quality | 3 | 1 | 2 |
| 27 | para-social interaction | 3 | 0 | 3 |
| 28 | perceived value | 3 | 0 | 3 |
| 29 | repurchase intension | 3 | 2 | 1 |
| 30 | return policy | 3 | 1 | 2 |
| 31 | social interaction | 3 | 1 | 2 |
| 32 | social presence | 3 | 0 | 3 |

由表 2.2 可以看出，出现次数最多的关键词是“E-commerce”，共出现 61 次。由于研究的主题就是电子商务环境下的消费者认知与行为，电子商务这一关键词的分析价值不大。进一步来看，2015～2019 年“E-commerce”

作为关键词出现的频次远远低于 2010～2014 年，这说明学者减少了这种过于宽泛的关键词的使用。类似的情况也发生在关键词“consumer behavior”上，使用频率逐渐减少。

除“E-commerce”之外，出现次数最多的是“trust”“social media”“word of mouth/consumer reviews”，出现次数在 26～29 次，这具有非常重要的指示意义。说明当时最重要的三个研究热点领域分别是电子商务信任问题、社会化媒体问题和消费者在线评论问题。比较 2010～2014 年和 2015～2019 年两个阶段的研究，不同主题表现出不同的特征。信任问题在两个阶段都是研究热点问题，并且有比较大的增长趋势。在线评论问题在后期的研究数量远远高于前期，属于持续大幅度增长的热点问题。

“social media”即社会媒体方面的研究在两个阶段都是热点问题，但后期与前期持平，没有大的增长。最引人注目的是关键词“social commerce”，其在近五年表现出爆发式的增长。与社会化媒体持平的研究态势相比较，说明人们不仅关注社会化媒体的交互性和社会性，更加重视社会化媒体的商务属性，这与社会化商务爆发式发展的现实相呼应。另外一个与社会化相关的关键词是“social networks”，在两个阶段都属于热点问题，研究热度差异不大。

后面的研究热点主要涉及电子商务环境下消费者信任及购买的影响因素和消费者态度及行为两个方面。影响因素方面主要包括“brand”“website”“risk”“information quality”“personalization”“return policy”“credibility”等与“marketing”和信息技术支持有关的关键词。消费者情感（“emotions”）、态度（“consumer attitude”）和行为（“consumer behavior”）方面的研究主题主要包括“perceived value”“perceived usefulness”“purchase intention”“adoption”“customer satisfaction”“customer loyalty”“repurchase intention”。

### 2.2.2　研究主题图谱

根据表 2.2 中的关键词和其 2010～2019 年出现的频率，进一步分析词汇之间在内容和逻辑上的关系，并基于电子商务环境下消费者的认知、决策和行为过程，构建在线消费者行为研究的主题图谱，如图 2.2 所示。图中文字的大小与出现的词频相对应。按照关键词出现频次，采用 5 个等级的字体。关键词的字体越大，说明该关键词出现次数越多。进一步将关键词进行归类，并按照其逻辑关系进行连接，构成该领域研究的主题图谱。

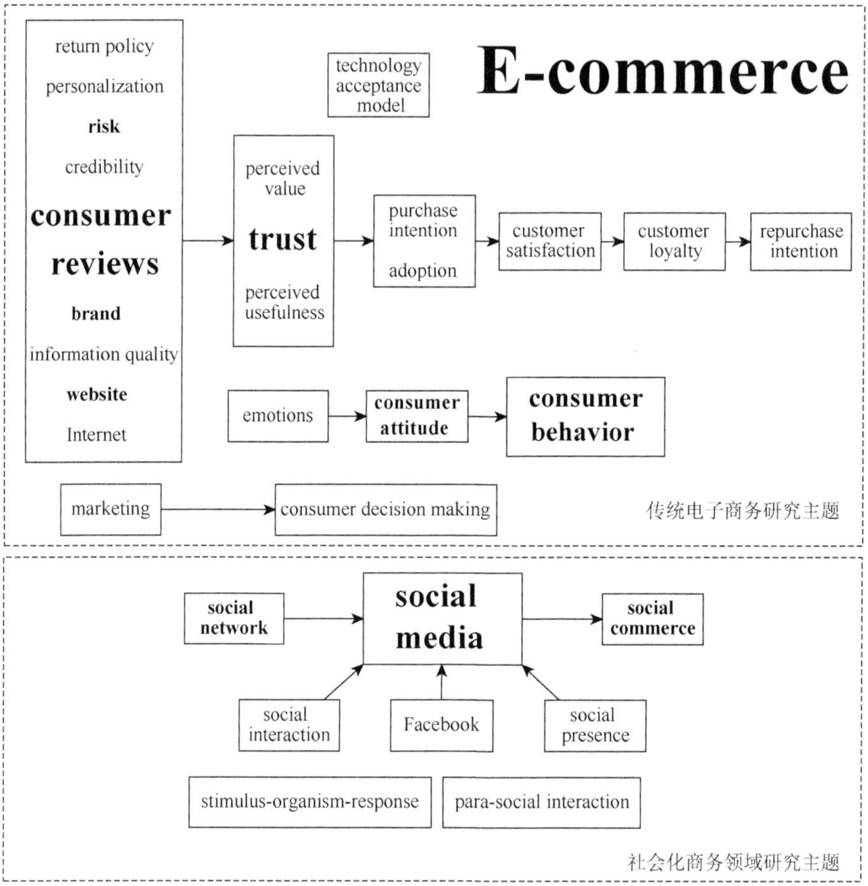


图 2.2　在线消费者行为研究主题图谱

由图 2.2 可以看出，电子商务在线消费者行为的研究出现了两个大的领域。一是传统的电子商务研究，以传统电子商务网站上的个人消费者为研究对象，以消费者感情—态度—行为为研究主线，研究消费者购买的影响因素、认知决策过程及购买后的行为。二是以社会网络为基础，以社交媒体为平台的社会化商务领域的研究。

消费者认知与行为的影响因素主要涉及市场营销策略（包括个性化、退货政策、品牌等）、信息技术支持（包括信息质量、网站角度、互联网等）、风险及可信度等方面。在消费者态度和感情方面主要包括信任、感知有用性和感知价值、采纳、购买意图等。在消费者技术采纳方面，最常用的理论是技术接受模型。售后的关注点是顾客满意、顾客忠诚和回购意愿。

消费者在线评论和信任是传统电子商务和社会化商务领域的热点问题。在线评论是消费者购买商品后对商品或服务发布的评论文本，是后续消费者信任及购买与否的重要参考信息。早期的在线评论研究主要集中于在线评论的作用及其影响（Mudambi and Schuff，2010；de Maeyer，2012；Floyd et al.，2014；Eslami and Ghasemaghaei，2018；Filieri et al.，2018）。研究发现，在线评论的作用受评论本身特征、评论发布及接收者特征（von Helversen et al.，2018）等因素的影响（Li et al.，2017）。一般认为，评论内容越长越有用（Mudambi and Schuff，2010）。情感强度越大作用越大，且负面评论的影响比正面评论的影响更大（Lee et al.，2008；Berger et al.，2010）。与在线评论相关的另外一个研究方向是对在线评论进行文本挖掘和内容分析，了解消费者需求或情感倾向影响因素，为改进营销策略或产品设计提供参考借鉴（Lee and Bradlow，2011；Li et al.，2019）。另外，需要特别指出的是，在线评论在社会化商务中变得更加重要（Hudson et al.，2016；Yan et al.，2016）。社会化商务的基础是虚拟社区中的成员，其发言或评论是了解其心理状态和情感的关键信息来源。可以预期，在社会化商务环境下，在线评论的研究价值会更加凸显。

信任是在线消费者购买意愿和购买行为的重要心理基础（Hong and Cha，2013），是电子商务领域研究的持续热点问题。该领域的学者研究信任的影响因素、信任的构成、信任对购买意图、购买行为及顾客满意度和重复购买的影响（Kassim and Asiah Abdullah，2010；Beatty et al.，2011；Eid，2011；Hong and Cho，2011；Brengma and Karimov，2010；Utz et al.，2012）。另外，初始信任也是信任方面一个比较重要的研究视角（Xiao，2008；Brengma and Karimov，2010）。在社会化商务环境下，虚拟社区中的信任问题更加复杂和微妙（Hajli，2015；Hajli et al.，2017）。因此，学者从更加宽广的视角开展研究，如从社会文化（Rezaeian et al.，2016；Hallikainen and Laukkanen，2018）到具体的技术支持（Jiang et al.，2019）。

除了信任和在线评论外，社会化商务研究领域最热门的三个关键词是社会化媒体、社会网络和社会化商务。社会化商务领域的研究可以概括为以社会化媒体（Constantinides，2014；Hudson et al.，2016；Khan et al.，2016；Yan et al.，2016；Yadav and Rahman，2017；Hansen et al.，2018）为中心，以社会化网络（Lim and Kumar，2019；Tien et al.，2019；Chen et al.，2019a）为基础，以社会化商务（Zhang and Benyoucef，2016；Chen et al.，2017；Hajli et al.，2017；Wang et al.，2019；Zhao et al.，2019）为目标，以 SOR 模型（Zhang and Benyoucef，2016）和准社会交往理论为理论基础（Xiang et al.，2016；Tseng and Lee，2018；Sokolova and Kefi，2020）。

另外，在社会化商务领域，Facebook 作为研究对象多次出现（Nobre and

Silva，2014；Khan et al.，2016；Lim and Kumar，2019；Shareef et al.，2018；Ladhari et al.，2019）。“social interaction”（Chen et al.，2013；Xiang et al.，2016；Wang and Yu，2017；Tseng and Lee，2018；Sokolova and Kefi，2020）和“social presence”（Hajli et al.，2017；Jiang et al.，2019；White Baker et al.，2019）也是社会化商务领域的两个重要主题。

### 2.2.3　研究趋势分析

本部分主要从 2010～2014 年（下称第一阶段）和 2015～2019 年（下称第二阶段）两个阶段发表论文的关键词数量变化来分析研究主题内容的变化趋势。根据表 2.2，可以将关键词按照第一阶段出现次数和第二阶段增长情况进行分类，得到四类研究主题，分别称之为热点类、成熟类、新星类和一般类。如图 2.3 所示，热点类主题为第一阶段出现频次大于等于 5 次，且第二阶段出现次数不变或增加的关键词。成熟类主题为第一阶段出现频次大于等于 5 次，且第二阶段出现次数减少的关键词。新星类主题为第一阶段出现频次小于 5 次，且第二阶段出现次数不变或增加的关键词。一般类主题为第一阶段出现频次小于 5 次，且第二阶段出现次数减少的关键词。需要特别指出，由于文献搜索方式的局限，搜索文献不可能全面，本章的主题分类具有一定的参考价值，但并非绝对

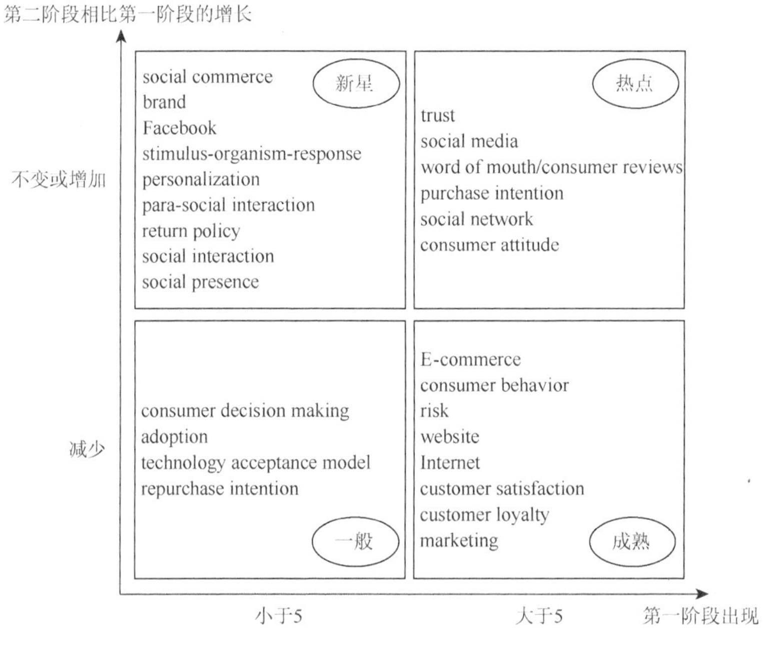


图 2.3　在线消费者行为研究趋势分类图

准确。另外，图 2.3 并没有包括表 2.2 中全部关键词。本书认为，对于部分出现次数不多的关键词，表 2.2 中两个阶段数量变化所代表的意义不大，未予确定类型。

1. 热点类研究主题

热点类研究主题主要包括信任、社交媒体、消费者评论、购买意图、社会网络和消费者态度。首先，社交媒体和社会网络是社会化商务的基础，这两个主题先于社会化商务主题出现，并引起学者的关注。其次，评论是电子商务环境下反映消费者购买后的态度、观点及满意与否的最重要信息源，对后面的消费者是否购买有重要影响，也是了解消费者需求的极为重要的数据基础，故而成为 2010～2019 年来的热点问题。最后，信任、购买意图和消费者态度都属于影响消费者购买行为的重要心理认知因素，是消费者购买的前提和基础。

2. 成熟类研究主题

成熟类研究主题包括电子商务、消费者行为、风险、网站、互联网、顾客满意、顾客忠诚和营销。首先，电子商务、网站、互联网、营销属于范围比较大的主题，在第一阶段出现频率很高，第二阶段出现次数明显减少。这说明前期的研究一般比较泛泛，而后面的研究越来越聚焦和深入。其次，互联网和网站属于电子商务的技术基础，随着技术的成熟和完善，研究的必要性降低，这类论文很难再发表。风险相关研究热度下降的情况也是一样，随着技术的成熟、第三方支付和物流体系的完善，主流电子商务平台交易的风险大大降低。顾客满意和顾客忠诚是商家持续追求的目标，研究热度降低不是因为问题不再重要，而是因为研究者关注的问题更具体。

3. 新星类研究主题

新星类研究主题包括社会化商务、品牌、Facebook、stimulus-organism-response、个性化、准社会交往、退货政策、社会交互、社会存在感。前六个主题都属于社会化商务的范畴，结合热点问题中的社交媒体和社会网络，说明社会化商务相关的问题已经成为研究的热点，并将持续下去。其中，Facebook 是国际期刊研究中经常被使用的研究对象，stimulus-organism-response 则是社会化商务研究的重要理论。品牌、个性化和退货政策属于电子商务领域的重要问题，是电子商务企业赢得竞争的关键。

4. 一般类研究主题

一般类研究主题包括消费者决策、采纳、技术接受模型和重复购买意愿。对于一般类主题，不再具体讨论。

## 2.3 主要理论

### 2.3.1 理论应用情况统计

通过阅读文献找到所用的理论并在 EndNote X9 中进行统一标注和数量统计，结果见表 2.3。

表 2.3　相关理论在文献中被采用次数

| 序号 | 理论 | 2010～2019 年 | 2010～2014 年 | 2015～2019 年 |
|---|---|---|---|---|
| 1 | technology acceptance model（TAM） | 21 | 7 | 14 |
| 2 | theory of reasoned action（TRA） | 15 | 7 | 8 |
| 3 | theory of planned behavior（TPB） | 14 | 6 | 8 |
| 4 | stimulus-organism-response model（SOR） | 8 | 2 | 6 |
| 5 | signaling theory | 5 | 4 | 1 |
| 6 | behavioral decision theory | 4 | 4 | 0 |
| 7 | WOM theory | 4 | 1 | 3 |
| 8 | social learning theory | 4 | 1 | 3 |
| 9 | commitment-trust theory | 3 | 1 | 2 |
| 10 | flow theory | 3 | 2 | 1 |
| 11 | social presence theory | 3 | 0 | 3 |
| 12 | uses and gratification theory | 3 | 0 | 3 |
| 13 | UTAUT | 3 | 0 | 3 |
| 14 | attachment theory | 2 | 1 | 1 |
| 15 | communicators and persuasion | 2 | 0 | 2 |
| 16 | consumer behavior theory | 2 | 1 | 1 |
| 17 | consumer culture theory | 2 | 1 | 1 |
| 18 | consumption values theory | 2 | 0 | 2 |
| 19 | cue utilization theory | 2 | 1 | 1 |
| 20 | diffusion of innovation theory | 2 | 0 | 2 |
| 21 | expectation-confirmation theory | 2 | 2 | 0 |
| 22 | social comparison theory | 2 | 2 | 0 |
| 23 | social identity theory | 2 | 0 | 2 |
| 24 | task-technology fit theory | 2 | 2 | 0 |
| 25 | transaction cost theory | 2 | 2 | 0 |

由表 2.3 可以看出，电子商务消费者行为研究领域经典的理论模型包括技术接受模型（Chi，2018；Fu et al.，2018；Groß，2018；Nofadhila et al.，2018；Ruiz-Mafe et al.，2018；Tseng and Lee，2018）、理性行为理论（Takhire and Taghizadeh，2015；Aldousari et al.，2016；Driediger and Bhatiasevi，2019；White Baker et al.，2019）和计划行为理论（Lim et al.，2016；Oliveira et al.，2017；Nofadhila et al.，2018；Carfora et al.，2019）。另外，整合技术接受模型由几位学者于 2003 年在技术接受模型的基础上整合技术接受和使用模型而提出（Venkatesh et al.，2003），随后便有大量学者跟进研究和应用（Marriott and Williams，2018；Nofadhila et al.，2018；White Baker et al.，2019）。

社会化商务相关的理论受到学术界的普遍关注。研究者使用最多且两个阶段相比增加显著的理论是 SOR 模型（Laroche，2010；Zhang and Benyoucef，2016；Aboubaker Ettis，2017；Chan et al.，2017；Chen and Yao，2018；Fu et al.，2018；Xiao et al.，2019）。另外，社会学习理论（Beatty et al.，2011；Chen et al.，2017）、社会存在理论（Hajli et al.，2017；Jiang et al.，2019；White Baker et al.，2019）、社会比较理论（Mudambi and Schuff，2010）及社会认同理论（Chen et al.，2019a；Hollebeek and Macky，2019）等都是社会化商务领域常用的理论。

### 2.3.2 在线消费者认知与行为研究的经典理论

1. 技术接受模型

技术接受模型（technology accepted model，TAM）由 Davis（1985）在其博士论文中提出，是在理性行为理论（theory of reasoned action，TRA）的基础上延伸态度-意向的关系，用来解释用户对信息技术的接受行为的理论模型。技术接受模型为研究外在变量对内部信念、态度和意向的影响提供了基础。技术接受模型一开始被用于对科技的接受行为，并提出了认知有用和认知易用两个概念。在技术接受模型中，外部变量直接作用于认知易用性，认知有用性又是由外部变量和认知易用性共同决定的。认知有用性和认知易用性一起决定用户的态度，态度又和认知有用性一起决定用户的行为，最终决定了用户对系统或者技术的使用。技术接受模型的框架如图 2.4 所示。

在消费者行为理论中，根据技术接受模型（Davis，1989），易用性对在线购物者态度或购买意愿的影响可能是通过网站的有用性来调节的。当网站界面易于使用时，网上购物者可以更容易地搜索有用的信息，这提高

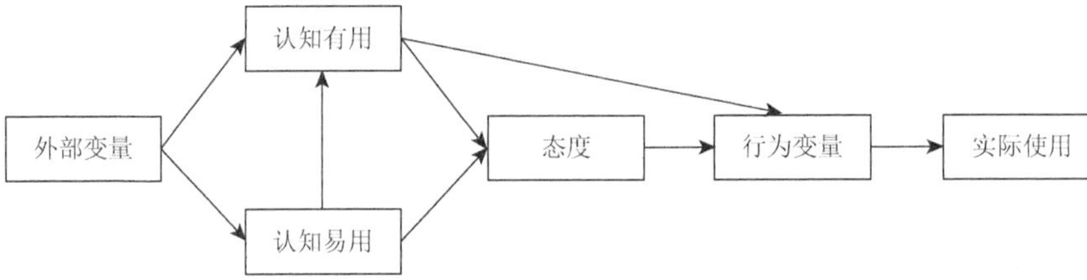


图 2.4　技术接受模型

Davis（1989）

了他们的有用感，从而提高了他们的购买意愿。有研究表明，认知有用对消费者的态度、意图或行为有显著影响，是技术接受模型中预测消费者行为的重要变量（Gefen and Straub，2000；Pavlou，2003）。技术接受模型中还包含了影响个体内部信念、态度的外部变量，如消费者个人特征、消费情境因素、商品特征等，是间接影响消费行为的因素，使得对消费行为的解释和预测更具完整性。

### 2. 理性行为理论

美国学者 Fishbein 和 Ajzen（1975）提出了理性行为理论，用于分析态度如何有意识地影响个体的行为。该理论假设人都是理性人，在做出某一行为前会综合各种信息来考虑自身行为的意义和后果。

理性行为理论描述了信念影响态度，态度导致意图，最终导致行为（Ayo et al.，2011）。该理论引入了两个独立的决定因素：对行为的态度和主观规范。对行为的态度是指一个人对某一特定行为的积极或消极反应的程度。主观规范考虑重要人物或群体赞成或反对的可能性。对行为的态度和主观规范在预测行为方面的作用不一定相同（Miller，2004），这取决于个人消费者对其他人观点、消费情况或考虑的产品类型的倾向，显然日常消费品更大程度地受主观规范变量的影响，而奢侈品则没有那么显著（Schulz，2006）。理性行为模型框架如图 2.5 所示。

### 3. 计划行为理论

Ajzen（1985）认为人类的行为并非完全受到个人理性的控制，有些行为必须依赖外界才能进行，因此在理性行为理论构成中加入了知觉行为控制变量，涵盖个人理性控制及非理性控制的行为，因此发展出了计划行为理论（theory of planned behavior，TPB）。

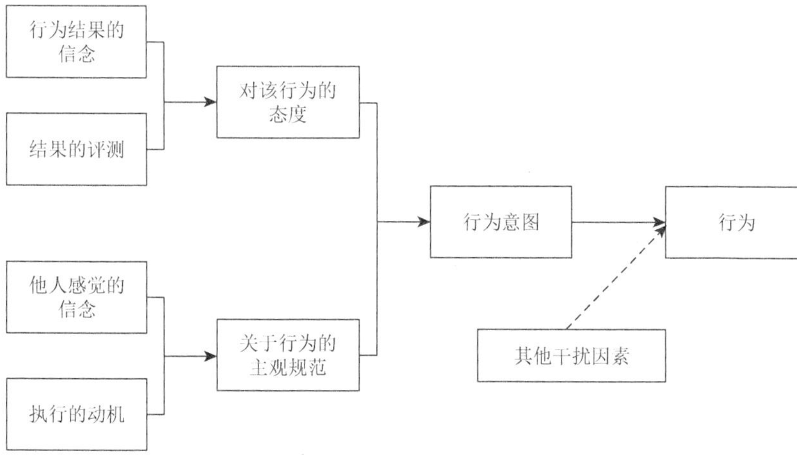


图 2.5　理性行为理论

Fishbein 和 Ajzen（1975）

该理论中行为意向的影响变量包括态度、主观规范和知觉行为控制三个方面，其中，态度和主观规范是延续理性行为理论；知觉行为控制作为新加入的变量，意指个人表现特定行为时所感知到的难易程度（Ajzen，1991），由此将行为从理性控制扩展至非理性控制。

计划行为理论认为除了理性行为理论提出的态度、主观规范等理性因素外，机会、资源、时间、技术、能力等其他非理性因素也可能影响人们的某一特定行为，这些外在因素不一定能被个人所控制，但是通过知觉行为控制可能会直接影响实际行为。因此计划行为理论认为个人的行为意向受到态度、主观规范、知觉行为控制的影响，而知觉行为控制与行为意图又直接影响实际行为。计划行为理论框架如图 2.6 所示。

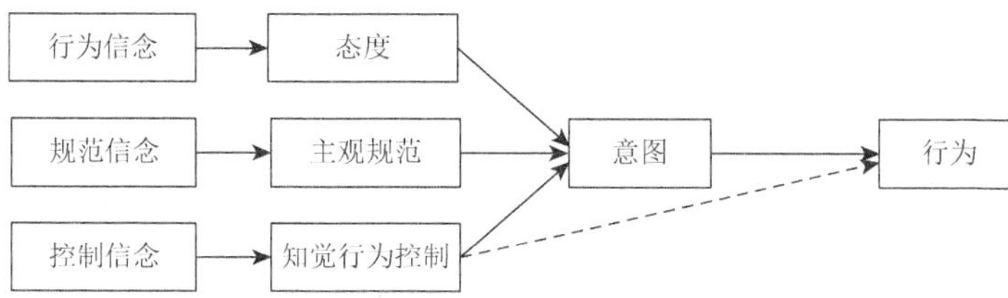


图 2.6　计划行为理论

Ajzen（1991）

4. 整合技术接受模型

整合技术接受（unified theory of acceptance and use of technology，UTAUT）模型是由 Venkatesh 等（2003）提出的一个跨 8 个模型集成元

素的统一模型。这 8 个模型分别是理性行为模型、技术接受模型、动机模型、计划行为理论、技术接受模型与计划行为理论相结合的模型、PC 利用模型、创新扩散理论和社会认知理论。UTAUT 模型（Im et al.，2011）包括四个核心变量——绩效期望、付出期望、社群影响和配合情况，以及四个调节变量：性别、年龄、经验、自愿。绩效期望是指个人感觉使用系统对其帮助的程度；付出期望是指个人使用系统所需付出的努力程度；社群影响是指个人所感受到的周围群体对其的影响程度，主要包括三个方面——主观规范、社会因素和公众形象；配合情况是指个人所感受到的组织在相关技术、设备方面对系统使用的支持程度。整合技术接受模型框架如图 2.7 所示。

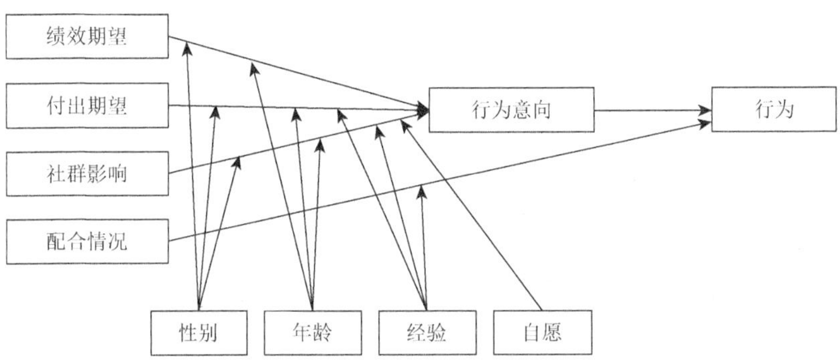


图 2.7　整合技术接受模型

Venkatesh 等（2003）

### 2.3.3　社会化商务主要理论

1. SOR 模型

Mehrabian 和 Russell（1974）在环境心理学领域提出了刺激-有机体-反应（stimulus-organism-response，SOR）模型。SOR 模型包括三个方面：环境或刺激（S）、引发消费行为和响应的有机体（O）与实际响应（R）。该模型表明来自消费者身体内部的生理和心理因素，以及外部的环境因素共同构成了引起消费者购买行为的刺激因素，消费者在各种因素的刺激下，产生购物动机，在动机的驱使下做出购物决策，完成购买行为。购物后，消费者还会对商家和商品进行评价，这样就完成了一次完整的购买决策过程。

该模型旨在整合个体反应来解释与人们认知和情绪有关的外部刺激，以及随后产生的积极或消极的行为，采用 SOR 模型研究消费者行为有助于区分环境刺激和消费者的行为。SOR 模型框架图如图 2.8 所示。

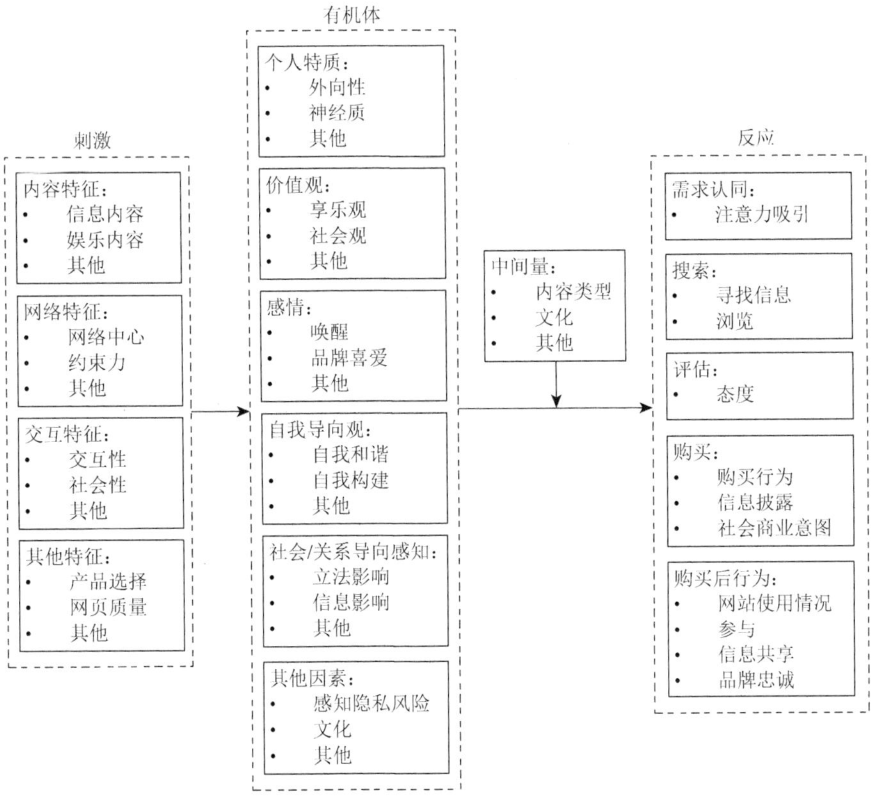


图 2.8　SOR 模型

Zhang 和 Benyoucef（2016）

2. 社会学习理论

社会学习理论（social learning theory）提供了一种结构化的方法来处理许多不同学科中的各种行为问题。相较于传统学习的一些基本概念，它增加了社会因素，强调人们可以通过观察别人来学习新的理论和行为。社会学习本质上是通过观察行为来学习（Lorenzo et al.，2012）。个体通过观察和模仿他人来学习哪些行为是可以接受的，哪些行为是不可接受的。模仿是成功建模的一个功能，通过一个成功的建模过程，个体能够快速地重现模型所展示的行为（O’Fallon and Butterfield，2012）。

该理论的核心概念是，行为产生于一种预期，即在当前情况下，该行为将导致特定的强化（奖励）（Beatty et al.，2011）。预期分为具体预期和广义预期，具体预期是指在熟悉环境中对行为所引起的强化行为的直接体验，而广义预期则是对相关经历中产生的新奇或陌生情境的推断。具体预期在熟悉的情景中占绝对的主导地位，因而受试者的行为很可能无法通过观察他们在其他情景中的行为来预测。广义预期作为一种应对不熟悉情况的机制，实际上会导致更可预测的行为。

3. 社会存在理论

社会存在理论（social presence theory，SPT）概述了个人如何参与社交媒体的使用，他们将社交媒体视为一种表现某种形式的智力和社会接受的形式、行为或感官体验（Tu，2000）。该理论源于“人际交往和象征互动主义的社会心理学理论”，已应用于“媒介传播的语境”（Cui et al.，2013），同时也扩展到社交媒体的研究，用来解释社会存在的概念（Nowak，2013；Chang and Hsu，2016）。

社会存在是社交媒体和社会化商务平台的关键概念，社会存在是指网站内的温暖感和社交性，更具体地说，社会存在是媒介允许用户体验他人心理存在的程度（Hassanein and Head，2005）。这表明社会存在架起了感知距离的桥梁，并在参与者之间投射出一定程度的亲密感，这也取决于媒体信息的丰富性（Cui et al.，2013）。

虽然社会存在理论体现了社会互动，但它不是社会认知的一般理论，而是揭示技术如何影响和增强社会认知的某些方面的理论（Biocca and Harms，2002）。目前社会存在也被用于研究虚拟社交环境中的用户行为。Biocca 和 Harms（2002）将社会存在概念化为三个层次：与他人和平共处的感知意识水平，阐述他人心理行为可及性的以主观判断为代表的社会存在，以及阐明参与者之间动态互动的共同社会存在或主体社会存在。这一概念与 Parker 等（1976）的观点一致，他们认为社会存在是媒介的主观属性，是由社会参与者的感知决定的（Parker et al.，1976）。虽然媒体的主观质量使互动更具社交性和显著性，但这增加了客户的社会存在（Nowak，2013），可能会增强他们在社交媒体上的品牌参与实践。

### 2.3.4　口碑、信任及激励等理论

1. 口碑理论

最初的口碑理论（word-of-mouth theory）假设口碑信息是由个人或营销人员创造的一种不可或缺的经验来源，然后被消费者或营销人员传播给其

他消费者（Arndt，1967；Engel et al.，1969）。口碑信息旨在帮助消费者在消费前充分了解服务或产品，并可能塑造消费者对产品或服务的期望（Zeithaml et al.，1996；Bansal and Voyer，2000）。

Lovett 指出口碑和品牌是紧密相关的，但它们之间的关系还没有得到充分的检验，这些学者总结了以往的文献，建立了口碑理论框架。根据该框架，消费者产生口碑的三个主要驱动力是：社交、功能和情感。社交驱动与向他人发送关于自己的专业知识、独特性和社会地位的信号的欲望有关（Lovett et al.，2013）。当消费者使用口碑来增强他们的专业知识时，他们很可能会为那些让他们与众不同并提升他们在他人心中形象和声誉的品牌进行口碑传播（Berger and Heath，2007）。因此，在解释消费者为一个品牌贡献口碑的动机时，社交驱动力是一个突出的因素。

社交媒体的兴起使得口碑理论从营销者影响的概念发展到基于网络协同生产的概念。网络协同生产的概念假定消费者被视为价值和意义的积极协同生产者，口碑传播是在消费者网络、群体和社区中协同产生的。有了这一新的见解，WOM（word of mouth，口头的）理论更加适用于调查社会商业环境中的消费者社会互动（Wang and Yu，2017）。

2. *承诺-信任理论和信任转移理论*

关系营销的承诺-信任理论（commitment-trust theory）认为，信任是决定因素与行为结果之间的关键中介变量（Morgan and Hunt，1994）。这一理论侧重于解释交易各方之间长期关系的发展（Li et al.，2006）。这一理论的核心前提是同时采用关系承诺和信任作为关系发展的五个前因变量（关系终止成本、关系收益、共同价值观、沟通和机会主义行为）和五个结果变量（默许、倾向离开、合作、功能冲突和决策不确定性）之间的关键中介。该理论认为信任直接影响关系承诺，因为双方之间的信任有助于减少双方承诺交换时感知的脆弱性（Wang et al.，2016）。

信任是电子商务环境的基础，它具有许多特性。首先，信任在不同的个人和群体层次上是不同的，因此同一水平的信任不能同时适用于所有的组织或个人。其次，研究人员可以把信任看作是一种特定领域的心理状态，在特定的情境中受外源性社会因素的影响，且信任相对稳定，对情境刺激不敏感。最后，信任显然不同于行为，但它是行为的前提（Wang et al.，2016）。

信任转移理论（trust transfer theory）指出，如果一个人或实体与另一个人或实体相关联，人们对第一个人或实体的信任将转移到对另一个人或实体的信任（Lim et al.，2006）。例如，假设信任某人，当知道另一个人是他的朋友时，会根据信任转移理论相信这位朋友。信任转移理论在电子商务信任建立的研究中得到了广泛的应用（Pavlou and Gefen，2004；Lim et al.，2006）。一般来说，信任转移过程涉及三个不同但相关的实体：委托人、受托人和受信任的第三方（Stewart，2003）。如果委托人强烈认可第三方的可信度（Burt and Knez，1995），并且受托人和第三方之间存在着密切的关系，那么信任就可以转移给受托人。信任转移可以通过两个过程实现：认知和沟通（Stewart，2003）。信任转移的认知过程是基于对受托人和受信任的第三方之间关系的理解，将信任从一个实体转移到一个未知的目标（Robert et al.，2009）。

### 3. 使用与满足理论

在使用与满足理论（uses and gratification theory，UGT）提出之前，大众传播的效果研究以传播主体为主，自该理论提出之后学者将研究对象转移到受众身上，通过探究受众在使用媒介过程中获得的满足，来考察大众传播在受众心理与行为上的效用（黄修泰和张莉，2019）。

使用与满足理论从心理学视角来解释用户对媒体内容或平台的积极使用和选择，该理论是一种以受众为中心的方法。它解释了用户为什么及如何使用媒体来满足他们的需求，这导致了媒体使用或用户行为的不同模式。该理论还假设媒体的选择和使用是以目标为导向的，并由用户满足自身需求的欲望所驱动（Kim et al.，2016）。换句话说，使用与满足理论可以用来探索用户如何有意地寻找媒体来满足特定的需求或目标，因为消费者在使用媒体时有不同的动机（Huang et al.，2019）。

### 4. 情绪认知评价理论

情绪认知评价理论最先由美国心理学家阿诺德（M. B. Arnold）提出。该理论认为人们对任何事件或事物的评价都带有情感色彩，并且在该理论中，情绪被认为是倾向评价好的东西或远离评价坏的东西的情感倾向。阿诺德认为，对事物或事件的评价实际上是由知觉产生的某种相应活动倾向，当这种倾向十分强烈时即称为情绪。人们对情景事件的评价会引起情绪变化，这种变化会引导人们选择适于情景的情感行为。其中，任何对新事物的评价都是按照过去的情感体验来进行的，因此记忆被认为是评价的基础。在开始情感行为之前，当前的情景和相关的情感记忆会使个体想象它的影响，因此想象被认为是评价的重要环节，且整个评价过程几乎是在瞬间发生的。

拉扎鲁斯进一步扩展了阿诺德的情绪认知评价理论，将情绪评价扩展为包括信息筛选、情感评价、情感行为、交替活动、身体反应的反馈等成分的评价、再评价过程，他建议对个人所处情景及可能采取的行动进行系统评价。

根据情绪认知评价理论，情绪是个体通过对其认为重要的事件进行评价时所产生的情感体验。由于个体情感与心理、信念和外界环境都有关系，最终所产生的情绪状态与个体对刺激的认知和主观评价有着非常密切的关系（王玉友，2012）。

# 第一篇　电子商务环境下的消费价值观与消费者行为

尽管电子商务的飞速发展极大地改变了当今消费者的购物环境和消费模式，对消费者行为的研究却始终不能脱离市场营销的本质——为顾客创造价值并获得顾客回报（科特勒和阿姆斯特朗，2014）。消费者购买行为的产生，关键在于针对购买对象的综合价值评估。在价值领域中，人们将其称为消费价值观（consumer value），是顾客价值理论在零售购物环境中的应用和延伸（Seo and Lee，2008），它是关于消费者对产品和服务的评价，在消费体验中具有互动性、相对性、情感性和基础性的特征。同消费者的购买行为一样，个人消费价值观也会受到文化、社会、个人和心理等多方面因素的影响，在客体的价值评估体系上呈现出不同的偏好。

Babin 等（1994）通过对消费者消费体验的分析，证实了功利主义（utilitarian）和享乐主义（hedonic）两种消费价值观的存在。功利主义以目标和价值为导向，当购物行为被认为是有用并且必要时，购物行为才会发生。享乐主义强调个性化和主观性，购物的原因更多是兴趣和乐趣。

随着商品的极大丰富和快速更迭，消费者价值评估导向的购买行为不仅与获取商品的功能性需求——功利主义价值相关，与商品能够带来的潜在乐趣和情感价值的享乐性体验——享乐主义价值也日渐关系密切。

针对虚拟网络购物环境，已有学者研究了享乐主义和功利主义对消费者在线购买行为的影响。Chen 等（2019b）研究发现享乐价值观和功利价值观均对移动消费者的再购买意愿有正向影响，并且功利价值观的影响大于享乐价值观。Ozen 和 Kodaz（2016）通过比较美国和土耳其的消费者行为，研究享乐主义和功利主义在网上购物中的作用，证实了文化对消费价值观的影响。苏海林和陈信康（2011）对网络环境下的消费动机及其对购物倾向的影响进行了研究，发现享乐主义对消费倾向具有正向影响，功利主义对消费倾向具有负向影响。

因此，消费价值观作为囊括了功能和情感要素的多维构念，是研究消费者行为的必要基础。本篇将围绕消费价值观，重点针对电子商务环境下消费者购买过程中三个阶段的行为——购买前信息评估环节的在线评论关注行为、购买中决策行动环节的在线冲动购买行为和电商购物节购买行为、购买后信息反馈环节的网购投诉行为开展研究。

基于电子商务环境的特点和现有的研究文献，结合 SOR 模型、动机理论、口碑理论、使用与满足理论等理论，分别构建消费价值观及其与冲动购买、电商购物节购买、在线评论和网购投诉的理论模型并提出假设，在参照相关文献的基础上针对各构念进行了量表的设计和修改，先后经过预调研和正式调研两个阶段收集和分析数据，验证量表的信度和效度。利用正式调研回收的 1459 份有效问卷数据，采用方差分析和结构方程模型的方法研究消费者人口统计学特征和消费价值观对消费者行为的影响，分析电子商务环境下不同享乐主义和功利主义水平的消费者在消费行为上的规律性。

# 第 3 章　消费价值观与冲动购买

## 3.1　冲动购买研究背景与意义

随着人们收入水平的提高和电子商务的发展，消费者在线上购物时不再只购买必需品。据统计，约 40%的在线消费支出归因于冲动购买（Chan et al.，2017），冲动购买已经成为电子商务一个重要的研究内容。

冲动购买是一种计划之外的购买行为。Chan 等（2017）通过文献研究发现，SOR 模型是目前最流行的研究在线冲动购买行为的理论基础。另外一些学者从其他理论视角解释了消费者的在线冲动购买行为，如认知情感理论（Verhagen and van Dolen，2011）、流理论（Koufaris，2002；Hsu et al.，2012；Wu and Ye，2013）、技术接受模型（Koufaris，2002；Zhang et al.，2006；Kim and Eastin，2011；Zhang et al.，2007）等。这些不同的理论视角更深入地解释了 SOR 模型的潜在机制。Xiang 等（2016）从五个方面，即 SOR 模型、唯社会交往理论、人际互动视角、社会商务和网站质量来检验社会关系因素对在线冲动购买行为造成的影响。Lalelung 和 Pangemanan（2018）采用定性方法进行深入访谈，使用 SOR 模型研究了印度尼西亚消费者在线冲动购买的影响因素。Chen 和 Yao（2018）使用SOR模型研究了移动拍卖平台中情境因素如何影响在线冲动购买行为。Ning Shen and Khalifa（2012）将双系统模型与 SOR 模型相结合，研究了在线购物平台的系统设计刺激对在线冲动购买的影响。

综上，2010～2019 年研究的热点主要集中于在线冲动购买影响因素方面，且对在线冲动购买影响因素的研究主要集中在消费者外部视角，如社会关系、网站质量及人际互动等。然而，冲动购买行为是消费者内外部因素共同作用的结果。消费者的人格特征、消费价值观、收入水平等内部因素对冲动购买的影响不可忽视。

享乐主义和功利主义作为两种典型的消费价值观，虽然已经有学者研究其对在线购买行为的影响，但有关享乐主义和功利主义对消费者在线冲动购买行为影响的研究还较少。另外，文化对在线冲动购买行为有重要的影响（Ozen and Kodaz，2016）。不同文化背景下，消费者的购物行为有很大差异，对其他国家消费者研究所得出的结论不一定适用于我国消费者。因此，在电子商务环境下，研究我国消费者的个人特征、消费价值观与冲动购买行为之间的关系具有重要的意义和独特的价值。

本章研究主要回答以下几个问题。

（1）电子商务环境下，消费者不同的消费价值观倾向是否会对冲动购买产生不同程度的影响？

（2）电子商务环境下，具有不同人口统计学特征的消费者是否在冲动购买行为上有显著差异？

（3）电子商务环境下，促销、饥饿营销等营销因素和熟人推荐、网红商品等社会因素的刺激是否会促进消费者的冲动购买？

本章以 SOR 模型为基础，分析消费价值观与消费者冲动购买行为之间的关系，重点研究消费者的享乐主义和功利主义消费价值观及其人口统计学特征对冲动购买的影响，又结合购物环境中的商家营销、社会影响两个方面探讨冲动购买的促进因素。通过问卷对消费者的人口统计学特征、消费价值观与在线冲动购买行为进行调查，采用方差分析方法比较不同人口统计学特征和消费价值观倾向的消费者在冲动购买行为上的差异，并以此为基础用回归分析研究电子商务环境下消费者消费价值观对冲动购买行为的影响。

## 3.2　消费价值观与冲动购买模型构建与研究假设

目前针对消费者在线冲动购买行为的研究以 SOR 模型为主流。Chan 等（2017）通过文献研究，构建了在线冲动购买研究的 SOR 模型。S（stimulus）即刺激，包括外部刺激和内部刺激，外部刺激即购物网站刺激、折扣、促销、产品属性等，内部刺激即信息化社会影响等；O（organism）为中介环节，包括认知反应和情感反应，认知反应包含对产品有用性、易用性、满意度等方面的认知，情感反应包含消极、积极等情感；R（response）即响应，包括消费者的冲动购买倾向、购买意愿及冲动购买行为。当不同的消费者受到促销、熟人推荐等内外部因素的刺激时，会产生不同的反应，并最终导致消费者的冲动购买行为之间存在差异。

本章研究以 SOR 模型为理论基础，将电子商务环境下刺激消费者的因素总结为两类，分别为营销因素（商家的促销活动和饥饿营销）和社会因素（网红商品和熟人推荐）。具有不同人口统计学特征及消费价值观的消费者在面对这些刺激时所产生的冲动购买行为存在差异。本次研究主要考虑性别、学历、年龄、职业、收入水平、婚姻状况、家庭类型这七个人口统计学特征。综上所述，构建本章研究的 SOR 模型，如图 3.1 所示。

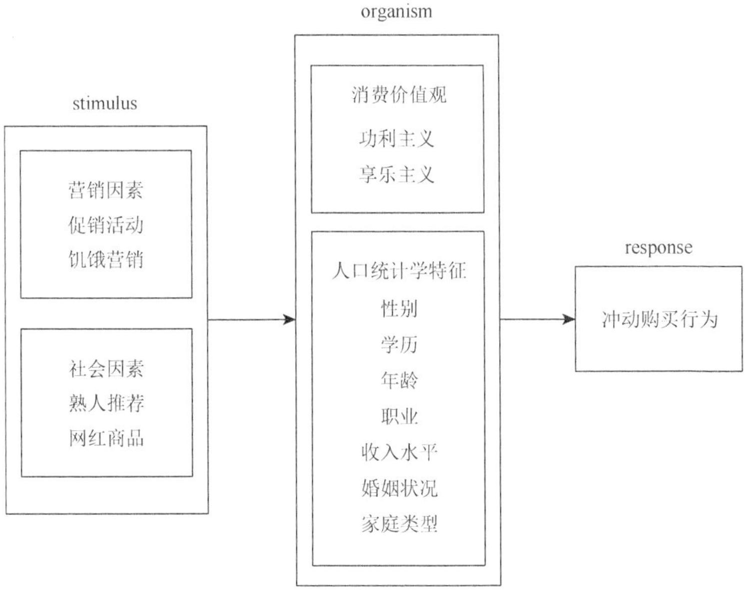


图 3.1　消费价值观与冲动购买 SOR 模型

功利主义以目标和价值为导向，当购物行为被认为是有用并且必要时，购物行为才会发生；享乐主义强调个性化和主观性，购物的原因更多是兴趣和乐趣（Babin et al.，1994）。消费者的消费价值观在功利主义和享乐主义上存在不同水平的倾向，进一步导致消费者在冲动购买行为上表现出差异。对于功利主义水平高的消费者来说，在网上购物时更加看重商品的有用性和必要性，消费倾向比较谨慎（苏海林和陈信康，2011）。因此认为功利主义水平越高的消费者越难产生冲动购买行为，据此提出以下假设。

H3.1：功利水平越高的消费者越不容易冲动购买。

对于享乐主义消费者来说，他们购物的原因主要是兴趣和乐趣（Babin et al.，1994），在网上购物遇到能够引起他们兴趣与乐趣的商品时，他们较容易产生冲动购买行为。因此提出以下假设。

H3.2：享乐水平越高的消费者越容易冲动购买。

消费者在面对促销、饥饿营销等营销因素时，易产生不买就吃亏等心理。因此，当消费者受到营销因素的刺激时，容易产生冲动购买行为。据此提出以下假设。

H3.3：营销因素的刺激会促进消费者的冲动购买。

在电子商务环境下，信任和口碑是很重要的因素。熟人之间原有的信任会促使消费者信任熟人推荐的商品。网红商品属于热门商品，一般都是口碑较好的商品，购买的人比较多，消费者容易对该类商品产生信任，并进行购买。因此消费者在面对熟人推荐和网红商品等社会因素的刺激时容易产生冲动购买行为。据此提出以下假设。

H3.4：社会因素的刺激会促进消费者的冲动购买。

基于以上假设，构建电子商务环境下基于消费价值观的消费者在线评论行为研究模型，如图 3.2 所示。通过对假设 H3.1～假设 H3.4 的验证，可以探究消费价值观及不同的刺激因素对消费者冲动购买行为的影响。

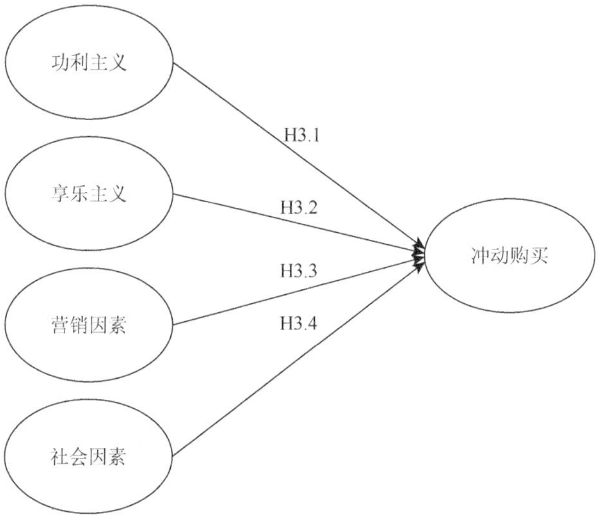


图 3.2　消费价值观与冲动购买研究模型

## 3.3　消费价值观与冲动购买研究设计

### 3.3.1　消费价值观与冲动购买问卷设计

1. 人口统计学特征问卷设计

为了解被调查对象的个人特征，探究电子商务环境下消费者人口统计学特征对冲动购买行为的影响，在问卷中设置问项来统计被调查者性别、学历、年龄、职业、收入水平、婚姻状况、家庭类型这七个方面的人口统计学特征，具体题项设置见表 3.1。

**表 3.1　人口统计学题项设置**

| 变量 | 变量编码 | 选项编码 | 选项 |
|---|---|---|---|
| 性别 | gender | 1 | 男 |
| | | 2 | 女 |

续表

| 变量 | 变量编码 | 选项编码 | 选项 |
|---|---|---|---|
| 学历 | education | 1 | 大学以下 |
| | | 2 | 大学 |
| | | 3 | 研究生 |
| 年龄 | age | 1 | 18 岁以下 |
| | | 2 | 18～25 岁 |
| | | 3 | 26～35 岁 |
| | | 4 | 36～45 岁 |
| | | 5 | 46～60 岁 |
| | | 6 | 60 岁以上 |
| 职业 | job | 1 | 管理人员（国家机关、企事业单位负责人及管理人员） |
| | | 2 | 技术人员（专业技术人员） |
| | | 3 | 办事人员（办事人员和有关人员） |
| | | 4 | 服务人员（商业、服务业人员） |
| | | 5 | 生产人员（农、林、牧、渔、水利业生产人员） |
| | | 6 | 操作人员（生产、运输设备操作人员及有关人员） |
| | | 7 | 学生 |
| | | 8 | 其他 |
| 收入水平 | salary | 1 | 无收入 |
| | | 2 | 0～2 000（含）元 |
| | | 3 | 2 000～4 000（含）元 |
| | | 4 | 4 000～8 000（含）元 |
| | | 5 | 8 000～15 000（含）元 |
| | | 6 | 15 000～30 000（含）元 |
| | | 7 | 30 000 元以上 |
| 婚姻状况 | marriage | 1 | 未婚 |
| | | 2 | 已婚 |
| | | 3 | 离异 |
| 家庭类型 | family | 1 | 独居（由于求学或工作独自打拼居住） |
| | | 2 | 二人（本人及配偶） |
| | | 3 | 三口之家（本人与配偶及子女） |
| | | 4 | 四口及以上家庭（本人与配偶及子女） |
| | | 5 | 与老人同住 |
| | | 6 | 其他 |

### 2. 消费价值观问卷设计

为了测量消费价值观，参考 Voss 等（2003）、Arnold 和 Reynolds（2003）的研究，并结合访谈结果，设计了功利主义量表和享乐主义量表。两个量表均为 Likert 七级量表，其中 1 分代表非常不同意，2 分代表不同意，3 分代表有点不同意，4 分代表不确定，5 分代表有点同意，6 分代表同意，7 分代表非常同意。功利主义和享乐主义量表分别包含五个和四个题项，见表 3.2 和表 3.3。

**表 3.2 功利主义量表**

| 价值观 | 编码 | 简称 | 题项 |
|---|---|---|---|
| 功利主义 | gl1 | 实用性 | 我在网上购物时主要关注商品的实用性和有用性 |
| | gl2 | 易用性 | 我在网上购物时主要关注商品的易用性 |
| | gl3 | 商品质量 | 我在网上购物时主要关注商品的质量 |
| | gl4 | 商品功能 | 我在网上购物时主要关注商品的功能 |
| | gl5 | 商品价格 | 我在网上购物时主要关注商品的价格 |

**表 3.3 享乐主义量表**

| 价值观 | 编码 | 简称 | 题项 |
|---|---|---|---|
| 享乐主义 | xl1 | 一眼喜欢 | 如果在网上购物时有第一眼看到就喜欢的产品，我会不考虑其他因素直接购买 |
| | xl2 | 有趣购买 | 在网上看到有趣的商品我会购买 |
| | xl3 | 情感购买 | 在网上看到能够唤起我某种情感（如怀旧、美好回忆）的商品时我会购买 |
| | xl4 | 特色购买 | 在网上看到觉得有特色和个性的商品时我会购买 |

### 3. 冲动购买问卷设计

本章主要研究消费者在电子商务环境下的冲动购买行为。根据所构建的冲动购买SOR模型对反映电子商务环境下的消费者冲动购买行为的问卷进行设计。冲动购买部分问卷共包含两个量表，分别为冲动程度量表和刺激因素量表。冲动程度量表衡量了消费者在线购买时的冲动程度，刺激因素量表是为了调查电子商务环境下不同类型的刺激因素对消费者冲动购买行为的影响。该部分问卷为 Likert 七级量表，其中 1～7 分代表从非常不同意到非常同意的不同程度，具体题项设置见表 3.4。

**表 3.4　冲动购买量表**

| 变量 | 编码 | 简称 | 题项 |
|---|---|---|---|
| 冲动程度 | cd1 | 经常冲动 | 我经常冲动购买 |
| | cd2 | 使用率高 | 我冲动购买的产品使用率高 |
| | cd3 | 不用还买 | 若我冲动购买的产品使用率不高，我还会产生冲动购买行为 |
| 刺激因素 | cj1 | 促销活动 | 促销活动（降价、赠品、包邮等活动）会促使我的冲动购买 |
| | cj2 | 饥饿营销 | 限时、限量销售（饥饿营销）会促使我冲动购买 |
| | cj3 | 熟人推荐 | 熟人推荐会引起我的冲动购买 |
| | cj4 | 网红商品 | 我会冲动购买网红商品 |

### 3.3.2　消费价值观与冲动购买预调研

1. 消费价值观与冲动购买预调研数据收集

为验证问卷题项设置的合理性，开展了预调研。调查问卷通过网络途径问卷星发放，共回收 192 份问卷。为了便于收集数据，将第 3 章到第 6 章的所有问卷进行了整合。由于问卷较长，填写需要一定时间，经测试后，将填写时间小于 3 分钟的问卷视为无效问卷。在回收的 192 份问卷中，179 份为有效问卷。

2. 消费价值观与冲动购买量表信效度检验

本章采用克龙巴赫阿尔法（Cronbach's alpha）系数（简称克龙巴赫系数）检验预调研量表信度。一般来说，克龙巴赫系数大于 0.6 表示信度可接受，大于 0.7 表示信度良好。同时采用删除该项后的克龙巴赫系数指标检验题项设置的合理性，该指标大于克龙巴赫系数的值且差异较大则表示题项设置不合理，应删除题项，反之则表示题项设置较为合理，可以保留题项（黄芳铭，2005）。

利用因子分析来检验预调研量表的结构效度，并采用 KMO（Kaiser-Meyer-Olkin）指标和 Bartlett 球形检验先对量表因子分析的适合性进行检验。KMO≥0.6 并且 Bartlett 球形检验显著，表示适合进行因子分析（黄芳铭，2005）。当各个题项在对应因子下的因子符合大于 0.7，且总方差解释率达到 0.5 以上时，说明量表的结构效度良好（黄芳铭，2005）。

1）功利主义量表信效度检验

对功利主义量表进行信度检验，结果见表 3.5。克龙巴赫系数为 0.809，大于 0.7，表明量表信度良好，量表结果具有较高的可靠性。检验各个题项设置是否合理，观察删除该项后的克龙巴赫系数，都与克龙巴赫系数的值相差不大，表明题项设置较为合理。

**表 3.5　功利主义量表预调研信度分析**

| 题项 | 简称 | 删除该项后的克龙巴赫系数 | 克龙巴赫系数 |
|---|---|---|---|
| gl1 | 实用性 | 0.760 | 0.809 |
| gl2 | 易用性 | 0.780 | |
| gl3 | 商品质量 | 0.753 | |
| gl4 | 商品功能 | 0.724 | |
| gl5 | 商品价格 | 0.837 | |

在完成信度检验后，进行效度检验。先对功利主义量表进行 KMO 检验和 Bartlett 球形检验。功利主义量表的 KMO 值为 0.745＞0.6，Bartlett 球形检验的显著性水平为 0.000，说明适合做因子分析。

进一步采用主成分分析法进行因子分析，分析的结果见表 3.6。提取一个共同因子，各题项在共同因子的因子负荷除 gl5 以外均在 0.7 以上，总方差解释率为 58.568%，超过 50%，效度良好，符合研究要求。

**表 3.6　功利主义预调研因子分析**

| 题项 | 简称 | 因子负荷 | 总方差解释率 |
|---|---|---|---|
| gl4 | 商品功能 | 0.881 | 58.568% |
| gl3 | 商品质量 | 0.821 | |
| gl1 | 实用性 | 0.789 | |
| gl2 | 易用性 | 0.742 | |
| gl5 | 商品价格 | 0.553 | |

2）享乐主义量表信效度检验

先对享乐主义量表进行信度检验，结果见表 3.7。克龙巴赫系数的结果为 0.813，远大于 0.7，表明该量表信度非常好。

**表 3.7　享乐主义量表预调研信度分析**

| 题项 | 简称 | 删除该项后的克龙巴赫系数 | 克龙巴赫系数 |
|---|---|---|---|
| xl1 | 一眼喜欢 | 0.857 | 0.813 |
| xl2 | 有趣购买 | 0.742 | |
| xl3 | 情感购买 | 0.742 | |
| xl4 | 特色购买 | 0.696 | |

针对享乐主义量表进行 KMO 检验（KMO 值为 0.743＞0.6）和 Bartlett 球形检验（显著性水平为 0.000），各项测量结果均符合标准，说明该量表适合进行因子分析以验证结构效度。

采用主成分分析法进行因子分析，结果见表 3.8，该量表共提取一个共同因子，除 xl1 以外各题项的因子负荷均在 0.8 以上，总方差解释率为 64.850%＞50%，结构效度较好。

**表 3.8　享乐主义预调研因子分析**

| 题项 | 简称 | 因子负荷 | 总方差解释率 |
|---|---|---|---|
| xl4 | 特色购买 | 0.894 | 64.850% |
| xl3 | 情感购买 | 0.851 | |
| xl2 | 有趣购买 | 0.840 | |
| xl1 | 一眼喜欢 | 0.604 | |

3）冲动购买量表信效度检验

对冲动购买两个量表进行信度检验，结果见表 3.9，在线购买的冲动程度和刺激因素量表的克龙巴赫系数值分别为 0.756 和 0.815，均大于 0.7，显示量表信度良好。删除该项后的克龙巴赫系数低于相应量表的克龙巴赫系数的值，说明了题项设置合理性。

**表 3.9　冲动购买量表预调研信度分析**

| 量表 | 题项 | 简称 | 删除该项后的克龙巴赫系数 | 克龙巴赫系数 |
|---|---|---|---|---|
| 冲动程度 | cd1 | 经常冲动 | 0.754 | 0.756 |
| | cd2 | 使用率高 | 0.696 | |
| | cd3 | 不用还买 | 0.557 | |
| 刺激因素 | cj1 | 促销活动 | 0.755 | 0.815 |
| | cj2 | 饥饿营销 | 0.793 | |
| | cj3 | 熟人推荐 | 0.741 | |
| | cj4 | 网红商品 | 0.781 | |

效度检验重点针对结构效度，采用主成分分析法进行因子分析。先通过 KMO 检验和 Bartlett 球形检验，得到冲动程度和刺激因素量表的 KMO 值分别为 0.648 和 0.721，均大于 0.6，Bartlett 球形检验的显著性水平也均为 0.000，表明量表可以进行因子分析，其结果见表 3.10。冲动程度和刺激

因素量表分别提取一个共同因子，各题项共同因子的因子负荷均在 0.6 以上，总方差解释率分别为 67.599%和 64.540%，达到 60%，说明结构效度良好。

**表 3.10　冲动购买预调研因子分析**

| 量表 | 题项 | 简称 | 因子负荷 | 总方差解释率 |
|---|---|---|---|---|
| 冲动程度 | cd3 | 不用还买 | 0.815 | 67.599% |
| | cd2 | 使用率高 | 0.805 | |
| | cd1 | 经常冲动 | 0.793 | |
| 刺激因素 | cj3 | 熟人推荐 | 0.836 | 64.540% |
| | cj1 | 促销活动 | 0.826 | |
| | cj4 | 网红商品 | 0.782 | |
| | cj2 | 饥饿营销 | 0.767 | |

### 3.3.3　消费价值观与冲动购买正式调研

通过预调研量表信效度分析的结果可以看出，问卷题项设置较为合理，在正式调研时仍沿用该问卷，通过网络途径——问卷星正式发放，共回收 1528 份问卷，将填写时间小于 3 分钟的问卷视为无效问卷，最终回收有效问卷 1459 份，样本分布情况见表 3.11。

**表 3.11　人口特征统计表（$N = 1459$）**

| 人口统计学特征变量 | 编码 | 选项 | 频次 | 百分比 |
|---|---|---|---|---|
| 性别 | gender | 男 | 563 | 38.6% |
| | | 女 | 896 | 61.4% |
| 学历 | education | 大学以下 | 47 | 3.2% |
| | | 大学 | 695 | 47.6% |
| | | 研究生 | 717 | 49.1% |
| 年龄 | age | 18 岁以下 | 5 | 0.3% |
| | | 18～25 岁 | 630 | 43.2% |
| | | 26～35 岁 | 445 | 30.5% |
| | | 36～45 岁 | 218 | 14.9% |
| | | 46～60 岁 | 152 | 10.4% |
| | | 60 岁以上 | 9 | 0.6% |

续表

| 人口统计学特征变量 | 编码 | 选项 | 频次 | 百分比 |
|---|---|---|---|---|
| 职业 | job | 管理人员 | 219 | 15.0% |
| | | 专业人员 | 311 | 21.3% |
| | | 办事人员 | 58 | 4.0% |
| | | 服务人员 | 132 | 9.0% |
| | | 生产人员 | 4 | 0.3% |
| | | 操作人员 | 22 | 1.5% |
| | | 学生 | 534 | 36.6% |
| | | 其他 | 179 | 12.3% |
| 月平均收入水平 | salary | 无收入 | 399 | 27.3% |
| | | 0～2 000（含）元 | 125 | 8.6% |
| | | 2 000～4 000（含）元 | 176 | 12.1% |
| | | 4 000～8 000（含）元 | 419 | 28.7% |
| | | 8 000～15 000（含）元 | 225 | 15.4% |
| | | 15 000～30 000（含）元 | 91 | 6.2% |
| | | 30 000 元以上 | 24 | 1.6% |
| 婚姻状况 | marriage | 未婚 | 875 | 60.0% |
| | | 已婚 | 574 | 39.3% |
| | | 离异 | 10 | 0.7% |
| 家庭类型 | family | 独居 | 604 | 41.4% |
| | | 二人 | 114 | 7.8% |
| | | 三口之家 | 330 | 22.6% |
| | | 四口及以上家庭 | 164 | 11.2% |
| | | 与老人同住 | 152 | 10.4% |
| | | 其他 | 95 | 6.5% |

从表 3.11 中可知，样本覆盖了性别、学历、年龄、职业、收入水平、婚姻状况、家庭类型的所有分类，说明本章所调查的样本涵盖了各个层次、不同特征的消费者，样本特征较为全面，具有较好的代表性。

### 3.3.4　消费价值观与冲动购买研究方法与工具

本章研究的技术路线如图 3.3 所示，研究过程包括量表设计、数据收集、信效度分析、数据分析与假设验证等阶段。

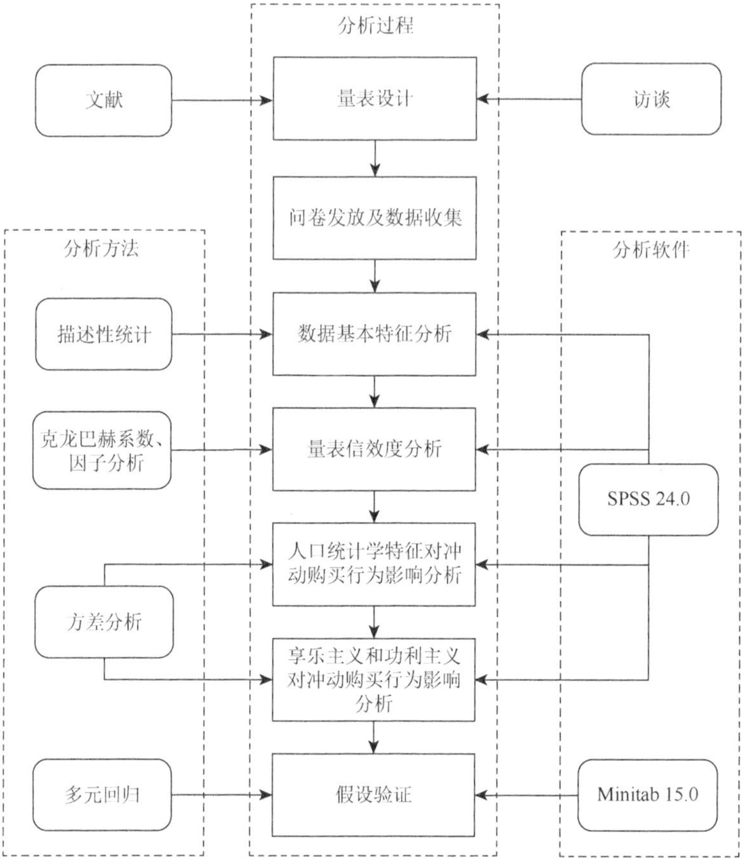


图 3.3　消费价值观与冲动购买研究技术路线

基于 1459 份有效数据，我们利用 SPSS 24.0 和 Minitab 15.0 软件进行了数据分析。对回收的问卷数据进行描述性统计、信效度检验、方差分析、相关性分析和多元回归分析。通过信效度分析进一步验证相关量表的可靠性和准确性。方差分析则主要用于探索电子商务环境下性别、年龄、职业等人口统计学特征不同及消费价值观倾向程度不同的消费者在冲动购买行为上是否有显著差异。回归分析是为了对本章关于冲动购买所做的假设进行验证，并探究影响消费者冲动购买行为的主要因素。

## 3.4　消费价值观与冲动购买描述性统计和信效度分析

### 3.4.1　消费价值观与冲动购买描述性统计

1. 功利主义描述性统计

对功利主义量表中的各题项进行描述性统计，结果见表 3.12。偏度和峰度作为反映数据正态性分布的主要指标，功利主义各个题项的偏度绝对值小于 3，峰度绝对值小于 10，说明各题项的数据接近于正态分布，适合做进一步的数据分析。

**表 3.12　功利主义量表描述性统计**

| 题项 | 简称 | 样本量 | 均值 | 标准差 | 偏度 | 峰度 |
|---|---|---|---|---|---|---|
| gl1 | 实用性 | 1459 | 5.93 | 1.153 | –1.327 | 2.128 |
| gl2 | 易用性 | 1459 | 5.54 | 1.305 | –0.910 | 0.810 |
| gl3 | 商品质量 | 1459 | 5.69 | 1.216 | –0.966 | 1.062 |
| gl4 | 商品功能 | 1459 | 5.68 | 1.164 | –0.982 | 1.401 |
| gl5 | 商品价格 | 1459 | 5.37 | 1.362 | –0.840 | 0.612 |

从表 3.12 中还可以看出，功利主义量表各题项的均值都大于 5，说明电子商务背景下大部分消费者都具有一定的功利主义价值观，在网上购物时，会普遍关注商品的实用性、易用性、质量、功能和价格。通过对各个题项的均值进行比较可以看出，消费者在线购物时，第一注重实用性，第二是商品质量，第三是商品功能，第四是易用性，第五是商品价格。

2. 享乐主义描述性统计

享乐主义量表各题项的描述性统计结果，可参见表 3.13，各题项的偏度和峰度绝对值均小于 1，说明各题项的数据接近正态分布，可进一步进行数据分析。

**表 3.13　享乐主义量表描述性统计**

| 题项 | 简称 | 样本量 | 均值 | 标准差 | 偏度 | 峰度 |
|---|---|---|---|---|---|---|
| xl1 | 一眼喜欢 | 1459 | 3.79 | 1.622 | 0.037 | –0.666 |
| xl2 | 有趣购买 | 1459 | 3.97 | 1.547 | –0.162 | –0.509 |
| xl3 | 情感购买 | 1459 | 4.06 | 1.530 | –0.198 | –0.486 |
| xl4 | 特色购买 | 1459 | 4.13 | 1.507 | –0.198 | –0.386 |

从表 3.13 中可以看出，享乐主义量表各题项的均值都在 4 左右，但标准差明显大于功利主义量表各题项的标准差，说明总体上消费者的享乐主义水平低于功利主义水平，且享乐主义价值观比功利主义价值观具有更大的差异性。从各个题项的均值比较来看，消费者在线购物时首先注重商品

的特色和个性，其次是情感，再次是商品的有趣性，最后是第一眼看到就喜欢。

3. 冲动购买描述性统计

冲动购买量表中冲动程度与刺激因素相关题项的描述性统计结果见表 3.14。冲动购买各个题项的偏度和峰度绝对值均小于 1，说明各题项的数据接近于正态分布，适合做进一步的数据分析。

**表 3.14 冲动购买量表描述性统计**

| 量表 | 题项 | 简称 | 统计量 | 均值 | 标准差 | 偏度 | 峰度 |
|---|---|---|---|---|---|---|---|
| 冲动程度 | cd1 | 经常冲动 | 1459 | 3.55 | 1.725 | 0.193 | −0.891 |
| | cd2 | 使用率高 | 1459 | 3.51 | 1.576 | 0.111 | −0.606 |
| | cd3 | 不用还买 | 1459 | 3.40 | 1.682 | 0.189 | −0.861 |
| 刺激因素 | cj1 | 促销活动 | 1459 | 4.32 | 1.548 | −0.436 | −0.313 |
| | cj2 | 饥饿营销 | 1459 | 3.65 | 1.688 | 0.014 | −0.876 |
| | cj3 | 熟人推荐 | 1459 | 4.42 | 1.546 | −0.484 | −0.312 |
| | cj4 | 网红商品 | 1459 | 3.24 | 1.614 | 0.286 | −0.731 |

从表 3.14 中看出，冲动程度部分的三个题项均值皆低于 4，说明消费者不觉得自己易冲动购买；而在刺激因素部分中，将四个题项按均值从高到低排列分别为熟人推荐、促销活动、饥饿营销、网红商品，熟人推荐、促销活动的均值皆高于 4，说明熟人推荐和促销活动这两个刺激因素相较于其他刺激因素更容易引起消费者的冲动购买。可以从中看出，电子商务中信任和促销活动是引起消费者冲动购买的重要因素；而网红商品均值较低，说明电子商务环境下网红商品相较于其他原因不太容易引起消费者的冲动购买。各题项的标准差均大于 1.5，说明电子商务环境下不同消费者之间冲动购买行为具有较大差异。

### 3.4.2 消费价值观与冲动购买量表信度分析

信度主要是指测量结果的可靠性、一致性和稳定性，反映了被测者的稳定的、一贯性的真实特征。按照克龙巴赫系数判断量表信度，是 Likert 量表检验的主要方法，当克龙巴赫系数＞0.7 时，认为量表信度良好。同时，采用删除该项后的克龙巴赫系数指标检验题项设置的合理性（黄芳铭，2005）。

### 1. 功利主义量表信度分析

对功利主义量表中的五个题项进行信度分析，结果见表3.15。克龙巴赫系数值为0.792，信度效果良好，各题项删除该项后的克龙巴赫系数均与克龙巴赫系数的值相差不大，说明功利主义量表信度效果良好。

**表3.15　功利主义量表信度分析**

| 题项 | 简称 | 删除该项后的克龙巴赫系数 | 克龙巴赫系数 |
| --- | --- | --- | --- |
| gl1 | 实用性 | 0.739 | 0.792 |
| gl2 | 易用性 | 0.751 | |
| gl3 | 商品质量 | 0.750 | |
| gl4 | 商品功能 | 0.713 | |
| gl5 | 商品价格 | 0.809 | |

### 2. 享乐主义量表信度分析

享乐主义量表的信度分析，结果见表3.16。克龙巴赫系数值为0.824，说明享乐主义量表信度良好。

**表3.16　享乐主义量表信度分析**

| 题项 | 简称 | 删除该项后的克龙巴赫系数 | 克龙巴赫系数 |
| --- | --- | --- | --- |
| xl1 | 一眼喜欢 | 0.847 | 0.824 |
| xl2 | 有趣购买 | 0.742 | |
| xl3 | 情感购买 | 0.753 | |
| xl4 | 特色购买 | 0.764 | |

### 3. 冲动购买量表信度分析

对冲动购买部分的两个量表进行信度分析，结果见表3.17。冲动程度部分克龙巴赫系数值为0.775，刺激因素部分克龙巴赫系数值为0.826，两个量表的信度效果均良好，且两个量表中各题项删除该项后的克龙巴赫系数均与克龙巴赫系数的值相差不大，说明冲动购买量表信度效果良好。

表 3.17 冲动购买量表信度分析

| 量表 | 题项 | 简称 | 删除该项后的克龙巴赫系数 | 克龙巴赫系数 |
|---|---|---|---|---|
| 冲动程度 | cd1 | 经常冲动 | 0.708 | 0.775 |
| | cd2 | 使用率高 | 0.758 | |
| | cd3 | 不用还买 | 0.611 | |
| 刺激因素 | cj1 | 促销活动 | 0.787 | 0.826 |
| | cj2 | 饥饿营销 | 0.792 | |
| | cj3 | 熟人推荐 | 0.776 | |
| | cj4 | 网红商品 | 0.768 | |

### 3.4.3 消费价值观与冲动购买量表效度分析

效度是指测量的有效性程度，即指一个测验的准确性、有用性。在数据分析环节，主要采用因子分析对量表的结构效度进行检验，首先计算 KMO 和 Bartlett 系数值以检验数据进行因子分析的适合性。当 Bartlett 检验值<0.05，KMO 值>0.7 时，认为问卷适合进行因子分析（黄芳铭，2005）。然后，依据因子负荷、总方差解释率来评价结构效度。

经检验，功利主义量表、享乐主义量表、冲动程度部分量表及刺激因素部分量表的 KMO 值分别是 0.757、0.786、0.673 和 0.770，Bartlett 球形检验显著性均为 0.000，量表检验结果均符合各项要求，适合做因子分析。

1. 功利主义因子分析

采用主成分分析法对功利主义量表进行因子分析，分析结果见表 3.18，提取一个共同因子，各题项在共同因子的因子负荷除 gl5 以外均在 0.7 以上，总方差解释率为 55.962%，结构效度尚可。

表 3.18 功利主义因子分析

| 题项 | 简称 | 因子负荷 | 总方差解释率 |
|---|---|---|---|
| gl4 | 商品功能 | 0.841 | 55.962% |
| gl1 | 实用性 | 0.783 | |
| gl3 | 商品质量 | 0.766 | |
| gl2 | 易用性 | 0.748 | |
| gl5 | 商品价格 | 0.576 | |

### 2. 享乐主义因子分析

享乐主义量表因子分析结果见表3.19，除xl1的因子负荷接近0.7以外，其他题项的因子负荷均大于0.8，总方差解释率为66.148%，表明结构效度尚可。

**表3.19　享乐主义因子分析**

| 题项 | 简称 | 因子负荷 | 总方差解释率 |
|---|---|---|---|
| xl2 | 有趣购买 | 0.864 | 66.148% |
| xl3 | 情感购买 | 0.855 | |
| xl4 | 特色购买 | 0.841 | |
| xl1 | 一眼喜欢 | 0.680 | |

### 3. 冲动购买因子分析

针对冲动购买两个部分量表进行因子分析，结果见表3.20。冲动程度和刺激因素两个子量表各提取出一个共同因子，各题项的因子负荷均大于0.7，总方差解释率分别为69.029%和65.773%，超过60%，表明了量表具有良好的结构效度。

**表3.20　冲动购买因子分析**

| 量表 | 题项 | 简称 | 因子负荷 | 总方差解释率 |
|---|---|---|---|---|
| 冲动程度 | cd3 | 不用还买 | 0.876 | 69.029% |
| | cd1 | 经常冲动 | 0.825 | |
| | cd2 | 使用率高 | 0.789 | |
| 刺激因素 | cj2 | 饥饿营销 | 0.831 | 65.773% |
| | cj4 | 网红商品 | 0.817 | |
| | cj1 | 促销活动 | 0.802 | |
| | cj3 | 熟人推荐 | 0.793 | |

## 3.5　基于人口统计学特征的消费者冲动购买差异性分析

本节从性别、学历、年龄、职业、收入水平、婚姻状况和家庭类型七个人口统计学特征方面，分析电子商务环境下不同特征的消费者之间在冲动购买行为上是否存在显著差异。

### 3.5.1　不同性别消费者冲动购买差异性分析

采用单因素方差分析对不同性别消费者进行均值比较检验，结果见表 3.21。总体来看，在电子商务环境下，不同性别的消费者在冲动购买方面均存在显著差异。

**表 3.21　不同性别消费者冲动购买差异性分析**

| 题项 | 简称 | 性别 | 样本量 | 均值 | 标准差 | $F$ | $p$ |
|---|---|---|---|---|---|---|---|
| cd1 | 经常冲动 | 男 | 563 | 3.35 | 1.793 | 11.831 | 0.001*** |
| | | 女 | 896 | 3.67 | 1.671 | | |
| cd2 | 使用率高 | 男 | 563 | 3.42 | 1.637 | 2.991 | 0.084* |
| | | 女 | 896 | 3.57 | 1.535 | | |
| cd3 | 不用还买 | 男 | 563 | 3.20 | 1.667 | 13.068 | 0.000*** |
| | | 女 | 896 | 3.52 | 1.680 | | |
| cj1 | 促销活动 | 男 | 563 | 3.99 | 1.629 | 41.184 | 0.000*** |
| | | 女 | 896 | 4.52 | 1.460 | | |
| cj2 | 饥饿营销 | 男 | 563 | 3.34 | 1.711 | 31.967 | 0.000*** |
| | | 女 | 896 | 3.85 | 1.644 | | |
| cj3 | 熟人推荐 | 男 | 563 | 4.07 | 1.617 | 49.228 | 0.000*** |
| | | 女 | 896 | 4.64 | 1.457 | | |
| cj4 | 网红商品 | 男 | 563 | 3.00 | 1.637 | 20.306 | 0.000*** |
| | | 女 | 896 | 3.39 | 1.582 | | |

*表示 $p<0.1$，***表示 $p<0.01$

从均值来看，在所有题项上女性的得分都显著高于男性。首先，女性在经常冲动、使用率高、不用还买这三个代表冲动程度的题项上得分显著高于男性，说明了女性在网上购物时冲动程度要高于男性，男性相对来说更加理性。其次，女性在促销活动、饥饿营销、熟人推荐、网红商品这四个代表刺激因素的题项上得分显著高于男性，说明相较于男性来说，女性更容易受到个人内在因素及营销因素的刺激而产生冲动购买行为。

从标准差来看，除了不用还买题项外，男性的标准差均高于女性，表明女性更容易冲动购买，因此女性间的冲动购买行为差异较小，而男性间冲动购买行为具有较大差异是一个有趣且值得进一步研究的问题，具体原因需要进行更加深入的探索和研究。本章后面将从其他人口统计学特征和消费价值观角度对电子商务环境下的消费者冲动购买行为进行研究。

### 3.5.2　不同学历消费者冲动购买差异性分析

对电子商务环境下不同学历的消费者进行冲动购买方面的均值比较检验，单因素方差分析的结果见表 3.22。不同学历的消费者在经常冲动、促销活动、熟人推荐、网红商品方面均存在显著差异。然而，不同学历消费者在使用率高、不用还买、饥饿营销等方面没有显著差异。

**表 3.22　不同学历消费者冲动购买差异性分析**

| 题项 | 简称 | 学历 | 样本量 | 均值 | 标准差 | $F$ | $p$ |
|---|---|---|---|---|---|---|---|
| cd1 | 经常冲动 | 大学以下 | 47 | 4.11 | 1.981 | 2.619 | 0.073* |
| | | 大学 | 695 | 3.51 | 1.698 | | |
| | | 研究生 | 717 | 3.54 | 1.730 | | |
| cd2 | 使用率高 | 大学以下 | 47 | 3.72 | 1.778 | 0.630 | 0.532 |
| | | 大学 | 695 | 3.53 | 1.539 | | |
| | | 研究生 | 717 | 3.48 | 1.598 | | |
| cd3 | 不用还买 | 大学以下 | 47 | 3.36 | 1.905 | 1.310 | 0.270 |
| | | 大学 | 695 | 3.47 | 1.666 | | |
| | | 研究生 | 717 | 3.33 | 1.681 | | |
| cj1 | 促销活动 | 大学以下 | 47 | 4.85 | 1.757 | 6.699 | 0.001*** |
| | | 大学 | 695 | 4.18 | 1.544 | | |
| | | 研究生 | 717 | 4.41 | 1.526 | | |
| cj2 | 饥饿营销 | 大学以下 | 47 | 3.60 | 1.952 | 0.209 | 0.811 |
| | | 大学 | 695 | 3.68 | 1.665 | | |
| | | 研究生 | 717 | 3.63 | 1.694 | | |
| cj3 | 熟人推荐 | 大学以下 | 47 | 4.38 | 1.917 | 4.255 | 0.014** |
| | | 大学 | 695 | 4.30 | 1.522 | | |
| | | 研究生 | 717 | 4.54 | 1.535 | | |
| cj4 | 网红商品 | 大学以下 | 47 | 3.77 | 2.066 | 2.828 | 0.059* |
| | | 大学 | 695 | 3.24 | 1.581 | | |
| | | 研究生 | 717 | 3.19 | 1.609 | | |

*表示 $p<0.1$，**表示 $p<0.05$，***表示 $p<0.01$

不同学历的消费者在经常冲动，即冲动购买频率方面存在显著差异，学历在大学以下的消费者冲动购买频率高于其他学历的消费者。在促销活动方面，学历为大学的消费者得分低于其他学历的消费者。在熟人推荐方面，学历为大学的消费者得分低于学历为研究生的消费者。在网红商品方面，学历在大学以下的消费者得分高于学历为研究生的消费者。在存在显著差异的这几项上，学历在大学以下的消费者普遍得分较高。分析其原因为，相对于学历较低的消费者来说，学历较高的消费者可能较为理性，能够较好地控制自己的冲动购买行为。学历在大学以下的消费者可能正在上学，尚未独立生活，没有经济压力。学历较高的消费者可能已经工作或者独立生活，经济压力相对较大。

### 3.5.3　不同年龄消费者冲动购买差异性分析

单因素方差分析对不同年龄段的消费者均值比较检验的结果见表 3.23。由于 18 岁以下的样本仅有 6 人，60 岁以上的样本仅有 9 人，样本数量较少，不具有代表性，分析时会存在较大误差，因此本章分析时不再考虑 18 岁以下和 60 岁以上的消费者在网上购物时的冲动购买行为。由此发现，电子商务环境下不同年龄的消费者在冲动购买各方面的差异性均显著。

**表 3.23　不同年龄消费者冲动购买差异性分析**

| 题项 | 简称 | 年龄 | 样本量 | 均值 | 标准差 | $F$ | $p$ |
|---|---|---|---|---|---|---|---|
| cd1 | 经常冲动 | 18 岁以下 | 5 | 4.20 | 1.304 | 5.234 | 0.000*** |
| | | 18～25 岁 | 630 | 3.70 | 1.665 | | |
| | | 26～35 岁 | 445 | 3.44 | 1.722 | | |
| | | 36～45 岁 | 218 | 3.71 | 1.777 | | |
| | | 46～60 岁 | 152 | 3.01 | 1.788 | | |
| | | 60 岁以上 | 9 | 2.78 | 1.856 | | |
| cd2 | 使用率高 | 18 岁以下 | 5 | 3.20 | 1.483 | 5.759 | 0.000*** |
| | | 18～25 岁 | 630 | 3.74 | 1.526 | | |
| | | 26～35 岁 | 445 | 3.33 | 1.577 | | |
| | | 36～45 岁 | 218 | 3.51 | 1.604 | | |
| | | 46～60 岁 | 152 | 3.18 | 1.599 | | |
| | | 60 岁以上 | 9 | 2.67 | 1.871 | | |
| cd3 | 不用还买 | 18 岁以下 | 5 | 5.00 | 1.581 | 7.013 | 0.000*** |
| | | 18～25 岁 | 630 | 3.63 | 1.624 | | |
| | | 26～35 岁 | 445 | 3.32 | 1.725 | | |
| | | 36～45 岁 | 218 | 3.22 | 1.684 | | |
| | | 46～60 岁 | 152 | 2.95 | 1.608 | | |
| | | 60 岁以上 | 9 | 2.22 | 1.922 | | |

续表

| 题项 | 简称 | 年龄 | 样本量 | 均值 | 标准差 | $F$ | $p$ |
|---|---|---|---|---|---|---|---|
| cj1 | 促销活动 | 18岁以下 | 5 | 5.40 | 0.894 | 6.164 | 0.000*** |
| | | 18～25岁 | 630 | 4.48 | 1.420 | | |
| | | 26～35岁 | 445 | 4.31 | 1.581 | | |
| | | 36～45岁 | 218 | 4.23 | 1.619 | | |
| | | 46～60岁 | 152 | 3.75 | 1.700 | | |
| | | 60岁以上 | 9 | 4.22 | 2.108 | | |
| cj2 | 饥饿营销 | 18岁以下 | 5 | 3.00 | 1.225 | 4.886 | 0.000*** |
| | | 18～25岁 | 630 | 3.87 | 1.636 | | |
| | | 26～35岁 | 445 | 3.55 | 1.710 | | |
| | | 36～45岁 | 218 | 3.56 | 1.679 | | |
| | | 46～60岁 | 152 | 3.24 | 1.702 | | |
| | | 60岁以上 | 9 | 3.00 | 2.449 | | |
| cj3 | 熟人推荐 | 18岁以下 | 5 | 3.00 | 0.707 | 3.992 | 0.001*** |
| | | 18～25岁 | 630 | 4.54 | 1.426 | | |
| | | 26～35岁 | 445 | 4.42 | 1.575 | | |
| | | 36～45岁 | 218 | 4.35 | 1.594 | | |
| | | 46～60岁 | 152 | 4.08 | 1.747 | | |
| | | 60岁以上 | 9 | 3.44 | 2.297 | | |
| cj4 | 网红商品 | 18岁以下 | 5 | 3.00 | 2.000 | 3.455 | 0.004*** |
| | | 18～25岁 | 630 | 3.40 | 1.597 | | |
| | | 26～35岁 | 445 | 3.12 | 1.569 | | |
| | | 36～45岁 | 218 | 3.25 | 1.656 | | |
| | | 46～60岁 | 152 | 2.95 | 1.659 | | |
| | | 60岁以上 | 9 | 2.22 | 1.922 | | |

***表示 $p<0.01$

每个题项46～60岁的消费者的得分都最低，26～45岁的消费者得分居于中等水平，而18～25岁的消费者除经常冲动这一题项外，其他得分都最高，表明年龄较小较容易因各种刺激因素产生冲动购买行为，而年龄较大的消费者较不容易因各种刺激因素产生冲动购买行为。分析其原因，18～25岁的消费者多为学生或刚刚步入社会工作的年轻人，家庭负担较少，没有太多家庭压力，这使他们在购物时能够更加随心所欲，较易产生冲动购买行为；而 46～60 岁的消费者有了较多人生阅历，相对较为理性，因此不易冲动购买。

从经常冲动这一题项来看，相较于其他年龄的消费者，18～25 岁与 36～45 岁的消费者在经常冲动的得分更高。分析其原因，18～25 岁的消费者家庭负担较少，而 36～45 岁的消费者大多事业稳定、经济宽裕，所以这两个年龄段的人较容易产生冲动购买行为。

### 3.5.4 不同职业消费者冲动购买差异性分析

采用单因素方差分析比较不同职业的消费者在冲动购买上的差异，结果见表 3.24。由于职业为生产人员的样本仅有 4 人，职业为操作人员的样本仅有 22 人，样本数量较少，不具有代表性，分析时会存在较大误差，因此不再考虑生产人员和操作人员在网上购物时的冲动购买行为。

**表 3.24 不同职业消费者冲动购买差异性分析**

| 题项 | 简称 | 职业 | 样本量 | 均值 | 标准差 | $F$ | $p$ |
|---|---|---|---|---|---|---|---|
| cd1 | 经常冲动 | 管理人员 | 219 | 3.38 | 1.750 | 4.035 | 0.000*** |
| | | 专业人员 | 311 | 3.23 | 1.747 | | |
| | | 办事人员 | 58 | 3.98 | 1.742 | | |
| | | 服务人员 | 132 | 3.79 | 1.833 | | |
| | | 生产人员 | 4 | 5.00 | 1.826 | | |
| | | 操作人员 | 22 | 3.00 | 1.574 | | |
| | | 学生 | 534 | 3.69 | 1.643 | | |
| | | 其他 | 179 | 3.60 | 1.724 | | |
| cd2 | 使用率高 | 管理人员 | 219 | 3.58 | 1.590 | 4.821 | 0.000*** |
| | | 专业人员 | 311 | 3.15 | 1.596 | | |
| | | 办事人员 | 58 | 3.45 | 1.558 | | |
| | | 服务人员 | 132 | 3.58 | 1.573 | | |
| | | 生产人员 | 4 | 5.25 | 1.258 | | |
| | | 操作人员 | 22 | 3.14 | 1.807 | | |
| | | 学生 | 534 | 3.72 | 1.497 | | |
| | | 其他 | 179 | 3.43 | 1.621 | | |
| cd3 | 不用还买 | 管理人员 | 219 | 3.30 | 1.694 | 5.207 | 0.000*** |
| | | 专业人员 | 311 | 2.98 | 1.624 | | |
| | | 办事人员 | 58 | 3.52 | 1.699 | | |
| | | 服务人员 | 132 | 3.74 | 1.706 | | |
| | | 生产人员 | 4 | 3.00 | 1.826 | | |
| | | 操作人员 | 22 | 2.86 | 1.699 | | |

续表

| 题项 | 简称 | 职业 | 样本量 | 均值 | 标准差 | $F$ | $p$ |
|---|---|---|---|---|---|---|---|
| cd3 | 不用还买 | 学生 | 534 | 3.60 | 1.621 | 5.207 | 0.000*** |
| | | 其他 | 179 | 3.45 | 1.777 | | |
| cj1 | 促销活动 | 管理人员 | 219 | 4.14 | 1.569 | 3.722 | 0.001*** |
| | | 专业人员 | 311 | 4.09 | 1.662 | | |
| | | 办事人员 | 58 | 4.47 | 1.417 | | |
| | | 服务人员 | 132 | 4.29 | 1.546 | | |
| | | 生产人员 | 4 | 6.25 | 1.500 | | |
| | | 操作人员 | 22 | 3.82 | 2.015 | | |
| | | 学生 | 534 | 4.46 | 1.424 | | |
| | | 其他 | 179 | 4.50 | 1.574 | | |
| cj2 | 饥饿营销 | 管理人员 | 219 | 3.67 | 1.692 | 4.602 | 0.000*** |
| | | 专业人员 | 311 | 3.22 | 1.686 | | |
| | | 办事人员 | 58 | 3.71 | 1.686 | | |
| | | 服务人员 | 132 | 3.67 | 1.701 | | |
| | | 生产人员 | 4 | 3.75 | 2.500 | | |
| | | 操作人员 | 22 | 3.27 | 1.956 | | |
| | | 学生 | 534 | 3.88 | 1.629 | | |
| | | 其他 | 179 | 3.70 | 1.682 | | |
| cj3 | 熟人推荐 | 管理人员 | 219 | 4.31 | 1.589 | 2.068 | 0.044** |
| | | 专业人员 | 311 | 4.25 | 1.662 | | |
| | | 办事人员 | 58 | 4.55 | 1.535 | | |
| | | 服务人员 | 132 | 4.56 | 1.564 | | |
| | | 生产人员 | 4 | 5.50 | 1.291 | | |
| | | 操作人员 | 22 | 3.77 | 1.631 | | |
| | | 学生 | 534 | 4.51 | 1.406 | | |
| | | 其他 | 179 | 4.46 | 1.629 | | |
| cj4 | 网红商品 | 管理人员 | 219 | 3.34 | 1.653 | 3.020 | 0.004*** |
| | | 专业人员 | 311 | 2.89 | 1.589 | | |
| | | 办事人员 | 58 | 3.33 | 1.637 | | |
| | | 服务人员 | 132 | 3.33 | 1.595 | | |
| | | 生产人员 | 4 | 4.25 | 2.217 | | |
| | | 操作人员 | 22 | 3.00 | 1.662 | | |
| | | 学生 | 534 | 3.36 | 1.574 | | |
| | | 其他 | 179 | 3.24 | 1.654 | | |

**表示 $p<0.05$，***表示 $p<0.01$

从表 3.24 中可以看出，相较于其他职业，办事人员、服务人员及学生在各个题项上的得分都较高，他们更容易冲动购买。相反，专业人员在各个题项上的得分都最低，冲动购买倾向更低。分析其原因，学生还未步入社会，无须承担过多的家庭压力，在网上购物时较为随心所欲，更容易产生冲动购买行为。办事人员与服务人员两种职业的消费者相对来说更易冲动，易因各种刺激产生冲动购买行为，而专业技术人员更加理性，也不易因各种刺激因素产生冲动购买行为。从标准差的角度来看，学生在各个题项上的标准差也较低，说明相对于其他职业，学生间的冲动购买行为差异较小，而其他职业，可能由于行业不同等其他因素，消费者之间具有较大差异。

### 3.5.5 不同收入水平消费者冲动购买差异性分析

利用单因素方差分析法对不同收入水平的消费者进行均值比较检验，结果见表 3.25。总体来看，在电子商务环境下，不同收入水平的消费者在经常冲动、使用率高、不用还买、促销活动、饥饿营销方面均存在显著差异。

**表 3.25 不同收入水平消费者冲动购买差异性分析**

| 题项 | 简称 | 收入水平 | 样本量 | 均值 | 标准差 | $F$ | $p$ |
|---|---|---|---|---|---|---|---|
| cd1 | 经常冲动 | 无收入 | 399 | 3.71 | 1.638 | 2.274 | 0.034** |
| | | 0～2 000（含）元 | 125 | 3.90 | 1.650 | | |
| | | 2 000～4 000（含）元 | 176 | 3.44 | 1.733 | | |
| | | 4 000～8 000（含）元 | 419 | 3.39 | 1.723 | | |
| | | 8 000～15 000（含）元 | 225 | 3.50 | 1.864 | | |
| | | 15 000～30 000（含）元 | 91 | 3.43 | 1.620 | | |
| | | 30 000 元以上 | 24 | 3.50 | 2.207 | | |
| cd2 | 使用率高 | 无收入 | 399 | 3.72 | 1.517 | 4.191 | 0.000*** |
| | | 0～2 000（含）元 | 125 | 3.88 | 1.559 | | |
| | | 2 000～4 000（含）元 | 176 | 3.36 | 1.551 | | |
| | | 4 000～8 000（含）元 | 419 | 3.42 | 1.559 | | |
| | | 8 000～15 000（含）元 | 225 | 3.25 | 1.618 | | |
| | | 15 000～30 000（含）元 | 91 | 3.36 | 1.670 | | |
| | | 30 000 元以上 | 24 | 3.79 | 1.719 | | |
| cd3 | 不用还买 | 无收入 | 399 | 3.58 | 1.613 | 2.949 | 0.007*** |
| | | 0～2 000（含）元 | 125 | 3.71 | 1.665 | | |
| | | 2 000～4 000（含）元 | 176 | 3.51 | 1.763 | | |

续表

| 题项 | 简称 | 收入水平 | 样本量 | 均值 | 标准差 | $F$ | $p$ |
|---|---|---|---|---|---|---|---|
| cd3 | 不用还买 | 4 000～8 000（含）元 | 419 | 3.22 | 1.642 | 2.949 | 0.007*** |
| | | 8 000～15 000（含）元 | 225 | 3.21 | 1.773 | | |
| | | 15 000～30 000（含）元 | 91 | 3.27 | 1.720 | | |
| | | 30 000 元以上 | 24 | 3.25 | 1.539 | | |
| cj1 | 促销活动 | 无收入 | 399 | 4.44 | 1.434 | 3.304 | 0.003*** |
| | | 0～2 000（含）元 | 125 | 4.63 | 1.44 | | |
| | | 2 000～4 000（含）元 | 176 | 4.29 | 1.632 | | |
| | | 4 000～8 000（含）元 | 419 | 4.30 | 1.559 | | |
| | | 8 000～15 000（含）元 | 225 | 4.16 | 1.643 | | |
| | | 15 000～30 000（含）元 | 91 | 4.04 | 1.505 | | |
| | | 30 000 元以上 | 24 | 3.50 | 1.888 | | |
| cj2 | 饥饿营销 | 无收入 | 399 | 3.91 | 1.621 | 4.539 | 0.000*** |
| | | 0～2 000（含）元 | 125 | 3.92 | 1.619 | | |
| | | 2 000～4 000（含）元 | 176 | 3.69 | 1.743 | | |
| | | 4 000～8 000（含）元 | 419 | 3.55 | 1.667 | | |
| | | 8 000～15 000（含）元 | 225 | 3.27 | 1.758 | | |
| | | 15 000～30 000（含）元 | 91 | 3.51 | 1.642 | | |
| | | 30 000 元以上 | 24 | 3.50 | 1.842 | | |
| cj3 | 熟人推荐 | 无收入 | 399 | 4.48 | 1.398 | 1.233 | 0.286 |
| | | 0～2 000（含）元 | 125 | 4.66 | 1.453 | | |
| | | 2 000～4 000（含）元 | 176 | 4.31 | 1.666 | | |
| | | 4 000～8 000（含）元 | 419 | 4.42 | 1.562 | | |
| | | 8 000～15 000（含）元 | 225 | 4.36 | 1.671 | | |
| | | 15 000～30 000（含）元 | 91 | 4.25 | 1.473 | | |
| | | 30 000 元以上 | 24 | 4.04 | 2.074 | | |
| cj4 | 网红商品 | 无收入 | 399 | 3.40 | 1.583 | 1.627 | 0.136 |
| | | 0～2 000（含）元 | 125 | 3.41 | 1.561 | | |
| | | 2 000～4 000（含）元 | 176 | 3.23 | 1.682 | | |
| | | 4 000～8 000（含）元 | 419 | 3.16 | 1.621 | | |
| | | 8 000～15 000（含）元 | 225 | 3.07 | 1.602 | | |
| | | 15 000～30 000（含）元 | 91 | 3.12 | 1.618 | | |
| | | 30 000 元以上 | 24 | 2.96 | 1.732 | | |

**表示 $p<0.05$，***表示 $p<0.01$

从表 3.25 中可以看出，无收入和月收入为 0～2000（含）元的消费者在这些题项上得分都较高，说明收入水平较低的消费者较容易冲动购买，也更容易因各种刺激产生冲动购买行为；收入水平较高的消费者在这些题项上得分相对较低，说明收入水平较高的消费者较不容易冲动购买，也不易因各种刺激产生冲动购买行为；从标准差来看，无收入和月收入为 0～2000（含）元的消费者各个题项得分的标准差也大多低于其他收入水平的消费者，这说明他们之间内部的差异较小。分析其原因，无收入或月收入在 0～2000（含）元的消费者多为学生，这与节 3.5.4 中得到的结论是一致的，学生较容易产生冲动购买行为，已经工作的消费者相较于学生冲动购买行为较少。

不管是熟人推荐还是网红商品，不同收入水平的消费者之间均没有显著差异。在熟人推荐方面，不同收入水平的消费者均值得分都较高，而在网红商品方面，不同收入水平的消费者的均值得分都较低，说明不同收入水平的消费者都较易因熟人推荐产生冲动购买行为，而很少因网红商品产生冲动购买行为。这一结果再次验证了在电子商务中信任和口碑是重要因素的观点。

### 3.5.6 不同婚姻状况消费者冲动购买差异性分析

采用单因素方差分析对不同婚姻状况的消费者进行均值比较检验，结果见表 3.26。由于婚姻状态为离异的样本仅有 10 人，样本总量过少，本章分析时不再考虑离异的消费者在网上购物时的冲动购买行为。未婚和已婚的消费者在电子商务购物环境中的经常冲动、使用率高、不用还买、促销活动、饥饿营销、网红商品等方面都呈现出显著的差异。

**表 3.26 不同婚姻状况消费者冲动购买差异性分析**

| 题项 | 简称 | 婚姻状况 | 样本量 | 均值 | 标准差 | $F$ | $p$ |
|---|---|---|---|---|---|---|---|
| cd1 | 经常冲动 | 未婚 | 875 | 3.63 | 1.693 | 2.761 | 0.064* |
| | | 已婚 | 574 | 3.43 | 1.766 | | |
| | | 离异 | 10 | 3.00 | 1.826 | | |
| cd2 | 使用率高 | 未婚 | 875 | 3.62 | 1.549 | 5.866 | 0.003*** |
| | | 已婚 | 574 | 3.34 | 1.596 | | |
| | | 离异 | 10 | 4.10 | 1.969 | | |
| cd3 | 不用还买 | 未婚 | 875 | 3.54 | 1.662 | 7.912 | 0.000*** |
| | | 已婚 | 574 | 3.18 | 1.689 | | |
| | | 离异 | 10 | 3.40 | 1.897 | | |

续表

| 题项 | 简称 | 婚姻状况 | 样本量 | 均值 | 标准差 | $F$ | $p$ |
|---|---|---|---|---|---|---|---|
| cj1 | 促销活动 | 未婚 | 875 | 4.43 | 1.468 | 6.032 | 0.002*** |
| | | 已婚 | 574 | 4.15 | 1.641 | | |
| | | 离异 | 10 | 4.00 | 2.160 | | |
| cj2 | 饥饿营销 | 未婚 | 875 | 3.74 | 1.661 | 3.334 | 0.036** |
| | | 已婚 | 574 | 3.51 | 1.718 | | |
| | | 离异 | 10 | 3.60 | 1.897 | | |
| cj3 | 熟人推荐 | 未婚 | 875 | 4.47 | 1.471 | 1.274 | 0.280 |
| | | 已婚 | 574 | 4.34 | 1.644 | | |
| | | 离异 | 10 | 4.50 | 2.068 | | |
| cj4 | 网红商品 | 未婚 | 875 | 3.31 | 1.590 | 2.833 | 0.059* |
| | | 已婚 | 574 | 3.13 | 1.648 | | |
| | | 离异 | 10 | 2.70 | 1.418 | | |

*表示 $p<0.1$，**表示 $p<0.05$，***表示 $p<0.01$

不同婚姻状况的消费者在经常冲动、使用率高、不用还买、促销活动、饥饿营销、网红商品这些题项上，未婚的消费者得分都高于已婚的消费者，且未婚消费者的得分标准差都低于已婚消费者的标准差，这说明未婚的消费者更容易冲动购买，也更容易因各种刺激产生冲动购买行为。分析其原因，相对于已婚消费者来说，未婚消费者没有配偶及子女，无须承担过多的家庭负担，必要的支出较少，比已婚消费者更易产生冲动购买行为。

在熟人推荐这方面，不同婚姻状况的消费者之间没有显著差异。这与不同婚姻状况的消费者在经常冲动、使用率高、不用还买、促销活动、饥饿营销、网红商品方面均存在显著差异的结论形成鲜明的对比。熟人推荐与婚姻状况无关，这说明电子商务环境下信任是普适的重要因素，商家应该更加注重口碑效应。

### 3.5.7　不同家庭类型消费者冲动购买差异性分析

在研究不同家庭类型的消费者冲动购买差异性分析方面，利用单因素方差分析比较均值差异的显著性，结果见表 3.27。研究发现，在电子商务环境下，不同家庭类型的消费者在使用率高、不用还买、促销活动方面的差异性显著。

**表 3.27 不同家庭类型消费者冲动购买差异性分析**

| 题项 | 简称 | 家庭类型 | 样本量 | 均值 | 标准差 | $F$ | $p$ |
|---|---|---|---|---|---|---|---|
| cd1 | 经常冲动 | 独居 | 604 | 3.63 | 1.709 | 0.857 | 0.510 |
| | | 二人 | 114 | 3.49 | 1.689 | | |
| | | 三口之家 | 330 | 3.41 | 1.793 | | |
| | | 四口及以上家庭 | 164 | 3.54 | 1.756 | | |
| | | 与老人同住 | 152 | 3.63 | 1.694 | | |
| | | 其他 | 95 | 3.46 | 1.630 | | |
| cd2 | 使用率高 | 独居 | 604 | 3.61 | 1.548 | 2.074 | $0.066^{*}$ |
| | | 二人 | 114 | 3.30 | 1.607 | | |
| | | 三口之家 | 330 | 3.33 | 1.633 | | |
| | | 四口及以上家庭 | 164 | 3.52 | 1.592 | | |
| | | 与老人同住 | 152 | 3.66 | 1.514 | | |
| | | 其他 | 95 | 3.52 | 1.536 | | |
| cd3 | 不用还买 | 独居 | 604 | 3.49 | 1.671 | 2.413 | $0.034^{**}$ |
| | | 二人 | 114 | 3.46 | 1.766 | | |
| | | 三口之家 | 330 | 3.12 | 1.700 | | |
| | | 四口及以上家庭 | 164 | 3.45 | 1.703 | | |
| | | 与老人同住 | 152 | 3.47 | 1.635 | | |
| | | 其他 | 95 | 3.49 | 1.557 | | |
| cj1 | 促销活动 | 独居 | 604 | 4.45 | 1.454 | 2.590 | $0.024^{**}$ |
| | | 二人 | 114 | 4.34 | 1.573 | | |
| | | 三口之家 | 330 | 4.11 | 1.672 | | |
| | | 四口及以上家庭 | 164 | 4.20 | 1.591 | | |
| | | 与老人同住 | 152 | 4.44 | 1.547 | | |
| | | 其他 | 95 | 4.18 | 1.516 | | |
| cj2 | 饥饿营销 | 独居 | 604 | 3.76 | 1.648 | 1.513 | 0.183 |
| | | 二人 | 114 | 3.53 | 1.694 | | |
| | | 三口之家 | 330 | 3.54 | 1.803 | | |
| | | 四口及以上家庭 | 164 | 3.76 | 1.701 | | |
| | | 与老人同住 | 152 | 3.45 | 1.631 | | |
| | | 其他 | 95 | 3.62 | 1.552 | | |

续表

| 题项 | 简称 | 家庭类型 | 样本量 | 均值 | 标准差 | $F$ | $p$ |
|---|---|---|---|---|---|---|---|
| cj3 | 熟人推荐 | 独居 | 604 | 4.50 | 1.439 | 1.013 | 0.409 |
| | | 二人 | 114 | 4.46 | 1.592 | | |
| | | 三口之家 | 330 | 4.30 | 1.689 | | |
| | | 四口及以上家庭 | 164 | 4.34 | 1.556 | | |
| | | 与老人同住 | 152 | 4.50 | 1.599 | | |
| | | 其他 | 95 | 4.29 | 1.515 | | |
| cj4 | 网红商品 | 独居 | 604 | 3.29 | 1.575 | 1.256 | 0.281 |
| | | 二人 | 114 | 3.16 | 1.616 | | |
| | | 三口之家 | 330 | 3.06 | 1.655 | | |
| | | 四口及以上家庭 | 164 | 3.39 | 1.685 | | |
| | | 与老人同住 | 152 | 3.27 | 1.632 | | |
| | | 其他 | 95 | 3.25 | 1.543 | | |

*表示 $p<0.1$，**表示 $p<0.05$

从表3.27中可以看出，独居、与老人同住的消费者在这些题项上得分普遍较高，而三口之家的消费者在这些题项上得分普遍较低。说明独居及与老人同住的消费者更容易冲动购买，也较易因情感和促销刺激产生冲动购买行为，而三口之家的消费者较不易冲动购买。分析其原因，独居和与老人同住的可能多为还未结婚的年轻人，没有过多的家庭负担，同时较热爱网上购物，容易产生冲动购买行为，而三口之家的消费者有了家庭负担，购物时更需要精打细算，因此较不易产生冲动购买行为。有趣的是，二人家庭的消费者在不用还买、促销活动题项上得分在中上等水平，但在使用率高方面，二人家庭的消费者均值得分最低。二人家庭的消费者多为刚刚结婚还没有孩子的年轻人，在没有孩子负担的情况下，他们较容易产生冲动购买行为，且购买的商品大部分都是没有太多用处、很少使用的商品。

## 3.6　消费价值观对消费者冲动购买的影响分析

在研究电子商务环境下消费价值观对冲动购买的影响时，先对消费者的功利主义和享乐主义价值观进行测量并划分等级，比较消费价值观倾向程度不同的消费者冲动购买的差异性，并进一步利用回归分析研究消费价值观对冲动购买的影响。

### 3.6.1　基于消费价值观的消费者冲动购买差异性分析

将被调查者所填的功利主义量表中各题项的得分取平均值，作为该被调查者的功利主义价值观得分，然后按照功利主义价值观得分判断消费者的功利主义等级。功利主义量表采用 Likert 七级量表，因此功利主义价值观得分在区间[1, 7]之内，将功利主义价值观分为三个等级，得分与等级的对应标准见表 3.28。享乐主义得分及享乐主义等级计算方式相同，据此分别计算出消费者的功利主义和享乐主义的得分和等级。

**表 3.28　消费价值观得分与等级对应关系**

| 消费价值观得分区间 | 消费价值观等级编码 | 消费价值观等级 |
|---|---|---|
| [1, 3] | 1 | 低 |
| (3, 5] | 2 | 中 |
| (5, 7] | 3 | 高 |

1. 不同程度功利主义消费者冲动购买差异性分析

采用单因素方差分析研究功利主义价值观在冲动购买上表现出的差异性，结果见表 3.29。从表中来看，等级为 1 的消费者极少，只有 15 人，不具有代表性，分析时会存在较大误差，因此分析时不再考虑功利主义价值观等级为 1 的消费者在网上购物时的冲动购买行为。等级为 1 的样本数极少，也说明了大部分消费者都具有一定程度的功利主义倾向。总体来看，在电子商务环境下，不同功利主义等级的消费者在经常冲动、不用还买、促销活动、网红商品方面均存在显著差异，然而，不同功利主义等级的消费者在使用率高、饥饿营销、熟人推荐方面没有显著差异。

**表 3.29　不同程度功利主义消费者冲动购买差异性分析**

| 编码 | 简称 | 功利主义等级 | 样本量 | 均值 | 标准差 | $F$ | $p$ |
|---|---|---|---|---|---|---|---|
| cd1 | 经常冲动 | 1 | 15 | 3.40 | 2.261 | 3.761 | 0.023** |
| | | 2 | 364 | 3.76 | 1.512 | | |
| | | 3 | 1080 | 3.48 | 1.779 | | |
| cd2 | 使用率高 | 1 | 15 | 2.87 | 1.807 | 1.487 | 0.226 |
| | | 2 | 364 | 3.57 | 1.308 | | |
| | | 3 | 1080 | 3.50 | 1.652 | | |

续表

| 编码 | 简称 | 功利主义等级 | 样本量 | 均值 | 标准差 | $F$ | $p$ |
|---|---|---|---|---|---|---|---|
| cd3 | 不用还买 | 1 | 15 | 3.07 | 2.052 | 5.655 | 0.004*** |
| | | 2 | 364 | 3.65 | 1.494 | | |
| | | 3 | 1080 | 3.32 | 1.728 | | |
| cj1 | 促销活动 | 1 | 15 | 3.33 | 2.059 | 3.142 | 0.043** |
| | | 2 | 364 | 4.35 | 1.263 | | |
| | | 3 | 1080 | 4.32 | 1.623 | | |
| cj2 | 饥饿营销 | 1 | 15 | 3.33 | 2.059 | 1.049 | 0.351 |
| | | 2 | 364 | 3.75 | 1.430 | | |
| | | 3 | 1080 | 3.62 | 1.761 | | |
| cj3 | 熟人推荐 | 1 | 15 | 4.13 | 2.167 | 1.058 | 0.348 |
| | | 2 | 364 | 4.33 | 1.312 | | |
| | | 3 | 1080 | 4.45 | 1.607 | | |
| cj4 | 网红商品 | 1 | 15 | 2.67 | 1.988 | 6.609 | 0.001*** |
| | | 2 | 364 | 3.49 | 1.427 | | |
| | | 3 | 1080 | 3.16 | 1.659 | | |

**表示 $p<0.05$，***表示 $p<0.01$

首先，不同功利主义等级的消费者在经常冲动、不用还买方面存在显著差异，功利等级越高的消费者在这些选项上得分越低，且功利主义等级为2的消费者标准差很低，这充分说明功利主义等级越高的消费者越不容易冲动购买。其次，促销活动和网红商品对不同功利主义水平消费者的刺激是有差异的。促销活动和网红商品的刺激对功利主义水平越高的消费者影响越小。分析其原因，功利主义等级越高的人，购物时越注重商品的功能、质量、实用性、易用性，在购物时会多方比较，不会因促销活动、网红商品等就冲动购买。然而，不管是使用率高、饥饿营销还是熟人推荐，不同功利主义价值观的消费者之间均没有显著差异，说明功利主义水平不同的人在面对饥饿营销及熟人推荐时冲动购买行为无显著差异。

2. 不同程度享乐主义消费者冲动购买差异性分析

针对不同程度的享乐主义价值观在消费者冲动购买上的差异性，利用单因素方差分析进行均值比较检验，结果见表3.30。

**表 3.30　不同程度享乐主义消费者冲动购买差异性分析**

| 编码 | 简称 | 享乐主义等级 | 样本量 | 均值 | 标准差 | $F$ | $p$ |
|---|---|---|---|---|---|---|---|
| cd1 | 经常冲动 | 1 | 352 | 2.63 | 1.577 | 107.829 | 0.000*** |
| | | 2 | 876 | 3.64 | 1.550 | | |
| | | 3 | 231 | 4.59 | 1.869 | | |
| cd2 | 使用率高 | 1 | 352 | 2.76 | 1.572 | 82.488 | 0.000*** |
| | | 2 | 876 | 3.60 | 1.395 | | |
| | | 3 | 231 | 4.35 | 1.722 | | |
| cd3 | 不用还买 | 1 | 352 | 2.51 | 1.536 | 109.259 | 0.000*** |
| | | 2 | 876 | 3.48 | 1.514 | | |
| | | 3 | 231 | 4.44 | 1.809 | | |
| cj1 | 促销活动 | 1 | 352 | 3.66 | 1.706 | 70.895 | 0.000*** |
| | | 2 | 876 | 4.36 | 1.391 | | |
| | | 3 | 231 | 5.14 | 1.432 | | |
| cj2 | 饥饿营销 | 1 | 352 | 2.90 | 1.671 | 76.188 | 0.000*** |
| | | 2 | 876 | 3.71 | 1.501 | | |
| | | 3 | 231 | 4.56 | 1.875 | | |
| cj3 | 熟人推荐 | 1 | 352 | 3.81 | 1.731 | 67.310 | 0.000*** |
| | | 2 | 876 | 4.44 | 1.373 | | |
| | | 3 | 231 | 5.26 | 1.455 | | |
| cj4 | 网红商品 | 1 | 352 | 2.32 | 1.321 | 127.990 | 0.000*** |
| | | 2 | 876 | 3.32 | 1.449 | | |
| | | 3 | 231 | 4.31 | 1.841 | | |

***表示 $p<0.01$

总体来看，在电子商务环境下，不同享乐主义等级的消费者在经常冲动、使用率高、不用还买、促销活动、饥饿营销、熟人推荐、网红商品方面均存在显著差异。

从每个等级的消费者数量来看，等级为 2 的消费者数量最多，消费者都有一定的享乐主义倾向。不同享乐主义等级的消费者在冲动购买各方面均存在显著差异，享乐主义等级越高，冲动购买各题项得分越高，即越享乐的人越容易冲动购买，且越享乐的人越容易受到各种刺激的影响产生冲动购买行为。

### 3.6.2　消费价值观对消费者冲动购买影响的回归分析

使用正式调研回收的 1459 份数据，通过多元回归分析对各个变量之间关系的假设进行检验。对数据进行处理，将促销活动和饥饿营销取平均值，作为营销因素对消费者冲动购买行为的刺激；将熟人推荐和网红商品取平均值，作为社会因素对消费者冲动购买行为的刺激；将经常冲动、使用率高、不用还买取平均值，作为消费者在线购买的冲动程度，并将本章中计算的功利主义价值观得分及享乐主义价值观得分作为消费者的功利水平和享乐水平。

利用多元回归分析，以消费者在线购买的冲动程度为因变量，营销因素刺激、社会因素刺激及消费者的功利水平和享乐水平为自变量，构建回归模型，探究营销因素、社会因素、享乐主义及功利主义对消费者冲动购买行为的影响。回归结果表明，电子商务环境下的在线消费者冲动购买行为受到消费者的享乐主义和功利主义价值观的影响，同时商家的营销因素刺激和社会因素的影响也会对冲动购买有显著的促进作用。

具体结果见表 3.31，回归方程为

冲动购买＝0.2678＋0.1758×享乐主义－0.0663×功利主义＋0.4406×营销因素＋0.2969×社会因素

**表 3.31　消费价值观对消费者冲动购买影响的回归分析**

| 自变量 | 回归系数 | 系数标准误差 | $t$ | $p$ |
|---|---|---|---|---|
| 常量 | 0.2678 | 0.161 | 1.66 | 0.096* |
| 享乐主义 | 0.1758 | 0.0201 | 8.73 | 0.000*** |
| 功利主义 | –0.0663 | 0.0247 | –2.68 | 0.007*** |
| 营销因素 | 0.4406 | 0.0239 | 18.41 | 0.000*** |
| 社会因素 | 0.2969 | 0.0255 | 11.66 | 0.000*** |
| $S=0.8642$　$R^2=60.9\%$　$R^2$（调整）$=60.8\%$ | | | | |

*表示 $p<0.1$，***表示 $p<0.01$

从表 3.31 的结果可以看出，回归系数均通过了 $p<0.1$ 的显著性水平检验，享乐主义、营销因素及社会因素的回归系数为正数，功利主义的回归系数为负数，即享乐主义、营销因素及社会因素对冲动购买有显著的正向影响，功利主义对冲动购买有一定的负向影响。说明越注重享乐的消费者越容易冲动购买，越注重功利的消费者越不容易冲动购买，营销因素和社会因素都能够显著地促进消费者的冲动购买行为。在回归模型中，消费价值观、营销因素和社会因素等要素可针对冲动购买行为，达到 60.8%的可决系数，说明模型的解释度较高，取得了令人满意的效果。

通过回归模型，验证了假设 H3.1～假设 H3.4，结果见表 3.32。

**表 3.32 消费价值观对冲动购买影响的假设检验结果**

| 假设编号 | 假设 | 检验结果 |
| --- | --- | --- |
| H3.1 | 功利水平越高的消费者越不容易冲动购买 | 验证假设 |
| H3.2 | 享乐水平越高的消费者越容易冲动购买 | 验证假设 |
| H3.3 | 营销因素的刺激会促进消费者的冲动购买 | 验证假设 |
| H3.4 | 社会因素的刺激会促进消费者的冲动购买 | 验证假设 |

从消费价值观角度来看，享乐主义对冲动购买的影响系数大于功利主义，说明冲动购买与享乐主义的关系较大，会随着享乐主义程度的增加而更容易冲动购买。功利主义与冲动购买的关系小于享乐主义，且功利程度越高的消费者越不容易冲动购买。因此，可以说冲动购买是一种更加倾向享乐主义的行为。

## 3.7 冲动购买研究结论

本章主要研究了消费者在电子商务环境下的冲动购买行为。首先，根据文献与研究目标设计调查问卷，问卷共包括四部分：人口统计学特征、功利主义量表、享乐主义量表及冲动购买量表。问卷主要通过网络途径发放并回收，获得有效问卷 1459 份。本问卷所调查的样本涵盖了多个层次、不同特征的消费者，样本特征较为全面，以此为基础进行的分析也更加具有代表性。使用方差分析研究了人口统计学因素和消费价值观对冲动购买行为的影响，并用多元回归分析研究了消费价值观和各种刺激因素对消费者冲动购买行为的影响力度，并对假设进行了检验。

研究发现，电子商务背景下消费者都具有一定的功利主义价值观倾向，在网上购物时，会普遍关注商品的实用性、易用性、商品质量、商品功能、商品价格。消费者在上述商品因素的关注程度上存在一定差别，整体从高到低排序，依次是实用性、商品质量、商品功能、易用性、商品价格。具体到享乐主义价值观与功利主义价值观的消费者也有显著的差异。倾向享乐主义的消费者在线购物时最注重商品的特色和个性，随后才依次是情感、商品的有趣性、第一眼看到就喜欢。商家在设计、制造或选择产品时，应该注重产品的实用性和质量，以及产品的特色和个性，选取实用性高、质量好及具有特色和个性的产品，以吸引更多的消费者。

不同人口统计学特征的消费者在冲动购买行为上表现出普遍的差异性。其中，从性别上，女性消费者比男性消费者更容易冲动购买；学历在大学以下的消费者比其他高学历的消费者冲动购买的倾向性更强；年龄在18～25 岁和 46～60 岁分别是最容易和最不易冲动购买的消费者；职业方面，学生、服务人员、办事人员三类消费者在冲动购买方面的倾向更明显，相对而言专业人员较不易冲动购买；收入水平方面，低收入水平比高收入水平的消费者更容易冲动购买；在不同家庭状况消费者的分析中，比较值得关注的是，独居和与老人同住的消费者更容易冲动购买，三口之家的消费者反而不易冲动购买。此外，从冲动购买中熟人推荐在不同人口统计特征消费者中均未呈现显著性差异的结果表明，信任和口碑是电子商务环境下在线消费的重要因素，口碑效应是引导消费者在线购物的利器。商家在设计营销策略时，应该根据自己的产品类型，选择合适的市场定位，针对不同的目标市场给予消费者适当的刺激，有针对性地开展营销活动。

功利主义价值观对冲动购买行为具有显著的负向影响，功利主义等级越高的消费者越不容易冲动购买。享乐主义价值观对冲动购买行为则具有显著的正向影响，越注重享乐的消费者越容易冲动购买，越容易受到各种刺激的影响，产生冲动购买行为。这与苏海林等学者研究享乐主义和功利主义对购物倾向的影响所得出的结论是一致的（苏海林和陈信康，2011）。对比分析两种消费价值观对冲动购买行为的影响可以发现，不同价值观水平的消费者在购物时的冲动程度是不同的，促销活动和网红商品对不同消费价值观的消费者影响作用是有差异的，商家在开展促销活动和打造自己店铺的网红商品时，应找准自己的市场定位，确定目标人群，有针对性地设计营销策略。

从外部刺激因素来看，营销因素和社会因素都能够促进消费者的冲动购买行为。在这些因素中，促销活动和熟人推荐相较于其他因素更能促进消费者的冲动购买行为，且促销活动和熟人推荐的刺激对不同消费者冲动购买行为的影响均较大，而饥饿营销和网红商品的刺激对消费者冲动购买行为的影响程度因人而异，存在较大差异。从中可以看出，在电子商务中信任和促销是很重要的因素。商家在日常经营中应该格外注重培养自己的良好口碑，并适当开展促销活动，以吸引更多消费者。同时应根据自己的目标市场有针对性地开展饥饿营销和推出网红商品。

# 第 4 章　消费价值观与电商购物节购买

## 4.1　电商购物节研究背景和意义

网络购物的发展催生了“双十一”“618”等电商购物节，其已成为一种网络消费共识。在为消费者提供折扣的同时，电商购物节也为商家提供了一个吸引顾客的绝佳机会。2019 年天猫“双十一”购物狂欢节总交易额达到 2684 亿元，同比增长 25.7%。2009 年至 2019 年天猫“双十一”交易金额如图 4.1 所示。

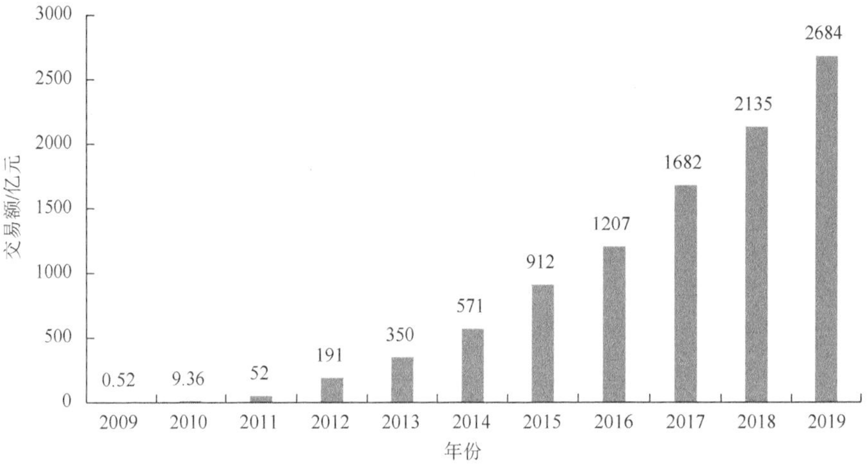


图 4.1　2009～2019 年天猫“双十一”交易金额

历经多年的发展，电商购物节已经成为电商领域最重要的购物狂欢节。从图 4.1 中可以看出，2009 年至 2019 年，天猫“双十一”交易额逐年攀升，2017 年至 2019 年，交易额上升了 59.6%，越来越多的消费者选择在电商购物节期间进行网络购物。电商购物节对消费者的影响逐年增大，但消费者对电商购物节的态度却悄然发生变化。有学者的研究显示，部分消费者也可能会出于商品质量或者物流等方面的考虑，在电商购物节选择放弃网络购物（路明磊，2015；殷哲和胡芳芳，2018）。研究消费者在购物节的购买行为在电子商务在线购物发展的新阶段具有重要意义。

Weinberg 和 Gottwald（1982）研究发现电商购物节的促销活动和购物氛围等因素会促使消费者产生购买行为。后续学者进一步分析和验证了购物氛围和购物环境，如价格折扣、时间压力、图文展示及前期宣传等电商购物节情境下的刺激因素对消费者的购买行为有不同程度的影响（White Baker et al.，2002；刘洋等，2018；王成慧等，2018）。

关于折扣对消费者行为的影响研究，结论并不一致。一种观点是折扣力度越大越好。我国学者通过对唯品会进行分析，发现折扣率对消费者的反馈行为始终存在正效应（周雄伟等，2018）。另一种观点则认为折扣力度应该适度，折扣力度过大反而引起消费者对折扣真实性的怀疑。Hovland 等（1957）提出了同化对比理论（assimilation-contrast theory），应用到折扣的情境下给予了解释，当折扣力度过大时，消费者可能会怀疑原来价格的真实性，认为原价是故意夸大的，不能真实反映商品的价值，从而降低消费意愿。当折扣价格与原价差别在一个合理的范围内时，消费者更倾向完成交易。

除此之外，也有相关研究关注电商购物节折扣、氛围等因素在消费者购买过程中的作用，如对购买意愿的影响（Weinberg and Gottwald，1982），对购买过程中的搜索、关注、评论等行为的影响（魏守波和程岩，2012），以及电商购物节中的物流问题（殷哲和胡芳芳，2018）和虚假折扣（路明磊，2015）等消费隐患产生的影响。

现有关于电商购物节的文献大多集中于对购物节的现状和促销情境特点的分析，以及购物节对消费者购买行为影响的研究。然而，消费者购买行为的产生是内外部因素共同作用的结果，消费价值观和人口统计学特征等内部因素也会对电商购物节期间消费者的购买行为产生重要影响。从消费者角度出发，探索在电商购物节情景下，人口统计学特征和消费价值观与消费者购买行为之间关系的研究却很少（吕文晶等，2014）。因此，本章针对现有研究的不足，主要回答以下问题。

（1）电子商务环境下，基于不同人口统计学特征的消费者在电商购物节的购买行为是否存在显著差异？

（2）电子商务环境下，消费者的消费价值观倾向不同是否会影响其在电商购物节的购买？

（3）电子商务环境下，营销因素和社会因素是否会促进消费者在电商购物节的购买？

（4）电子商务环境下，物流延缓、怀疑瑕疵和虚假促销等负面因素是否会抑制消费者在电商购物节的购买？

本章将从动机理论视角，分析消费者的消费价值观对购物节购买行为的内在影响，探讨什么样的消费者倾向购物节购买，分析什么因素影响消费者购物节的购买和不购买行为。

## 4.2 消费价值观与电商购物节购买模型构建与研究假设

消费者在电商购物节期间为什么产生购买行为？又因为什么而放弃购买？自从 Tauber（1972）提出消费者为什么购物这一问题以来，购物动机便成为消费者行为研究领域的一个重要概念。目前针对消费者购物动机的研究大多以购物动机理论为基础，购物动机理论可以解释消费者行为的内在驱动力，回答消费者为什么会产生购买行为（辛欣等，2018）。

Deci 等（1975）的研究同样发现，电子商务环境下，动机仍然是购买行为的动力，个人行为背后的动机可以分为内部动机和外部动机。内部动机是指由于行动者自身因素而不是外部刺激而产生的行动，而外部动机是指因感知到外部刺激的有益性而采取行动。内部动机主要包括消费者的消费价值观，外部动机主要包括营销因素、物流问题等。李露丝（2010）发现，购物动机从性质上可以分为积极动机和消极动机。其中，积极动机产生趋向行为，指促使消费者产生购买行为的促进影响因素；消极动机产生回避行为，指促使消费者放弃购买行为的抑制影响因素。

本章基于购物动机理论，将影响消费者在电商购物节购买行为的因素分为内部因素和外部因素。其中，内部因素主要指消费价值观，外部促进因素包括营销因素和社会影响，外部抑制因素包括物流延缓、怀疑瑕疵、虚假降价。

不同消费价值观的消费者在电商购物节期间可能会产生不同的购买行为。已有研究发现，功利主义价值观的消费者以目标和价值为导向，在购物时更注重产品的实用性和必要性，而享乐主义价值观的消费者在购物时大多出于兴趣和爱好，强调个性化和主观性，且不容易受其他因素的干扰（Babin et al.，1994）。电商购物节期间各电商平台通常以价格促销为主要手段来吸引用户，很多商家甚至承诺购物节期间的价格保证是近 30 天内的最低价格。因此，电商购物节的主要卖点是价格便宜，很多消费者都把喜欢的商品提前放入购物车，等到购物节时以低价买入。显然，价格是功利主义消费者更看重的因素，而享乐主义消费者对价格的敏感程度则较低。由此推断，功利主义消费者应该更喜欢在购物节购买，享乐主义消费者对购物节购买的兴趣不大。因此，提出如下假设。

H4.1：功利主义水平越高的消费者越容易在电商购物节产生购买行为。

H4.2：享乐主义水平越高的消费者越不容易在电商购物节产生购买行为。

从外部因素来看，营销因素和社会因素也会影响消费者在购物节的购买行为。Weinberg 和 Gottwald（1982）通过访谈的方式，模拟消费者购物情境，对购买和不购买的消费者情感表现进行分析，发现营销因素、社会氛围等会影响消费者的购买意愿，进而影响购买行为。商家在购物节的主要促销手段是价格折扣，因此本章重点研究价格促销的效果。如前所述，很多消费者期待在购物节以低价买到喜欢的商品，以价格为主的购物节应该具有显著的促进作用。另外，很多消费者受到购物节购物氛围的影响，存在从众心理和不买吃亏的心理，从而参与到购物节狂欢中。这种从众心理和不买吃亏的心理主要是受到外界社会因素的影响，简称为社会因素。基于上述分析，得到如下假设。

H4.3：营销因素会促进消费者在电商购物节购买。

H4.4：社会因素会促进消费者在电商购物节购买。

由于购物节的订单量暴增，很多卖家无法及时处理订单发货，物流公司的配送压力也激增，导致无法将货物及时送达。这种物流延缓问题已经成为购物节一个典型的无法回避的问题。有些消费者会由于这种物流延缓而放弃在购物节的购买行为。学者的研究证明了这一点。屈慧芳等（2015）的研究也佐证了这一点，物流速度与消费者的购买决策呈正相关，即物流延缓会降低消费者购买意愿。因此，物流延缓会对购物节购买行为产生负面影响。

有些商家存在浑水摸鱼的不良动机，想趁电商购物节的机会销售平时难以卖掉的瑕疵品，从而造成电商购物节后的退货率比较高，也会令消费者对购物节商家销售的产品质量产生怀疑，一定程度上抑制了购物节时的购买行为。此外，媒体曾曝光购物节期间，部分商家也存在先提价再降价的虚假折扣行为，以此欺骗消费者。一旦消费者发现这种虚假折扣行为，会显著降低他们的购物节购买意愿，影响购买行为。有研究发现，如果消费者认为折扣后的价格与商品的实际价值不符，会对消费者感知风险产生负面影响，消费者的购买意愿会下降（高晓倩，2012）。

综上所述，物流延缓、质量瑕疵和虚假折扣等负面因素可能会降低消费者在购物节时的购物意愿，减少购物行为，故提出以下假设。

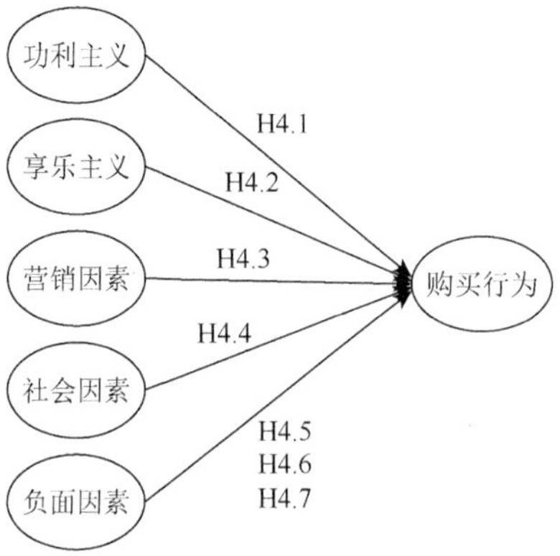


图 4.2 电子商务环境下消费者购物节购买影响因素模型

H4.5：物流延缓会抑制消费者在电商购物节购买。

H4.6：怀疑瑕疵会抑制消费者在电商购物节购买。

H4.7：虚假折扣会抑制消费者在电商购物节购买。

基于以上假设，构建电子商务环境下消费者购物节购买影响因素模型，如图 4.2 所示，旨在探究消费价值观及不同的刺激因素对消费者购物节购买行为的正面与负面影响。

## 4.3 电商购物节购买研究设计

### 4.3.1 电商购物节购买问卷设计

本章主要研究消费者在电商购物节期间的购买行为及其影响因素。电商购物节作为一种促销情况的特例，其中影响消费者购买行为的因素是多种多样的，针对电商购物节这一促销模式设计量表，将影响因素分为促进因素和抑制因素两个方面（卢长宝等，2017；王志辉，2017；张昊，2018）。量表采用 Likert 七级量表，其中 1～7 分代表从“非常不同意”到“非常同意”的不同程度。

1. 促进因素量表设计

量表共包含 5 个题项，其中 dib1 表示在电商购物节期间消费者是否产生购买行为，而 dib2～dib5 为影响消费者产生购买行为的促进因素。dib2 和 dib3 为营销方面的因素，dib4 和 dib5 为社会因素，具体题项设置见表 4.1。

**表 4.1 电商购物节购买行为促进因素量表**

| 变量 | 编码 | 简称 | 题项 |
|---|---|---|---|
| 购买行为 | dib1 | 是否购买 | 在“双十一”“618”此类的购物节，我会网上购物 |
| 营销因素 | dib2 | 折扣激励 | 购买产品时，折扣力度越大，我越愿意购买 |
| | dib3 | 折扣力度 | 我在“双十一”“618”此类的购物节购物的主要原因是折扣力度大 |
| 社会因素 | dib4 | 从众心理 | 在“双十一”“618”此类的购物节会因为别人都买，我也想买 |
| | dib5 | 吃亏心理 | 在“双十一”“618”此类的购物节不买的话我会感觉吃亏了 |

2. 抑制因素量表设计

电商购物节不断涌现，问题也接踵而至（路明磊，2015）。消费者不可能对在购物节购物中出现的诸多问题视而不见，而这些问题也严重影响了消费者在购物节的购买行为。因此，考虑并设计了关于电商购物节购买行为的抑制因素量表，共包含三个题项，dinob1～dinob3 分别为物流、折扣、质量方面的抑制因素，具体问题设置见表 4.2。

**表 4.2　电商购物节购买行为抑制因素量表**

| 变量 | 编码 | 简称 | 题项 |
| --- | --- | --- | --- |
| 抑制因素 | dinob1 | 物流延缓 | 在“双十一”“618”此类的购物节我会因为等待收货的时间长而放弃购买 |
| | dinob2 | 虚假折扣 | 在“双十一”“618”此类的购物节我会认为商家先提价再降价，并没有真正的折扣而放弃购买 |
| | dinob3 | 怀疑瑕疵 | 在“双十一”“618”此类的购物节我会怀疑商家清库存，产品质量有瑕疵而放弃购买 |

### 4.3.2　电商购物节购买预调研

在进行大规模问卷发放之前，为检验量表题项设置是否合理，提高数据分析的可靠度，先进行小范围预调研。预调研共回收问卷 192 份，对填写时间小于 3 分钟的无效问卷进行剔除处理，剩余 179 份有效问卷。接下来使用 SPSS 软件对预调研量表进行信效度分析。

1. 电商购物节购买行为影响因素的信度分析

电商购物节促进因素量表的信度分析见表 4.3，克龙巴赫系数值达到 0.729＞0.7，说明量表信度水平较高。通过观察删除该项后的克龙巴赫系数，未发现需要调整的量表题项。

**表 4.3　电商购物节促进因素预调研量表信度分析**

| 编码 | 简称 | 删除该项后的克龙巴赫系数 | 克龙巴赫系数 |
| --- | --- | --- | --- |
| dib2 | 折扣激励 | 0.730 | 0.729 |
| dib3 | 折扣力度 | 0.666 | |
| dib4 | 从众心理 | 0.665 | |
| dib5 | 吃亏心理 | 0.585 | |

电商购物节抑制因素量表的信度分析见表 4.4。一致性信度指标克龙

巴赫系数值为 0.777＞0.7，信度良好，通过了量表的信度检验。删除各个题项后的克龙巴赫系数与该量表整体的克龙巴赫系数值相差不大，因此未做题项调整。

**表 4.4 电商购物节抑制因素预调研量表信度分析**

| 编码 | 简称 | 删除该项后的克龙巴赫系数 | 克龙巴赫系数 |
|---|---|---|---|
| dinob1 | 物流延缓 | 0.811 | 0.777 |
| dinob2 | 虚假折扣 | 0.706 | |
| dinob3 | 怀疑瑕疵 | 0.584 | |

2. 电商购物节购买行为影响因素的效度分析

对电商购物节购买行为的促进和抑制因素进行 KMO 检验和 Bartlett 球形检验，KMO 检验值分别为 0.643 和 0.644＞0.6，Bartlett 球形检验的显著性水平为 0.000，量表较为适合进行因子分析。

对电商购物节购买行为的促进因素进行因子分析，其结果见表 4.5。因子分析共提取出一个因子，因子负荷均接近或大于 0.7，总方差解释率达到 55.397%＞50%，表明电商购物节促进因素这一维度中各题项关联比较紧密，可以共同解释这一维度的问题，量表设计合理。

**表 4.5 电商购物节促进因素预调研因子分析**

| 编码 | 简称 | 因子负荷 | 总方差解释率 |
|---|---|---|---|
| dib5 | 吃亏心理 | 0.837 | 55.397% |
| dib3 | 折扣力度 | 0.754 | |
| dib4 | 从众心理 | 0.736 | |
| dib2 | 折扣激励 | 0.637 | |

电商购物节购买行为抑制影响因素的量表，其因子分析结果可参见表 4.6。在共同提取的因子上，各题项的因子负荷均高于 0.7，总方差解释率为 70.356%，远高于 50%的阈值，表明各题项对电商购物节抑制因素的解释力度较强，量表效度良好。

**表 4.6 电商购物节抑制因素预调研因子分析**

| 编码 | 简称 | 因子负荷 | 总方差解释率 |
|---|---|---|---|
| dinob3 | 怀疑瑕疵 | 0.901 | 70.356% |
| dinob2 | 虚假折扣 | 0.842 | |
| dinob1 | 物流延缓 | 0.768 | |

通过对预调研数据的信效度分析，证明了量表各题项设计合理，符合预期要求。在正式调研过程中，仍沿用原量表。

### 4.3.3　电商购物节购买研究方法与工具

本章研究使用 SPSS 24.0 和 Minitab 15.0 软件对正式调研中的 1459 份有效数据进行统计与分析，包括描述性统计、信度分析、效度分析和多元回归分析等。描述性统计反映了调研数据的分布情况。通过信效度分析进一步验证量表的可靠性和准确性。方差分析则主要探索具有不同性别、年龄、学历等人口统计学特征的消费者在电商购物节购买行为上是否有差异。回归分析是为了探究电商购物节购买的影响因素，验证本章所做出的假设。研究技术路线如图 4.3 所示。

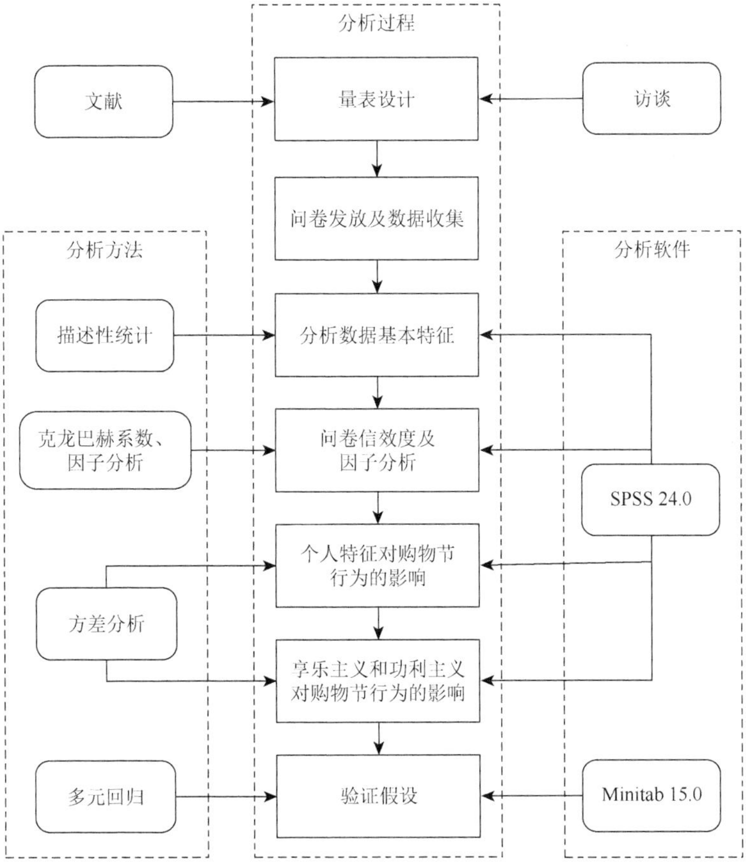


图 4.3　消费价值观与电商购物节购买研究技术路线

## 4.4 电商购物节购买描述性统计和信效度分析

### 4.4.1 电商购物节购买描述性统计

为了解数据的分布情况，从样本数、平均值、标准差及偏度和峰度等方面对电商购物节购买问卷收集的数据进行描述性统计，见表 4.7。

**表 4.7 电商购物节题项的描述性统计**

| 编码 | 简称 | 样本数 | 平均值 | 标准差 | 偏度 | 峰度 |
|---|---|---|---|---|---|---|
| dib1 | 是否购买 | 1459 | 5.15 | 1.630 | −0.770 | −0.042 |
| dib2 | 折扣激励 | 1459 | 5.00 | 1.502 | −0.715 | 0.111 |
| dib3 | 折扣力度 | 1459 | 5.24 | 1.607 | −0.938 | 0.335 |
| dib4 | 从众心理 | 1459 | 3.55 | 1.712 | 0.172 | −0.845 |
| dib5 | 吃亏心理 | 1459 | 3.60 | 1.873 | 0.214 | −1.018 |
| dinob1 | 物流延缓 | 1459 | 3.59 | 1.735 | 0.232 | −0.830 |
| dinob2 | 虚假折扣 | 1459 | 4.62 | 1.538 | −0.428 | −0.137 |
| dinob3 | 怀疑瑕疵 | 1459 | 4.16 | 1.508 | −0.062 | −0.343 |

大部分消费者都会关注电商购物节，权衡各种因素并最终做出决定。大部分题项的平均值在 3 和 5 左右，说明从整体来看，被调查者对于量表题项中涉及的情况有一个较为明确的倾向。

在是否购买这一题项上的平均得分为 5.15，说明大部分消费者会在电商购物节期间产生购买行为。在电商购物节购买行为的促进因素方面，折扣力度平均得分最高，从众心理和吃亏心理题项得分平均值均小于 4。在电商购物节购买行为的抑制因素方面，怀疑瑕疵具有最低的标准差值，说明消费者在面对商品可能存在瑕疵时的购买行为较为一致；而物流延缓标准差值较大，说明消费者对物流延缓问题持有不同的观点，因此波动较大。但整体数据的偏度和峰度绝对值大多小于 1，接近正态分布。

### 4.4.2 电商购物节购买量表信度分析

利用一致性指标对量表进行信度分析，以验证量表的可靠性。

对电商购物节影响消费者购买行为的促进因素量表进行信度分析，见表 4.8。量表的克龙巴赫系数值为 0.730＞0.7，量表信度良好，量表结果具有较高的可靠性，题项设置也较为合理。

表 4.8　电商购物节购买促进因素量表信度分析

| 编码 | 简称 | 删除该项后的克龙巴赫系数 | 克龙巴赫系数 |
|---|---|---|---|
| dib2 | 折扣激励 | 0.713 | 0.730 |
| dib3 | 折扣力度 | 0.674 | |
| dib4 | 从众心理 | 0.678 | |
| dib5 | 吃亏心理 | 0.598 | |

对消费者购买抑制因素的量表开展信度分析，结果见表 4.9。克龙巴赫系数值为 0.729＞0.7，表明量表信度良好。删除各个题项后的克龙巴赫系数，也均未高于该量表整体的克龙巴赫系数值，表明了量表题项设置的合理性。

表 4.9　电商购物节购买抑制因素量表信度分析

| 编码 | 简称 | 删除该项后的克龙巴赫系数 | 克龙巴赫系数 |
|---|---|---|---|
| dinob1 | 物流延缓 | 0.715 | 0.729 |
| dinob2 | 虚假折扣 | 0.654 | |
| dinob3 | 怀疑瑕疵 | 0.558 | |

### 4.4.3　电商购物节购买量表效度分析

本节主要采用因子分析对电商购物节购买量表进行结构效度检验，先针对促进因素和抑制因素的量表，检验 KMO 值，分别为 0.731 和 0.660，都大于 0.6，Bartlett 球形检验显著性为 0.000，说明量表适合因子分析。

对电商购物节购买的促进和抑制因素正式调研的量表分别进行了因子分析，其中，促进因素量表结果见表 4.10。因子分析仅提取出一个因子，吃亏心理、折扣力度、从众心理、折扣激励的因子负荷分别为 0.827、0.740、0.729 和 0.670，均大于或接近 0.7。总方差解释率达到 55.297%＞50%，解释度尚可。

表 4.10　电商购物节促进因素量表因子分析

| 编码 | 简称 | 因子负荷 | 总方差解释率 |
|---|---|---|---|
| dib5 | 吃亏心理 | 0.827 | 55.297% |
| dib3 | 折扣力度 | 0.740 | |
| dib4 | 从众心理 | 0.729 | |
| dib2 | 折扣激励 | 0.670 | |

针对电商购物节影响消费者购买行为抑制因素量表的因子分析见表 4.11，共同提取出一个因子，怀疑瑕疵、虚假折扣、物流延缓的因子负荷分别为 0.855、0.804 和 0.763，均高于 0.7。总方差解释率达到 63.366%＞50%，说明量表结构效度良好。

**表 4.11 电商购物节抑制因素因子分析**

| 编码 | 简称 | 因子负荷 | 总方差解释率 |
| --- | --- | --- | --- |
| dinob3 | 怀疑瑕疵 | 0.855 | 65.366% |
| dinob2 | 虚假折扣 | 0.804 | |
| dinob1 | 物流延缓 | 0.763 | |

# 4.5 基于人口统计学特征的消费者电商购物节购买行为差异性分析

## 4.5.1 不同性别消费者电商购物节购买行为差异性分析

采用单因素方差分析对不同性别消费者的购买行为进行均值比较检验，结果见表 4.12。

**表 4.12 不同性别消费者电商购物节购买行为差异性分析**

| 题项 | 简称 | 性别 | 样本量 | 均值 | 标准差 | $F$ | $p$ |
| --- | --- | --- | --- | --- | --- | --- | --- |
| dib1 | 是否购买 | 男 | 563 | 4.83 | 1.687 | 37.330 | 0.000*** |
| | | 女 | 896 | 5.35 | 1.560 | | |
| dib2 | 折扣激励 | 男 | 563 | 4.71 | 1.586 | 35.808 | 0.000*** |
| | | 女 | 896 | 5.19 | 1.417 | | |
| dib3 | 折扣力度 | 男 | 563 | 4.96 | 1.676 | 28.348 | 0.000*** |
| | | 女 | 896 | 5.42 | 1.537 | | |
| dib4 | 从众心理 | 男 | 563 | 3.44 | 1.656 | 3.737 | 0.053* |
| | | 女 | 896 | 3.62 | 1.744 | | |
| dib5 | 吃亏心理 | 男 | 563 | 3.30 | 1.813 | 23.803 | 0.000*** |
| | | 女 | 896 | 3.79 | 1.886 | | |
| dinob1 | 物流延缓 | 男 | 563 | 3.68 | 1.772 | 2.609 | 0.106 |
| | | 女 | 896 | 3.53 | 1.709 | | |
| dinob2 | 虚假折扣 | 男 | 563 | 4.64 | 1.606 | 0.051 | 0.821 |
| | | 女 | 896 | 4.62 | 1.494 | | |
| dinob3 | 怀疑瑕疵 | 男 | 563 | 4.28 | 1.581 | 5.509 | 0.019** |
| | | 女 | 896 | 4.09 | 1.456 | | |

*表示 $p<0.1$，**表示 $p<0.05$，***表示 $p<0.01$

总体来看，在电商购物节消费者购买行为的影响因素中，除了物流延缓和虚假折扣这两个因素外，不同性别的消费者之间几乎都存在显著差异。具体来看包括以下几个方面。

1. 电商购物节中影响购买行为的促进因素

首先，不同性别的消费者在电商购物节是否购买及影响购买行为的促进因素上均存在显著差异，女性在是否购买、折扣激励、折扣力度方面的平均得分均显著高于男性。具体来说，在电商购物节期间及折扣力度大时，女性比男性更愿意网上购物且购物意愿随折扣力度的增加而增大。这说明女性的购物行为相对于男性而言更容易受到营销因素的影响。其次，从众心理和吃亏心理对电商购物节的购买行为影响较小，大部分消费者比较有自己的观点，不会仅仅因为大家都在购买就跟风购买，或认为购物节不买吃亏。最后，折扣力度均值得分最高，说明大部分消费者在电商购物节购买的主要原因是折扣力度大。其中女性得分显著高于男性得分，即相同的折扣力度下，女性更愿意进行购买。

2. 电商购物节中影响购买行为的抑制因素

物流延缓和虚假折扣这两种抑制因素在性别上没有显著差异，也就是说，物流延缓和虚假折扣这两个因素对不同性别消费者在电商购物节的购买行为的抑制作用没有明显差异。物流延缓平均得分低于 4 分，大部分消费者的购买意愿在一定程度上不会受到物流问题的影响。虚假折扣的平均得分高于 4 分但没有超过 5 分，说明大多数消费者对于商家集中促销的情况保持怀疑态度，但并没有确切而清晰的认知。怀疑瑕疵这一抑制因素在性别上存在显著差异，女性平均分低于男性平均分，即男性相对女性而言，对商家产品有瑕疵的怀疑程度更大，更容易因此放弃购买。

### 4.5.2　不同学历消费者电商购物节购买行为差异性分析

采用单因素方差分析对不同学历消费者的电商购物节购买行为进行均值比较检验，结果见表 4.13。

**表 4.13　不同学历消费者电商购物节购买行为差异性分析**

| 题项 | 简称 | 学历 | 样本量 | 均值 | 标准差 | $F$ | $p$ |
|---|---|---|---|---|---|---|---|
| dib1 | 是否购买 | 大学以下 | 47 | 4.83 | 1.892 | 14.914 | $0.000^{***}$ |
| | | 大学 | 695 | 4.93 | 1.680 | | |
| | | 研究生 | 717 | 5.38 | 1.528 | | |

续表

| 题项 | 简称 | 学历 | 样本量 | 均值 | 标准差 | $F$ | $p$ |
|---|---|---|---|---|---|---|---|
| dib2 | 折扣激励 | 大学以下 | 47 | 5.19 | 1.765 | 9.703 | 0.000*** |
| | | 大学 | 695 | 4.82 | 1.513 | | |
| | | 研究生 | 717 | 5.16 | 1.454 | | |
| dib3 | 折扣力度 | 大学以下 | 47 | 5.36 | 1.634 | 19.580 | 0.000*** |
| | | 大学 | 695 | 4.97 | 1.674 | | |
| | | 研究生 | 717 | 5.50 | 1.494 | | |
| dib4 | 从众心理 | 大学以下 | 47 | 3.15 | 1.922 | 2.926 | 0.054* |
| | | 大学 | 695 | 3.48 | 1.675 | | |
| | | 研究生 | 717 | 3.64 | 1.728 | | |
| dib5 | 吃亏心理 | 大学以下 | 47 | 3.21 | 1.977 | 5.737 | 0.003** |
| | | 大学 | 695 | 3.46 | 1.776 | | |
| | | 研究生 | 717 | 3.77 | 1.944 | | |
| dinob1 | 物流延缓 | 大学以下 | 47 | 4.30 | 2.042 | 4.107 | 0.017** |
| | | 大学 | 695 | 3.56 | 1.702 | | |
| | | 研究生 | 717 | 3.56 | 1.737 | | |
| dinob2 | 虚假折扣 | 大学以下 | 47 | 5.00 | 1.888 | 4.259 | 0.014** |
| | | 大学 | 695 | 4.51 | 1.510 | | |
| | | 研究生 | 717 | 4.71 | 1.533 | | |
| dinob3 | 怀疑瑕疵 | 大学以下 | 47 | 4.68 | 1.843 | 4.639 | 0.010** |
| | | 大学 | 695 | 4.22 | 1.463 | | |
| | | 研究生 | 717 | 4.07 | 1.519 | | |

*表示 $p<0.1$，**表示 $p<0.05$，***表示 $p<0.01$

总体来看，在影响消费者电商购物节购买行为的促进因素和抑制因素上，不同学历的消费者之间均存在显著差异。具体来说，包括以下两个方面。

1. 电商购物节中影响购买行为的促进因素

首先，不同学历的消费者在电商购物节中是否购买和影响其购买行为的促进因素上均存在显著差异，即学历不同的消费者会在电商购物节期间产生不同的购买行为，并且不同的促进因素对购买行为的促进作用有所不同。其次，是否购买的平均值得分随学历的升高而增加，而标准差均随学历的升高而降低，即学历越高的消费者越可能选择在电商购物节进行网上购物。这可能是因为学历越高的消费者越容易接受新的购物方式。最后，吃亏心理和从众心理这两个题项的平均分随学历水平的升高而增加，说明学历越高，一定程度上越会产生从众心理和不买就吃亏的想法，这与传统思维相悖，值得更进一步的探索与研究。

2. 电商购物节中影响购买行为的抑制因素

不同学历的消费者在电商购物节购买行为的抑制因素上存在显著差异，由表 4.13 可知，在电商购物节物流延缓、虚假折扣、怀疑瑕疵三个购买抑制因素上，受教育水平在大学以下的消费者平均得分最高。分析其原因，大学以下学历的消费者可能生活节奏较慢，不太倾向集中购买商品，而是根据需要进行购买。此外，虚假折扣和怀疑瑕疵的平均得分均高于 4 分，在一定程度上说明不同学历的消费者在购物节购买中更重视虚假折扣和怀疑瑕疵两个抑制因素，对物流速度问题更宽容一些。

### 4.5.3　不同年龄消费者电商购物节购买行为差异性分析

采用单因素方差分析对不同年龄消费者在电商购物节的购买行为进行均值比较检验，结果见表 4.14。

**表 4.14　不同年龄消费者电商购物节购买行为差异性分析**

| 题项 | 简称 | 年龄 | 样本量 | 均值 | 标准差 | $F$ | $p$ |
|---|---|---|---|---|---|---|---|
| dib1 | 是否购买 | 18 岁以下 | 5 | 5.00 | 1.414 | 7.544 | 0.000*** |
| | | 18～25 岁 | 630 | 5.30 | 1.526 | | |
| | | 26～35 岁 | 445 | 5.25 | 1.612 | | |
| | | 36～45 岁 | 218 | 5.01 | 1.649 | | |
| | | 46～60 岁 | 152 | 4.48 | 1.838 | | |
| | | 60 岁以上 | 9 | 4.33 | 2.449 | | |
| dib2 | 折扣激励 | 18 岁以下 | 5 | 5.60 | 1.673 | 4.870 | 0.000*** |
| | | 18～25 岁 | 630 | 5.08 | 1.383 | | |
| | | 26～35 岁 | 445 | 5.14 | 1.503 | | |
| | | 36～45 岁 | 218 | 4.81 | 1.603 | | |
| | | 46～60 岁 | 152 | 4.54 | 1.707 | | |
| | | 60 岁以上 | 9 | 5.22 | 1.641 | | |
| dib3 | 折扣力度 | 18 岁以下 | 5 | 4.80 | 1.789 | 7.038 | 0.000*** |
| | | 18～25 岁 | 630 | 5.32 | 1.512 | | |
| | | 26～35 岁 | 445 | 5.44 | 1.562 | | |

续表

| 题项 | 简称 | 年龄 | 样本量 | 均值 | 标准差 | $F$ | $p$ |
|---|---|---|---|---|---|---|---|
| dib3 | 折扣力度 | 36～45 岁 | 218 | 5.08 | 1.648 | 7.038 | 0.000*** |
| | | 46～60 岁 | 152 | 4.67 | 1.819 | | |
| | | 60 岁以上 | 9 | 4.11 | 2.522 | | |
| dib4 | 从众心理 | 18 岁以下 | 5 | 4.00 | 1.000 | 5.808 | 0.000*** |
| | | 18～25 岁 | 630 | 3.76 | 1.682 | | |
| | | 26～35 岁 | 445 | 3.47 | 1.709 | | |
| | | 36～45 岁 | 218 | 3.53 | 1.742 | | |
| | | 46～60 岁 | 152 | 2.98 | 1.642 | | |
| | | 60 岁以上 | 9 | 2.89 | 2.315 | | |
| dib5 | 吃亏心理 | 18 岁以下 | 5 | 3.00 | 1.581 | 11.144 | 0.000*** |
| | | 18～25 岁 | 630 | 3.87 | 1.845 | | |
| | | 26～35 岁 | 445 | 3.63 | 1.887 | | |
| | | 36～45 岁 | 218 | 3.49 | 1.850 | | |
| | | 46～60 岁 | 152 | 2.66 | 1.664 | | |
| | | 60 岁以上 | 9 | 2.89 | 1.965 | | |
| dinob1 | 物流延缓 | 18 岁以下 | 5 | 2.60 | 1.517 | 4.266 | 0.001** |
| | | 18～25 岁 | 630 | 3.47 | 1.653 | | |
| | | 26～35 岁 | 445 | 3.52 | 1.764 | | |
| | | 36～45 岁 | 218 | 3.74 | 1.746 | | |
| | | 46～60 岁 | 152 | 3.97 | 1.864 | | |
| | | 60 岁以上 | 9 | 5.11 | 1.900 | | |
| dinob2 | 虚假折扣 | 18 岁以下 | 5 | 4.20 | 0.837 | 1.747 | 0.121 |
| | | 18～25 岁 | 630 | 4.54 | 1.514 | | |
| | | 26～35 岁 | 445 | 4.73 | 1.542 | | |
| | | 36～45 岁 | 218 | 4.64 | 1.515 | | |
| | | 46～60 岁 | 152 | 4.61 | 1.648 | | |
| | | 60 岁以上 | 9 | 5.67 | 1.500 | | |
| dinob3 | 怀疑瑕疵 | 18 岁以下 | 5 | 4.00 | 1.000 | 8.231 | 0.000*** |
| | | 18～25 岁 | 630 | 4.06 | 1.455 | | |
| | | 26～35 岁 | 445 | 3.98 | 1.497 | | |
| | | 36～45 岁 | 218 | 4.37 | 1.501 | | |
| | | 46～60 岁 | 152 | 4.73 | 1.590 | | |
| | | 60 岁以上 | 9 | 5.33 | 1.658 | | |

**表示 $p$＜0.05，***表示 $p$＜0.01

不同年龄的消费者（剔除 18 岁以下和 60 岁以上）在影响消费者电商购物节购买行为的促进因素和抑制因素上，绝大多数情况下都呈现出显著差异，仅在虚假折扣这一因素上差异不显著。

1. 电商购物节中影响购买行为的促进因素

与学历特征的分析结果类似，不同年龄的消费者同样在电商购物节购买及其促进因素上存在显著差异。从是否购买所得平均分来看，有随年龄增长而下降的趋势。特别是，从 18 岁开始，年龄越大越不倾向在电商购物节时进行购买。而在 60 岁以下的年龄段中，折扣激励的平均分大体上随年龄增加而减小，一定程度上说明随着年龄的增大，消费者越来越不容易受到折扣力度的诱惑。在折扣力度这一题项上，不同年龄段消费者也有类似倾向。此外，从众心理和吃亏心理的平均得分均小于等于 4 分，甚至有些在 3 分以下，说明大部分年龄段的消费者的购买意愿在很大程度上并不会受到他人购买行为的影响，也很少出现不买就会吃亏的心理。

2. 电商购物节中影响购买行为的抑制因素

不同年龄段消费者在物流延缓和怀疑瑕疵两个因素上存在显著差异，在虚假折扣上不存在显著差异。说明物流延缓和怀疑瑕疵这两个问题对不同年龄段消费者在电商购物节的购买行为的抑制作用不同，而对虚假折扣的抑制作用却没有什么差异。在怀疑瑕疵这一因素的得分中，26～35 岁年龄段的消费者相较于其他年龄段的消费者来说，相对最不容易因为怀疑促销商品存在瑕疵而降低购买意愿。

### 4.5.4　不同职业消费者电商购物节购买行为差异性分析

采用单因素方差分析对不同职业消费者在电商购物节的购买行为进行均值比较检验，结果见表 4.15。

**表 4.15　不同职业消费者电商购物节购买行为差异性分析**

| 题项 | 简称 | 职业 | 样本量 | 均值 | 标准差 | $F$ | $p$ |
|---|---|---|---|---|---|---|---|
| dib1 | 是否购买 | 管理人员 | 219 | 4.76 | 1.692 | 3.858 | 0.000*** |
| | | 专业人员 | 311 | 5.19 | 1.665 | | |
| | | 办事人员 | 58 | 5.50 | 1.513 | | |
| | | 服务人员 | 132 | 5.25 | 1.579 | | |
| | | 生产人员 | 4 | 4.25 | 2.217 | | |

续表

| 题项 | 简称 | 职业 | 样本量 | 均值 | 标准差 | *F* | *p* |
|---|---|---|---|---|---|---|---|
| dib1 | 是否购买 | 操作人员 | 22 | 4.55 | 1.819 | 3.858 | 0.000*** |
| | | 学生 | 534 | 5.31 | 1.537 | | |
| | | 其他 | 179 | 5.01 | 1.704 | | |
| dib2 | 折扣激励 | 管理人员 | 219 | 4.89 | 1.539 | 1.797 | 0.084* |
| | | 专业人员 | 311 | 4.95 | 1.629 | | |
| | | 办事人员 | 58 | 5.26 | 1.384 | | |
| | | 服务人员 | 132 | 4.97 | 1.348 | | |
| | | 生产人员 | 4 | 7.00 | 0.000 | | |
| | | 操作人员 | 22 | 4.59 | 1.623 | | |
| | | 学生 | 534 | 5.05 | 1.421 | | |
| | | 其他 | 179 | 5.02 | 1.579 | | |
| dib3 | 折扣力度 | 管理人员 | 219 | 4.92 | 1.717 | 3.516 | 0.001** |
| | | 专业人员 | 311 | 5.22 | 1.723 | | |
| | | 办事人员 | 58 | 5.53 | 1.314 | | |
| | | 服务人员 | 132 | 5.22 | 1.550 | | |
| | | 生产人员 | 4 | 5.75 | 0.957 | | |
| | | 操作人员 | 22 | 4.55 | 1.945 | | |
| | | 学生 | 534 | 5.43 | 1.462 | | |
| | | 其他 | 179 | 5.11 | 1.682 | | |
| dib4 | 从众心理 | 管理人员 | 219 | 3.47 | 1.798 | 3.053 | 0.003** |
| | | 专业人员 | 311 | 3.40 | 1.668 | | |
| | | 办事人员 | 58 | 3.52 | 1.688 | | |
| | | 服务人员 | 132 | 3.50 | 1.696 | | |
| | | 生产人员 | 4 | 4.25 | 2.062 | | |
| | | 操作人员 | 22 | 2.95 | 1.914 | | |
| | | 学生 | 534 | 3.79 | 1.646 | | |
| | | 其他 | 179 | 3.29 | 1.791 | | |
| dib5 | 吃亏心理 | 管理人员 | 219 | 3.43 | 1.930 | 3.340 | 0.002** |
| | | 专业人员 | 311 | 3.32 | 1.824 | | |
| | | 办事人员 | 58 | 3.72 | 1.945 | | |
| | | 服务人员 | 132 | 3.55 | 1.883 | | |

续表

| 题项 | 简称 | 职业 | 样本量 | 均值 | 标准差 | $F$ | $p$ |
|---|---|---|---|---|---|---|---|
| dib5 | 吃亏心理 | 生产人员 | 4 | 4.25 | 1.893 | 3.340 | 0.002** |
| | | 操作人员 | 22 | 3.27 | 2.251 | | |
| | | 学生 | 534 | 3.88 | 1.836 | | |
| | | 其他 | 179 | 3.49 | 1.828 | | |
| dinob1 | 物流延缓 | 管理人员 | 219 | 3.91 | 1.807 | 2.459 | 0.017** |
| | | 专业人员 | 311 | 3.41 | 1.777 | | |
| | | 办事人员 | 58 | 3.66 | 1.660 | | |
| | | 服务人员 | 132 | 3.86 | 1.800 | | |
| | | 生产人员 | 4 | 4.50 | 2.646 | | |
| | | 操作人员 | 22 | 3.36 | 1.866 | | |
| | | 学生 | 534 | 3.50 | 1.616 | | |
| | | 其他 | 179 | 3.55 | 1.802 | | |
| dinob2 | 虚假折扣 | 管理人员 | 219 | 4.84 | 1.548 | 1.471 | 0.173 |
| | | 专业人员 | 311 | 4.49 | 1.606 | | |
| | | 办事人员 | 58 | 4.64 | 1.435 | | |
| | | 服务人员 | 132 | 4.62 | 1.406 | | |
| | | 生产人员 | 4 | 4.50 | 2.646 | | |
| | | 操作人员 | 22 | 4.27 | 1.723 | | |
| | | 学生 | 534 | 4.58 | 1.507 | | |
| | | 其他 | 179 | 4.77 | 1.557 | | |
| dinob3 | 怀疑瑕疵 | 管理人员 | 219 | 4.50 | 1.551 | 2.444 | 0.017** |
| | | 专业人员 | 311 | 4.04 | 1.542 | | |
| | | 办事人员 | 58 | 4.10 | 1.423 | | |
| | | 服务人员 | 132 | 4.09 | 1.459 | | |
| | | 生产人员 | 4 | 4.00 | 2.160 | | |
| | | 操作人员 | 22 | 4.09 | 1.688 | | |
| | | 学生 | 534 | 4.07 | 1.437 | | |
| | | 其他 | 179 | 4.30 | 1.582 | | |

*表示 $p<0.1$，**表示 $p<0.05$，***表示 $p<0.01$

由于生产人员和操作人员的样本数量相对较少，为减少样本差距对结论带来的影响，暂不针对生产人员在电商购物节的购买行为进行分析。与学历、年龄等特征的情况类似，不同职业的消费者在电商购物节影响消费者购买行为的因素中，除了虚假折扣这一个因素外，均存在显著差异，如下将从两方面进行分述。

1. 电商购物节中影响购买行为的促进因素

在对不同职业的消费者在电商购物节购买行为及其促进因素上的分析中，也显示存在显著差异。另外，从得分平均值可以看出，从众心理和吃亏心理并不是促使大部分消费者在电商购物节购物的原因，而折扣力度成为影响大部分消费者在购物节产生购买行为的主要因素，且标准差较低，数据波动较小。

2. 电商购物节中影响购买行为的抑制因素

不同职业的消费者在物流延缓和怀疑瑕疵上存在显著差异，在虚假折扣上不存在显著差异，说明消费者的职业不同，物流延缓和怀疑瑕疵问题对购买行为的抑制作用不同。从均值来看，物流延缓和怀疑瑕疵的得分均值均在 3.3～4.5 分，说明消费者在这些问题上大多犹豫不决。分析其原因，消费者在不同商品的物流方面存在不同的要求；另外，消费者很难通过网上的一些信息来判断商家是否会趁购物节处理带有瑕疵的商品。

### 4.5.5 不同收入水平消费者电商购物节购买行为差异性分析

采用单因素方差分析对不同收入水平消费者在电商购物节的购买行为进行均值比较检验，结果见表 4.16。

**表 4.16 不同收入水平消费者电商购物节购买行为差异性分析**

| 题项 | 简称 | 收入水平 | 样本量 | 均值 | 标准差 | $F$ | $p$ |
|---|---|---|---|---|---|---|---|
| dib1 | 是否购买 | 无收入 | 399 | 5.21 | 1.556 | 2.691 | 0.013** |
| | | 0～2 000（含）元 | 125 | 5.55 | 1.494 | | |
| | | 2 000～4 000（含）元 | 176 | 4.95 | 1.612 | | |
| | | 4 000～8 000（含）元 | 419 | 5.10 | 1.672 | | |
| | | 8 000～15 000（含）元 | 225 | 5.14 | 1.644 | | |
| | | 15 000～30 000（含）元 | 91 | 5.18 | 1.690 | | |
| | | 30 000 元以上 | 24 | 4.42 | 2.125 | | |
| dib2 | 折扣激励 | 无收入 | 399 | 5.00 | 1.427 | 2.779 | 0.011** |
| | | 0～2 000（含）元 | 125 | 5.17 | 1.523 | | |
| | | 2 000～4 000（含）元 | 176 | 5.00 | 1.512 | | |
| | | 4 000～8 000（含）元 | 419 | 5.00 | 1.490 | | |

续表

| 题项 | 简称 | 收入水平 | 样本量 | 均值 | 标准差 | $F$ | $p$ |
|---|---|---|---|---|---|---|---|
| dib2 | 折扣激励 | 8 000～15 000（含）元 | 225 | 5.12 | 1.568 | 2.779 | 0.011** |
| | | 15 000～30 000（含）元 | 91 | 4.74 | 1.583 | | |
| | | 30 000 元以上 | 24 | 4.00 | 1.474 | | |
| dib3 | 折扣力度 | 无收入 | 399 | 5.35 | 1.455 | 3.023 | 0.006** |
| | | 0～2 000（含）元 | 125 | 5.64 | 1.489 | | |
| | | 2 000～4 000（含）元 | 176 | 5.10 | 1.507 | | |
| | | 4 000～8 000（含）元 | 419 | 5.16 | 1.677 | | |
| | | 8 000～15 000（含）元 | 225 | 5.18 | 1.649 | | |
| | | 15 000～30 000（含）元 | 91 | 5.23 | 1.915 | | |
| | | 30 000 元以上 | 24 | 4.46 | 1.956 | | |
| dib4 | 从众心理 | 无收入 | 399 | 3.74 | 1.640 | 2.550 | 0.018** |
| | | 0～2 000（含）元 | 125 | 3.89 | 1.676 | | |
| | | 2 000～4 000（含）元 | 176 | 3.48 | 1.677 | | |
| | | 4 000～8 000（含）元 | 419 | 3.41 | 1.778 | | |
| | | 8 000～15 000（含）元 | 225 | 3.43 | 1.697 | | |
| | | 15 000～30 000（含）元 | 91 | 3.37 | 1.730 | | |
| | | 30 000 元以上 | 24 | 3.46 | 1.888 | | |
| dib5 | 吃亏心理 | 无收入 | 399 | 3.82 | 1.805 | 3.230 | 0.004** |
| | | 0～2 000（含）元 | 125 | 3.99 | 1.928 | | |
| | | 2 000～4 000（含）元 | 176 | 3.54 | 1.857 | | |
| | | 4 000～8 000（含）元 | 419 | 3.52 | 1.911 | | |
| | | 8 000～15 000（含）元 | 225 | 3.42 | 1.857 | | |
| | | 15 000～30 000（含）元 | 91 | 3.19 | 1.867 | | |
| | | 30 000 元以上 | 24 | 3.29 | 1.756 | | |
| dinob1 | 物流延缓 | 无收入 | 399 | 3.48 | 1.636 | 2.062 | 0.055* |
| | | 0～2 000（含）元 | 125 | 3.86 | 1.698 | | |
| | | 2 000～4 000（含）元 | 176 | 3.63 | 1.774 | | |
| | | 4 000～8 000（含）元 | 419 | 3.62 | 1.771 | | |
| | | 8 000～15 000（含）元 | 225 | 3.41 | 1.748 | | |
| | | 15 000～30 000（含）元 | 91 | 3.67 | 1.777 | | |
| | | 30 000 元以上 | 24 | 4.38 | 2.060 | | |

续表

| 题项 | 简称 | 收入水平 | 样本量 | 均值 | 标准差 | $F$ | $p$ |
|---|---|---|---|---|---|---|---|
| dinob2 | 虚假折扣 | 无收入 | 399 | 4.59 | 1.489 | 1.046 | 0.394 |
| | | 0～2 000（含）元 | 125 | 4.74 | 1.572 | | |
| | | 2 000～4 000（含）元 | 176 | 4.60 | 1.674 | | |
| | | 4 000～8 000（含）元 | 419 | 4.70 | 1.436 | | |
| | | 8 000～15 000（含）元 | 225 | 4.44 | 1.606 | | |
| | | 15 000～30 000（含）元 | 91 | 4.68 | 1.705 | | |
| | | 30 000 元以上 | 24 | 4.96 | 1.517 | | |
| dinob3 | 怀疑瑕疵 | 无收入 | 399 | 4.07 | 1.449 | 2.898 | 0.008** |
| | | 0～2 000（含）元 | 125 | 4.33 | 1.452 | | |
| | | 2 000～4 000（含）元 | 176 | 4.26 | 1.523 | | |
| | | 4 000～8 000（含）元 | 419 | 4.24 | 1.496 | | |
| | | 8 000～15 000（含）元 | 225 | 3.96 | 1.592 | | |
| | | 15 000～30 000（含）元 | 91 | 4.04 | 1.612 | | |
| | | 30 000 元以上 | 24 | 5.00 | 1.251 | | |

*表示 $p$<0.1，**表示 $p$<0.05

在电商购物节消费者购买行为的诸多影响因素中，不同收入的消费者之间普遍存在着显著的差异，仅在虚假折扣一项上差异不显著。具体来看，主要包括以下两个方面。

### 1. 电商购物节中影响购买行为的促进因素

在电商购物节的购买行为及其促进因素上，不同收入水平的消费者同样存在显著差异，即收入水平不同的消费者在电商购物节的购买行为和促进因素上，存在不同的反应。比如，收入水平在 30 000 元以上的消费者在折扣激励、折扣力度、从众心理、吃亏心理这些因素上的平均得分均处于较低甚至最低水平，这部分消费者可能相较而言不容易因折扣力度大而选择购买，也较少存在从众心理及不买就吃亏的心态。分析其原因，收入水平在 30 000 元以上的消费者不仅注重商品本身的价值，也会关注购买过程中的体验。此外，收入水平在 2000 元以内的消费者在是否购买、折扣激励、折扣力度、从众心理和吃亏心理的平均得分均高于其他收入水平群体，相较于其他收入群体，说明其更愿意在电商购物节期间网上购物，同时也更倾向在折扣力度大时购买。可能由于收入的限制，收入水平在 2000 元以内的消费者更注重商品的性价比。

2. 电商购物节中影响购买行为的抑制因素

消费者的收入水平不同，物流延缓和怀疑瑕疵问题对购买行为的抑制作用不同，而在虚假折扣上未见差异的显著性。其中，收入水平在30 000元以上的消费者群体，在物流延缓和怀疑瑕疵的平均得分高于其他消费者群体，说明物流延缓和怀疑瑕疵是影响高收入水平消费者购买行为的主要抑制因素，在一定程度上说明这一群体更关心商品的品质及购买的时效性。无收入的消费者在各方面因素上都处于较为中等的水平。分析其原因，无收入的消费者以学生为主，生活较好但生活费用仍会受到一定限制，所以无收入消费者会同时关注多方面属性，综合考虑决定是否购买。

### 4.5.6　不同婚姻状况消费者电商购物节购买行为差异性分析

采用单因素方差分析对不同婚姻状况消费者在电商购物节的购买行为进行均值比较检验，结果见表4.17。由于离异样本相对其他两种婚姻状况的样本过少，故同3.5.6节的处理方式，暂不考虑针对离异样本数据的分析。

**表4.17　不同婚姻状况消费者电商购物节购买差异性分析**

| 题项 | 简称 | 婚姻状况 | 样本量 | 均值 | 标准差 | $F$ | $p$ |
|---|---|---|---|---|---|---|---|
| dib1 | 是否购买 | 未婚 | 875 | 5.28 | 1.556 | 6.563 | $0.001^{**}$ |
| | | 已婚 | 574 | 4.96 | 1.722 | | |
| | | 离异 | 10 | 5.00 | 1.633 | | |
| dib2 | 折扣激励 | 未婚 | 875 | 5.09 | 1.418 | 4.486 | $0.011^{**}$ |
| | | 已婚 | 574 | 4.86 | 1.616 | | |
| | | 离异 | 10 | 5.50 | 1.269 | | |
| dib3 | 折扣力度 | 未婚 | 875 | 5.32 | 1.539 | 2.862 | $0.057^{*}$ |
| | | 已婚 | 574 | 5.12 | 1.699 | | |
| | | 离异 | 10 | 5.20 | 1.687 | | |
| dib4 | 从众心理 | 未婚 | 875 | 3.68 | 1.689 | 7.169 | $0.001^{**}$ |
| | | 已婚 | 574 | 3.37 | 1.735 | | |
| | | 离异 | 10 | 2.60 | 1.265 | | |
| dib5 | 吃亏心理 | 未婚 | 875 | 3.81 | 1.854 | 14.252 | $0.000^{***}$ |
| | | 已婚 | 574 | 3.31 | 1.864 | | |
| | | 离异 | 10 | 2.50 | 1.509 | | |

续表

| 题项 | 简称 | 婚姻状况 | 样本量 | 均值 | 标准差 | $F$ | $p$ |
|---|---|---|---|---|---|---|---|
| dinob1 | 物流延缓 | 未婚 | 875 | 3.49 | 1.691 | 3.362 | 0.035** |
| | | 已婚 | 574 | 3.73 | 1.784 | | |
| | | 离异 | 10 | 3.40 | 2.271 | | |
| dinob2 | 虚假折扣 | 未婚 | 875 | 4.58 | 1.510 | 0.783 | 0.457 |
| | | 已婚 | 574 | 4.68 | 1.577 | | |
| | | 离异 | 10 | 4.80 | 1.751 | | |
| dinob3 | 怀疑瑕疵 | 未婚 | 875 | 4.03 | 1.462 | 0.783 | 0.457 |
| | | 已婚 | 574 | 4.36 | 1.552 | | |
| | | 离异 | 10 | 3.80 | 1.687 | | |

*表示 $p<0.1$，**表示 $p<0.05$，***表示 $p<0.01$

由表 4.17 可知，在电商购物节消费者购买行为的影响因素中，除了虚假折扣和怀疑瑕疵，不同婚姻状况的消费者之间均存在显著差异。

不同婚姻状况的消费者在是否购买及促进购买的所有影响因素上均存在显著差异，即婚姻状况不同的消费者会在电商购物节期间产生不同的购买行为，并且不同的影响因素对他们购买行为的作用有所不同。从引起消费者购买的促进因素分析，在折扣激励和折扣力度这两个因素中，已婚消费者的平均得分最低，表明这一部分群体最不容易受到折扣的诱惑。不同婚姻状况的消费者在抑制消费者购买行为的因素上，仅在物流延缓方面存在显著差异。也就是说，消费者的婚姻状况不同，物流延缓对购买行为的抑制作用不同，而虚假折扣和怀疑瑕疵这两个问题对购买行为的抑制作用不会产生太大差异。

### 4.5.7 不同家庭类型消费者电商购物节购买行为差异性分析

采用单因素方差分析对不同家庭类型消费者在电商购物节的购买行为进行均值比较检验，结果见表 4.18。总体来看，在电商购物节消费者购买行为的影响因素中，不同家庭类型的消费者之间的显著差异并没有规律可循。

**表 4.18 不同家庭类型消费者电商购物节购买差异性分析**

| 题项 | 简称 | 家庭类型 | 样本量 | 均值 | 标准差 | $F$ | $p$ |
|---|---|---|---|---|---|---|---|
| dib1 | 是否购买 | 独居 | 604 | 5.30 | 1.555 | 3.387 | 0.005** |
| | | 二人 | 114 | 5.34 | 1.590 | | |
| | | 三口之家 | 330 | 4.96 | 1.691 | | |

续表

| 题项 | 简称 | 家庭类型 | 样本量 | 均值 | 标准差 | $F$ | $p$ |
|---|---|---|---|---|---|---|---|
| dib1 | 是否购买 | 四口及以上家庭 | 164 | 4.91 | 1.705 | 3.387 | 0.005** |
| | | 与老人同住 | 152 | 5.21 | 1.670 | | |
| | | 其他 | 95 | 4.94 | 1.630 | | |
| dib2 | 折扣激励 | 独居 | 604 | 5.10 | 1.404 | 1.666 | 0.140 |
| | | 二人 | 114 | 5.14 | 1.330 | | |
| | | 三口之家 | 330 | 4.86 | 1.675 | | |
| | | 四口及以上家庭 | 164 | 4.83 | 1.656 | | |
| | | 与老人同住 | 152 | 5.01 | 1.414 | | |
| | | 其他 | 95 | 5.00 | 1.495 | | |
| dib3 | 折扣力度 | 独居 | 604 | 5.35 | 1.569 | 1.754 | 0.119 |
| | | 二人 | 114 | 5.44 | 1.557 | | |
| | | 三口之家 | 330 | 5.11 | 1.699 | | |
| | | 四口及以上家庭 | 164 | 5.10 | 1.660 | | |
| | | 与老人同住 | 152 | 5.22 | 1.505 | | |
| | | 其他 | 95 | 5.08 | 1.602 | | |
| dib4 | 从众心理 | 独居 | 604 | 3.67 | 1.685 | 2.281 | 0.044** |
| | | 二人 | 114 | 3.48 | 1.679 | | |
| | | 三口之家 | 330 | 3.38 | 1.752 | | |
| | | 四口及以上家庭 | 164 | 3.70 | 1.784 | | |
| | | 与老人同住 | 152 | 3.57 | 1.706 | | |
| | | 其他 | 95 | 3.21 | 1.604 | | |
| dib5 | 吃亏心理 | 独居 | 604 | 3.78 | 1.865 | 3.730 | 0.002** |
| | | 二人 | 114 | 3.60 | 1.931 | | |
| | | 三口之家 | 330 | 3.28 | 1.934 | | |
| | | 四口及以上家庭 | 164 | 3.65 | 1.869 | | |
| | | 与老人同住 | 152 | 3.74 | 1.826 | | |
| | | 其他 | 95 | 3.32 | 1.552 | | |
| dinob1 | 物流延缓 | 独居 | 604 | 3.46 | 1.705 | 2.011 | 0.074* |
| | | 二人 | 114 | 3.61 | 1.717 | | |
| | | 三口之家 | 330 | 3.79 | 1.846 | | |
| | | 四口及以上家庭 | 164 | 3.61 | 1.652 | | |
| | | 与老人同住 | 152 | 3.72 | 1.746 | | |
| | | 其他 | 95 | 3.41 | 1.614 | | |

续表

| 题项 | 简称 | 家庭类型 | 样本量 | 均值 | 标准差 | $F$ | $p$ |
|---|---|---|---|---|---|---|---|
| dinob2 | 虚假折扣 | 独居 | 604 | 4.56 | 1.499 | 0.828 | 0.529 |
| | | 二人 | 114 | 4.55 | 1.602 | | |
| | | 三口之家 | 330 | 4.68 | 1.570 | | |
| | | 四口及以上家庭 | 164 | 4.77 | 1.520 | | |
| | | 与老人同住 | 152 | 4.70 | 1.557 | | |
| | | 其他 | 95 | 4.51 | 1.597 | | |
| dinob3 | 怀疑瑕疵 | 独居 | 604 | 4.00 | 1.456 | 5.840 | 0.000*** |
| | | 二人 | 114 | 4.04 | 1.516 | | |
| | | 三口之家 | 330 | 4.40 | 1.576 | | |
| | | 四口及以上家庭 | 164 | 4.43 | 1.440 | | |
| | | 与老人同住 | 152 | 4.32 | 1.472 | | |
| | | 其他 | 95 | 3.79 | 1.557 | | |

*表示 $p<0.1$，**表示 $p<0.05$，***表示 $p<0.01$

首先，在影响消费者产生购买行为的促进因素上，折扣激励和折扣力度对不同家庭类型消费者购买行为的影响差异较小，而从众心理和吃亏心理的影响差异较大。其次，在折扣激励和折扣力度的平均得分中，三口之家和四口及以上家庭的平均得分比其他的家庭类型得分低。具体分析来看，三口之家和四口及以上家庭的消费者不容易受到折扣方面的诱惑。原因可能是三口之家和四口及以上家庭的消费者由于孩子的存在而更多地考虑整体上消费的分配，折扣可能并不是他们所考虑的重要因素。再次，分析影响消费者在电商购物节购买行为的抑制因素，只有虚假折扣这一题项中不同家庭类型的消费者之间不存在显著差异，即虚假折扣对于不同家庭类型消费者购买行为的抑制作用基本相同。最后，在物流延缓和怀疑瑕疵这两个影响消费者购买行为的抑制因素上，三口之家、四口及以上家庭及与老人同住家庭的平均得分高于独居和二人的家庭，这一消费者群体更容易因物流问题和怀疑瑕疵率高而放弃购买。原因可能是当与孩子和老人居住时，作为父母和子女，消费者会更关心产品的质量及能否及时使用，在自身的能力范围内，给孩子和父母提供最好的保障。

## 4.6　消费价值观对消费者电商购物节购买的影响分析

使用正式调研的 1459 份数据，通过回归分析的方法探究相关因素对消费者电商购物节购买行为的影响，并对模型假设进行检验。

首先，对数据进行处理。将是否购买作为消费者在电商购物节的购买意愿强度；将折扣激励、折扣力度两个题项取平均值，作为营销因素对消费者电商购物节购买行为的影响因素；将从众心理、吃亏心理两个题项取平均值，代表社会因素对消费者电商购物节购买行为的影响。物流延缓、虚假折扣、怀疑瑕疵分别作为物流、折扣及瑕疵问题对消费者电商购物节购买行为的影响因素。将 3.6 节中的享乐主义价值观得分和功利主义价值观得分作为消费者的享乐水平和功利水平。利用回归分析，将消费者在电商购物节的购买意愿作为因变量，将营销因素、社会因素、物流延缓、虚假折扣、怀疑瑕疵、功利主义及享乐主义作为自变量，探究自变量的变化对消费者购买意愿的影响。结果见表 4.19。

**表 4.19　消费价值观对消费者电商购物节购买影响的回归分析**

| 自变量 | 回归系数 | 系数标准误差 | $t$ | $p$ |
|---|---|---|---|---|
| 常量 | 0.7570 | 0.2190 | 3.46 | 0.001*** |
| 功利主义 | 0.0891 | 0.0331 | 2.69 | 0.007* |
| 享乐主义 | –0.0166 | 0.0251 | –0.66 | 0.510 |
| 营销因素 | 0.7282 | 0.0259 | 28.14 | 0.000*** |
| 社会因素 | 0.2132 | 0.0213 | 10.02 | 0.000*** |
| 物流延缓 | –0.0792 | 0.0202 | –3.92 | 0.000*** |
| 虚假折扣 | 0.0044 | 0.0234 | 0.19 | 0.851 |
| 怀疑瑕疵 | –0.0652 | 0.0251 | –2.60 | 0.009* |
| $S = 1.114\ 26$　$R^2 = 53.48\%$　$R^2$（调整）$= 53.26\%$ | | | | |

*表示 $p<0.1$，***表示 $p<0.01$

从表 4.19 可以看出，享乐主义和虚假折扣回归分析的 $p$ 值大于 0.1，影响不显著，表明假设 H4.2 和 H4.7 未得到验证，因此在后文分析时不再考虑享乐主义和虚假折扣的影响。排除享乐主义和虚假折扣两个不显著的因素，重新进行回归分析，得到回归结果见表 4.20。

**表 4.20　修正后的消费价值观对消费者电商购物节购买影响的回归分析**

| 自变量 | 回归系数 | 系数标准误差 | $t$ | $p$ |
|---|---|---|---|---|
| 常量 | 0.7280 | 0.2120 | 3.44 | 0.001*** |
| 功利主义 | 0.0894 | 0.0330 | 2.71 | 0.007*** |
| 营销因素 | 0.7265 | 0.0256 | 28.41 | 0.000*** |
| 社会因素 | 0.2104 | 0.0209 | 10.08 | 0.000*** |
| 物流延缓 | –0.0805 | 0.0197 | –4.09 | 0.000*** |
| 怀疑瑕疵 | –0.0643 | 0.0223 | –2.88 | 0.004*** |
| $S = 1.113\ 68$　$R^2 = 53.47\%$　$R^2$（调整）$= 53.31\%$ | | | | |

***表示 $p<0.01$

表 4.20 中所有因素回归分析的 $p$ 值均小于 0.05，符合显著性要求，进一步验证了假设 H4.1、假设 H4.3～假设 H4.6，结果见表 4.21。功利主义、营销因素和社会因素的回归系数为正，怀疑瑕疵和物流延缓的回归系数为负。说明功利主义、营销因素和社会因素对消费者电商购物节的购买行为具有正向显著影响，怀疑瑕疵和物流延缓对于消费者电商购物节的购买行为具有负向显著影响。表明功利主义水平越高的人，越容易在电商购物节产生购买行为。此外，营销因素和社会因素能够促进消费者在电商购物节的购买行为，怀疑瑕疵和物流延缓则起抑制作用。

**表 4.21　消费价值观对购物节购买影响假设检验结果**

| 假设编号 | 假设 | 检验结果 |
|---|---|---|
| H4.1 | 功利主义水平越高的消费者越容易在电商购物节产生购买行为 | 验证假设 |
| H4.2 | 享乐主义水平越高的消费者越不容易在电商购物节产生购买行为 | 拒绝假设 |
| H4.3 | 营销因素会促进消费者在电商购物节购买 | 验证假设 |
| H4.4 | 社会因素会促进消费者在电商购物节购买 | 验证假设 |
| H4.5 | 物流延缓会抑制消费者在电商购物节购买 | 验证假设 |
| H4.6 | 怀疑瑕疵会抑制消费者在电商购物节购买 | 验证假设 |
| H4.7 | 虚假折扣会抑制消费者在电商购物节购买 | 拒绝假设 |

从回归结果中还可以看出，调整后的 $R^2$ 为 53.31%，即功利主义、营销因素、社会因素、物流延缓和怀疑瑕疵能够解释 53.31%消费者在电商购物节的购买行为，解释效果良好。

总体来看，营销因素对消费者在电商购物节购买行为的影响系数最大，为 0.7265，其次为社会因素，为 0.2104，再次为功利主义，为 0.0894。这说明，营销因素对消费者在电商购物节购买行为的影响最大，商家在电商购物节促销时，应该格外注意营销的策划，以吸引更多的消费者。

## 4.7　电商购物节研究结论

本章主要研究了消费价值观、个人特征、营销因素和社会因素对购物节期间购买行为的影响。基于现有文献与研究目标构建了研究模型，并采用问卷调查的方式进行数据收集。问卷通过网络途径发放，共回收有效问卷 1459 份。本问卷所调查的样本涵盖了多个层次、不同特征的消费者，以此为基础对样本数据进行描述性统计以了解数据的整体分布情况。通过单因素方差分析对比研究了不同人口统计学特征的消费者在电商购物节期间购买行为的差异性。使用回归分析方法探究消费价值观及相关因素对消费者购买行为的影响，并对假设进行验证。

电子商务背景下大部分消费者都具有一定程度的功利主义消费倾向，在电商购物节期间，功利主义等级高的消费者更容易受到购买促进因素影响而产生购买行为，而消费者的享乐主义消费价值观对电商购物节期间的购买行为影响并不显著。对比这两种消费价值观的消费者，可推测功利主义价值观的消费者更加注重商品的性价比，容易受到电商购物节时折扣的诱惑，从而产生购买行为；而享乐主义价值观的消费者则更加注重购物时自身的兴趣和乐趣，折扣等因素对他们的影响不大。因此，商家在购物节时应该主要针对功利主义消费者以推出质优价廉的实用型商品为主，在商品选择、目标市场定位及宣传推广方面要与功利主义消费者的需求一致，从而更好地利用好购物节的销售机会，提高销售额。

基于不同人口统计学特征分析消费者在电商购物节购买行为的差异性，大部分具有显著性。其中，女性比男性更容易在购物节期间产生购买行为，并且在影响购买行为的因素方面，折扣对女性购买行为的促进作用显著高于男性，怀疑瑕疵对男性购买行为的抑制作用高于女性。学历与电商购物节的购买行为呈现出同向变化趋势，即学历越高，越容易在电商购物节产生购买行为。在 18 岁以上的消费者中，年龄越大，越不容易产生购买行为，折扣力度对他们购买行为的促进作用越不明显。收入水平在 2000 元以内的消费者更容易在电商购物节期间产生购买行为，也更容易受到折扣力度的影响。未婚的消费者更容易在购物节期间产生购买行为。折扣对于不同家庭类型在电商购物节的购买行为的促进作用大致相同，二人家庭更容易在购物节期间产生购买行为。因此商家在电商购物节期间进行促销时，应该针对不同人口统计学特征和消费价值观的消费者，制定不同的营销策略，有针对性地开展营销活动。

营销因素对于电商购物节中消费者的购买行为的作用是促进的，其中折扣等营销因素的影响较大。从众心理和不买吃亏的心理也会促进消费者在电商购物节期间产生购买行为。物流问题和怀疑瑕疵会抑制消费者的购买行为，而虚假折扣问题的影响不显著。由此可以看出，在电商购物节期间，较为重要的影响因素是营销手段。因此商家应该从促销方案设计入手，为消费者提供实实在在的让利，刺激消费者在电商购物节的购买。

# 第5章　消费价值观与消费者在线评论

## 5.1　在线评论研究背景和意义

随着互联网普及率的不断提高和电子商务的飞速发展，消费者利用互联网平台在线发布对商品或服务的意见、投诉和建议已经成为一种常态（耿斌，2019），导致各大电子商务网站上的商品在线评论数量飞速增长（李杰等，2018）。消费者在线评论指消费者在公司或第三方网站上发布的对产品或服务的评价（Mudambi and Schuff，2010）。消费者在浏览商品的在线评论时，可以从用户的角度了解产品属性、使用情况和产品性能。消费者浏览在线评论的行为可以用口碑理论（Zeithaml et al.，1996；Bansal and Voyer，2000）和观察学习理论（observational learning theroy）来解释（薛文怡，2016）。口碑信息旨在帮助消费者在消费前充分了解服务或产品，并可能塑造消费者对服务的期望。观察性学习是指通过观察其他人的行为来学习，这可能会对个人的行为产生积极或消极的影响。当观察性学习发生时，相较自我的信息，人们要更重视他人的信息（Banerjee，1992）。在线评论是其他先验买家的阐述，因此相较卖家的陈述，消费者更信任商品的在线评论（Floyd et al.，2014）。本书的在线评论指的是消费者在电子商务网址购买商品后在该网站发布的对产品或服务的评分、文字评论及买家秀图片。

相关的行业调查报告显示，90%的网上购物者会阅读消费者发布的商品在线评论，83%的消费者表示他们的购买决策直接受到在线评论的影响（Zhang et al.，2014c）。研究表明，商品在线评论的效价对用户的购买决策会产生直接的影响（Ruiz-Mafe et al.，2018）。但对于消费者究竟关注什么类型的评论，目前还缺乏相应的研究。与传统的线下口碑传播不同，电商平台上商品的在线评论同时包含正面和负面的评论（Lee et al.，2008）。虽然大量的研究已经证明了积极的评论对销售的影响，但消极的评论在消费者决策中更有影响力（Bambauer-Sachse and Mangold，2011）。另外，图片虽一目了然，却不能准确传达评论者的重点，而文字评论虽能直接阐述重点，却需要耗费消费者时间仔细阅读（Yang and Zhu，2016）。

在之前的研究中，大多数研究者只关注到产品初次评论的重要性，对追加评论的研究不够充分。追加评论对消费者的购买决策可能会产生更大的影响。追加评论是先验消费者对相关产品进行服务体验之后的真实感受，对于有购买意愿的客户来说，追加评论会使他们对产品有更加全面和可靠的认识。因此，从消费者的角度来看，追加评论相对初次评论应更具有说服力。

享乐主义和功利主义作为已被证实存在的两种典型的消费价值观（Babin et al.，1994），尽管已有很多学者研究其对不同消费者行为的影响，但研究享乐主义和功利主义对消费者在线评论行为的影响还尚少。因此，结合在线评论关注和追加评论行为，尝试回答以下几个问题。

（1）电子商务环境下，不同人口统计学特征的消费者是否在在线评论的关注和追加上有显著差异？

（2）电子商务环境下，消费者的消费价值观是否会影响其对在线评论的关注和追加？

本章以口碑理论为基础，从两个角度研究在线评论，一是消费者在购买前主要关注什么样的评论，即在线评论关注问题，重点研究不同消费价值观和个人特征的消费者对于负面评论、追加评论、带图评论和内容详细评论的关注程度及差异，为商家在评论管理和口碑营销方面提供理论参考。二是什么特征的消费者在收到商品后会追加评论，识别消费价值观和个人特征不同的消费者在满意和不满意两种态度下追加评论的表现和行为特征，进而帮助商家在追评激励措施中结合消费者的特征，有的放矢，提升追评的参与度和质量，为后续消费者的选购提供更多的参考信息。

## 5.2　消费价值观与消费者在线评论模型构建与研究假设

### 5.2.1　消费价值观与关注评论

在电子商务环境下，消费者不能直接检验商品的好坏，其他消费者所发布的在线评论是消费者了解商品实际性能和体验的重要途径，因此在线评论也将影响消费者对商品的价值感知和购买决策。

已有研究发现，在线评论中对商品性能的负面评价会导致消费者对商品的消极态度（Tang et al.，2014）。并且当负面评论比例较大时，消费者对此商品的负面态度强度也会增加（Lee et al.，2008）。对此现象，前景理论（prospect theory）指出，实践中观察到的并且由研究人员证明的负面影响可以用损失厌恶来解释，消费者对损失要比收益更加敏感（Kahneman and Tversky，1979）。购买过此商品的消费者所发布的负面评论向有购买倾向的消费者传达了他们对产品或服务的损失感，并且这些损失感知超过了正面评论所产生的收益感。因此，负面评论对消费者做出购买决策的影响要大于正面评论。

追加评论是指消费者对收到的商品首次发布评论后，经过一段时间的使用再次对商品进行的评价（邓卫华和易明，2019）。随着在线评论在电子商务中扮演的角色越来越重要，发布追加评论越来越被广大消费者所青睐。且随着时间的延长，初次评论反映商品性能的作用在呈现衰竭的趋势，追加评论刚好弥补了该缺点。并且人们普遍反映追加评论对商品的描述更加符合商品的实际特征，更能引起消费者的关注。

图片评论是相较文字评论而言的，是在线评论的另一种形式。在消费者不能通过物理上直接感知商品的情况下，图片成了商家重要的营销工具之一（林爽等，2017）。各大商家纷纷鼓励消费者发布带图片的评论，如京东商城对于带图片的评论会返还消费者双倍的“京豆”；携程旅行网对发布带图片评论的消费者多奖励50积分等。俗话说“一图胜千言”，相较文字评论而言，图片评论更能直观地展示商品的特性，因此也越来越受到消费者的关注。

在线评论是一种信息，其质量与评论内容的详细程度有直接关系，也会直接影响对终端消费者需求的满足程度。一般而言，对消费者越有用则代表了评论的质量越高，即其详细程度高（周燕和商平平，2018）。研究发现那些接触到高质量（详细程度高）评论的消费者对商品的评论更为积极，会促使消费者产生更强烈的购买意愿（Archak et al.，2007）。

本章根据以上四个方面的研究，提炼在线评论的四个特征，并从享乐主义和功利主义的角度分析消费价值观对在线评论认知行为的影响。

已有研究发现，功利主义更多地关注商品的易用性和实用性，属于任务导向。享乐主义强调个性化和主观性，购物的原因更多是乐趣。

考虑到在线评论在网上购物过程中的重要性，消费者的购物决策很大程度上会受到在线评论的影响。享乐水平和功利水平越高的消费者，对购物满意度的要求越高。因此提出如下假设。

H5.1：功利主义水平越高的消费者越关注商品的在线评论。

H5.2：享乐主义水平越高的消费者越关注商品的在线评论。

### 5.2.2 消费价值观与追加评论

在追加评论越来越受到消费者关注的情况下，以往的学者从在线初次评论和在线追加评论的角度做了大量研究。有研究表明，情感倾向对发布的在线初次评论和在线追加评论的情感强度有很大影响，若追加评论和初次评论的情感均表现为负向，则初次评论的情感强度要小于追加评论的情感强度；若追加评论和初次评论的情感均表现为正面，则初次评论的情感强度要大于追加评论的情感强度（石文华，2016）。但从消费者发布在线追加评论动因角度出发的研究却很少，研究消费者在什么情况下会发布追加评论，对商家及消费者而言具有重要的参考价值。

享乐水平和功利水平越高的消费者，对购物满意度的要求越高。在购物后无论满意还是不满意的情况下，均会向其他消费者传达自身的购物体验，进而帮助他人来提高购物满意度。因此提出如下假设。

H5.3：功利主义水平越高的消费者越倾向发布追加评论。

H5.4：享乐主义水平越高的消费者越倾向发布追加评论。

根据假设 H5.1～假设 H5.4，构建电子商务环境下基于消费价值观的消费者在线关注和追加评论行为研究模型，如图 5.1 所示。

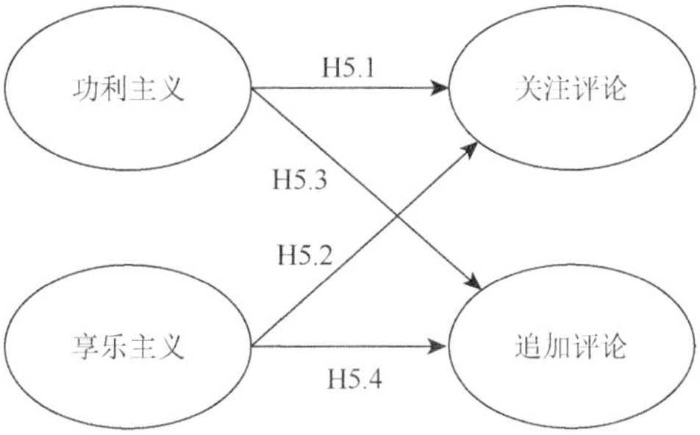


图 5.1　消费者在线关注和追加评论行为研究模型

## 5.3　在线评论行为研究设计

### 5.3.1　在线评论行为问卷设计

针对每个变量设计相应的题项数量来度量，依据 Likert 七级量表，1～7 分代表从“非常不同意”到“非常同意”的不同程度。最终形成的关于电子商务环境下消费者在线评论认知行为的问卷包括关注评论和追加评论两部分。

1. 关注评论量表设计

对于关注评论的量表设计主要参考了 Shihab 和 Putri（2019）、王翠翠和高慧（2018）、张艳辉等（2017）及莫赞和李燕飞（2015）的研究，从负面评论、追加评论、带图评论和评论内容的详细程度四个方面进行度量。该量表共包含 4 个题项，具体内容及编码见表 5.1。

表 5.1 关注评论量表

| 变量 | 编码 | 简称 | 题项 |
| --- | --- | --- | --- |
| 关注评论 | orvc1 | 负面评论 | 我在网上购物时会重点关注商品的负面评论 |
| | orvc2 | 追加评论 | 我在网上购物时会重点关注商品的追加评论 |
| | orvc3 | 带图评论 | 我在网上购物时会重点关注带图片的评论 |
| | orvc4 | 内容详细 | 我在网上购物时会关注评论内容的详细程度 |

2. 追加评论量表设计

对于追加评论的量表设计本书主要参考了李琪和任小静（2017）的研究，基于矛盾性追加评论有用性的差异，分析发布追加评论的动因。量表从购物满意和购物不满意两个方面进行了设计，共包含 2 个题项，具体内容及编码见表 5.2。

表 5.2 追加评论量表

| 变量 | 编码 | 简称 | 题项 |
| --- | --- | --- | --- |
| 追加评论 | orpc1 | 满意追评 | 在网上购物感到特别满意时，我会追加评论 |
| | orpc2 | 不满意追评 | 在网上购物感到特别不满意时，我会追加评论 |

### 5.3.2 在线评论行为预调研及量表信效度分析

为了确保量表的信度和效度，在正式调研之前先进行了预调研。通过网络平台发放问卷，共收集问卷 192 份，其中有效问卷 179 份，有效率达 93%。使用 SPSS 软件对预调研数据进行分析。

1. 在线评论行为量表信度分析

1）关注评论

对关注评论量表的信度分析见表 5.3，一致性信度克龙巴赫系数值为 0.736＞0.7。说明关注评论量表内部一致性很高，量表信度良好。

表 5.3 关注评论量表的信度分析（预调研）

| 题项编码 | 简称 | 删除该项后的克龙巴赫系数 | 克龙巴赫系数 |
| --- | --- | --- | --- |
| orvc1 | 负面评论 | 0.654 | 0.736 |
| orvc2 | 追加评论 | 0.663 | |
| orvc3 | 带图评论 | 0.646 | |
| orvc4 | 内容详细 | 0.748 | |

2）追加评论

对追加评论量表的信度分析见表 5.4，克龙巴赫系数值为 0.530，说明追加评论量表内部一致性较高，量表信度尚可。

**表 5.4 追加评论量表的信度分析（预调研）**

| 编码 | 简称 | 克龙巴赫系数 |
|---|---|---|
| orpc1 | 满意追评 | 0.530 |
| orpc2 | 不满意追评 | |

2. 在线评论行为量表效度检验

采用因子分析对在线评论行为两个量表的结构效度进行检验，为了确定因子分析的合适性，先进行了 KMO 检验和 Bartlett 球形检验。

1）关注评论

经检验，关注评论量表的 KMO 值为 0.744＞0.7，且显著性水平为 0.000，各项测量结果均符合标准，说明适合进行因子分析。

采用主成分分析法对量表进行因子分析，分析的结果见表 5.5，4 个题项提取一个共同因子，各题项在该共同因子上的负荷均接近或大于 0.7，总方差解释率为 57.637%，超过 50%，符合各项研究的要求。

**表 5.5 关注评论因子分析（预调研）**

| 编码 | 简称 | 因子负荷 | 总方差解释率 |
|---|---|---|---|
| orvc1 | 负面评论 | 0.807 | 57.637% |
| orvc2 | 追加评论 | 0.802 | |
| orvc3 | 带图评论 | 0.764 | |
| orvc4 | 内容详细 | 0.654 | |

2）追加评论

对追加评论量表进行 KMO 检验，检验结果尚可符合标准，进一步做因子分析，其结果见表 5.6，两个题项在共同因子上的负荷均为 0.825，总方差解释率为 68.042%＞60%，表明了量表良好的结构效度。

**表 5.6 追加评论因子分析（预调研）**

| 编码 | 简称 | 因子负荷 | 总方差解释率 |
|---|---|---|---|
| orpc1 | 满意追评 | 0.825 | 68.042% |
| orpc2 | 不满意追评 | 0.825 | |

通过预调研结果可以看出，关注评论和追加评论这两部分量表题项的信效度良好，题项设置合理，因而在正式调研中，依旧沿用了该量表。

### 5.3.3　在线评论行为研究方法与工具

利用 SPSS 24.0 和 Lisrel 8.7 软件对正式调研回收的 1459 份有效问卷，进行相应的描述性统计、信效度分析、单因素方差分析，并建立结构方程模型进行了假设检验。除结构方程模型外，其他分析在第 3 章和第 4 章中已多次出现，并对其作用进行了说明，本章不再赘述，重点说明一下结构方程模型的特点及拟合参数。

结构方程模型是一种综合运用多元回归分析、路径分析和因子分析方法而形成的一种统计数据分析工具。与传统的分析方法（因子分析、回归分析）相比，结构方程模型具有可同时处理多个因变量、允许自变量和因变量存在测量误差、可同时估计因子结构和因子关系、能够估计整个模型的拟合程度和能判断研究变量间的直接影响的优点，因此本章优先采用结构方程模型验证消费者消费价值观对在线评论行为的影响假设。

一般来说，结构方程模型通过拟合参数来研究理论模型与实际观测到的数据之间的拟合情况，并从绝对拟合指数、相对拟合指数和简约拟合指数三方面综合考虑模型拟合的评价，其中常用拟合指标的含义、参考值和用途的说明见表 5.7。

**表 5.7　结构方程模型拟合指标说明**

| 类别 | 名称 | 说明 | 参考值 | 用途 |
|---|---|---|---|---|
| 绝对拟合指数 | RMSEA | 比较理论与饱和模型的差距 | <0.08（拟合良好），<0.1（拟合可接受） | 不受样本量和复杂度的影响 |
| | GFI | 假设模型解释观测数据的比例 | >0.8（合理），>0.9（良好），值越大越好 | 说明模型的解释力，但 AGFI 不受模型复杂度影响 |
| | AGFI | 考虑模型复杂度后的 GFI | | |
| 相对拟合指数 | NFI | 比较理论与独立模型的差距 | >0.9，值越大越好 | 作用类似 CFI，但 NNFI 不受模型复杂度的影响 |
| | NNFI | 考虑模型复杂度后的 NFI | | |
| | CFI | 假设与独立模型非中央性差异 | | 说明较虚无模型的改善程度 |
| 简约拟合指数 | PGFI | 对 GFI 的修正 | >0.5，值越大越好 | 说明模型的简约程度 |
| | PNFI | 对 NFI 的修正 | | |

注：RMSEA 为 root mean square error of approximation，近似误差均方根；GFI 为 goodness of fix index，适配度指标；AGFI 为 adjusted goodness of fix index，调整后适配度指标；NFI 为 normed fix index，规范适配度指标；NNFI 为 nor-normed fix index，非规范适配指标；CFI 为 comparative fix index，比较适配指标；PNFI 为 parsimonious normed fix index，简效规范适配指标；PGFI 为 parsimonious goodness of fix index，简效良性适配指标

综上，本章的技术路线图如图 5.2 所示。

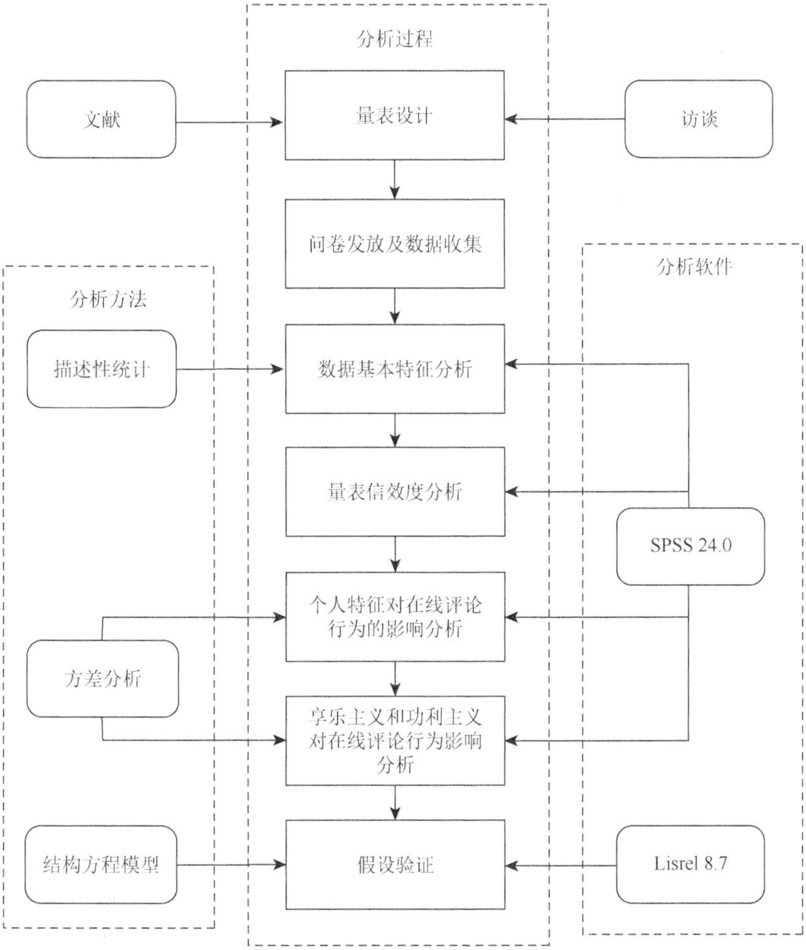


图 5.2　消费价值观与在线评论行为研究技术路线

## 5.4　在线评论行为描述性统计与信效度分析

### 5.4.1　在线评论行为描述性统计

描述性统计的主要作用是将正式调研所获得的数据信息进行分类整理，便于把握样本的分布情况。统计汇总在线评论行为量表中各维度数据的平均值、标准差、偏度和峰度，见表 5.8。从中可见各变量近似服从正态分布。

**表 5.8　在线评论描述性统计**

| 量表 | 编码 | 简称 | 平均值 | 标准差 | 偏度 | 峰度 |
|---|---|---|---|---|---|---|
| 关注评论 | orvc1 | 负面评论 | 5.49 | 1.341 | −0.967 | 0.906 |
| | orvc2 | 追加评论 | 5.36 | 1.418 | −0.867 | 0.539 |
| | orvc3 | 带图评论 | 5.70 | 1.275 | −1.107 | 1.373 |
| | orvc4 | 内容详细 | 5.37 | 1.358 | −0.793 | 0.492 |
| 追加评论 | orpc1 | 满意追评 | 4.30 | 1.724 | −0.206 | −0.750 |
| | orpc2 | 不满意追评 | 4.92 | 1.676 | −0.615 | −0.352 |

首先，关注评论维度题项的平均得分要高于追加评论维度题项的平均得分，表明消费者对在线评论的关注度要比发布追加评论行为的关注度高。分析其原因，消费者在购物过程中可以直接浏览到关注评论题项所涉及的评论类型，其效用已得到广大消费者的认可。追加评论则需要消费者在购物使用后再次发布评论，在快节奏生活的今天，发布初次评论的消费者正在逐渐减少，可想而知发布追加评论也就更不容易引起消费者的关注。另外，带图评论的得分要高于其余三项，表明带图片的在线评论得到了广大消费者的青睐，是消费者网上购物过程中比较看重的一个因素。

其次，追加评论维度题项的标准差要高于关注评论维度。表明不同的消费者对追加评论行为的认知存在较大的差异，而在关注评论这个维度上的认知差异较小。其原因可能是在电子商务中，大部分消费者对评论关注的类型已逐渐趋同，而对发布追加评论这一行为的认知尚不一致。追加评论可能由于其受众面小，存在着极端现象。

最后，观察追加评论这一维度的两个题项数据可知，不满意追评要比满意追评的平均得分高，即在购物不满意的时候发布追加评论要比在购物满意的时候发布追加评论行为的人数要多。可以看出，消费者在购物不满意时引起的抱怨情绪要比在购物满意时候的情绪更强烈。购物满意被认为是消费者的正常购物体验，会产生没有不满意的情绪；而购物不满意被看作是一次“不正常”现象，会产生没有满意的情绪。联系美国心理学家 Herzberg（2003）提出的双因素理论（two factor theory），商家应确保保健因素的实现，而对于激励因素，商家应在尽量满足消费者需要的基础上，制造惊喜感，即商家应多花精力在容易导致消费者购物不满意的因素上，确保消费者购物的基本需要可以满足；而在一些保健因素上，商家应维持正常，避免消费者所抱怨。在富有余力的情况下，商家也可以给消费者制造点惊喜感，如通过送小礼物、给予精美的包装等来提高消费者满意度。

### 5.4.2　在线评论行为量表信度分析

关注评论量表的信度分析见表 5.9，从中可以看出，关注评论量表中克龙巴赫系数为 0.831＞0.7，说明关注评论量表内部一致性很高，量表信度良好。

**表 5.9　关注评论量表的信度分析**

| 编码 | 简称 | 删除该项后的克龙巴赫系数 | 克龙巴赫系数 |
|---|---|---|---|
| orvc1 | 负面评论 | 0.783 | 0.831 |
| orvc2 | 追加评论 | 0.777 | |
| orvc3 | 带图评论 | 0.780 | |
| orvc4 | 内容详细 | 0.808 | |

追加评论量表的信度分析见表 5.10，从中可知，该量表克龙巴赫系数为 0.631，已接近 0.7，说明追加评论量表内部一致性尚可，量表信度可以通过检验。

**表 5.10　追加评论量表的信度分析**

| 编码 | 简称 | 克龙巴赫系数 |
|---|---|---|
| orpc1 | 满意追评 | 0.631 |
| orpc2 | 不满意追评 | |

### 5.4.3　在线评论行为量表效度分析

采用因子分析来检验量表的结构效度，并在因子分析前进行了 KMO 检验和 Bartlett 球形检验，以确保因子分析的合适性。

KMO 检验和 Bartlett 球形检验分析结果中，关注评论和追加评论量表的显著性均为 0.000，KMO 值分别为 0.805 和 0.500，可进行因子分析。

采用主成分分析法对关注评论量表进行因子分析，采取由 SPSS 软件根据数据特征自行提取原则，分析结果见表 5.11，结果显示负面评论、追加评论、带图评论、内容详细四个题项提取了一个共同因子，各题项在该共同因子上的负荷均大于 0.7，总方差解释率为 66.538%，超过 60%，说明量表效度良好。

**表 5.11　关注评论因子分析**

| 编码 | 简称 | 因子负荷 | 总方差解释率 |
|---|---|---|---|
| orvc1 | 负面评论 | 0.822 | 66.538% |
| orvc2 | 追加评论 | 0.832 | |
| orvc3 | 带图评论 | 0.828 | |
| orvc4 | 内容详细 | 0.780 | |

采用主成分分析法对追加评论量表进行因子分析，结果见表 5.12，满意追评和不满意追评提取了一个共同因子，两个题项在共同因子上的负荷均达到 0.799，总方差解释率为 63.833%，超过 60%，表明量表的效度良好。

**表 5.12　追加评论因子分析**

| 编码 | 简称 | 因子负荷 | 总方差解释率 |
|---|---|---|---|
| orpc1 | 满意追评 | 0.799 | 63.833% |
| orpc2 | 不满意追评 | 0.799 | |

## 5.5　基于人口统计学特征的消费者在线评论行为差异性分析

本节利用 SPSS 24.0 统计软件，运用单因素方差分析检验消费者在线评论认知行为在各人口统计学特征上的差异性及显著性，具体从性别、学历、年龄、职业、收入水平、婚姻状况和家庭类型角度进行分析。

### 5.5.1　不同性别消费者在线评论行为差异性分析

采用单因素方差分析对不同性别的消费者进行在线评论行为涉及相关题项的均值进行比较检验，结果见表 5.13。

**表 5.13　不同性别消费者在线评论行为差异性分析**

| 量表 | 编码 | 简称 | 样本量 | 性别 | 平均值 | 标准差 | 标准误差 | $F$ | $p$ |
|---|---|---|---|---|---|---|---|---|---|
| 关注评论 | orvc1 | 负面评论 | 563 | 男 | 5.32 | 1.409 | 0.059 | 13.848 | 0.000*** |
| | | | 896 | 女 | 5.59 | 1.286 | 0.043 | | |
| | orvc2 | 追加评论 | 563 | 男 | 5.18 | 1.471 | 0.062 | 14.293 | 0.000*** |
| | | | 896 | 女 | 5.47 | 1.372 | 0.046 | | |

续表

| 量表 | 编码 | 简称 | 样本量 | 性别 | 平均值 | 标准差 | 标准误差 | $F$ | $p$ |
|---|---|---|---|---|---|---|---|---|---|
| 关注评论 | orvc3 | 带图评论 | 563 | 男 | 5.47 | 1.366 | 0.058 | 31.279 | 0.000*** |
| | | | 896 | 女 | 5.84 | 1.192 | 0.040 | | |
| | orvc4 | 内容详细 | 563 | 男 | 5.29 | 1.397 | 0.059 | 2.955 | 0.086* |
| | | | 896 | 女 | 5.42 | 1.331 | 0.044 | | |
| 追加评论 | orpc1 | 满意追评 | 563 | 男 | 4.30 | 1.720 | 0.072 | 0.301 | 0.941 |
| | | | 896 | 女 | 4.30 | 1.727 | 0.058 | | |
| | orpc2 | 不满意追评 | 563 | 男 | 4.95 | 1.636 | 0.069 | 0.263 | 0.608 |
| | | | 896 | 女 | 4.90 | 1.701 | 0.057 | | |

*表示 $p<0.1$，***表示 $p<0.01$

不同性别的消费者对在线评论的关注方面存在显著差异。女性在关注评论各维度的平均值均大于男性，标准差均小于男性，体现了女性对在线评论的关注程度显著高于男性。相对男性来说，女性比较细心，观察事物比较细致，考虑问题比较全面。这种性别上的差异在前三个题项上显著性要高于第四个题项，即性别对负面评论、追加评论、带图评论的关注度的影响高于内容详细的评论关注度的影响。对于商家而言，售卖女性商品的商家应该比售卖男性商品的商家较多地实施激励措施来鼓励消费者购买商品后发布评论，尤其是追加评论、带图评论。而且，要注重负面评论的影响，通过不断提高商品信誉度和顾客购物满意度来减少负面评论的发布。

在追加评论方面，不同性别的消费者之间均没有显著差异。女性和男性在满意追评、不满意追评两个题项的平均值得分均无较大差异。这与性别对关注评论方面存在显著差异的结论形成鲜明的对比，是一个有趣而值得进一步研究的问题。另外，从标准差的角度看，追加评论行为题项的标准差大于关注评论题项的标准差。这说明，不同消费者关注评论的差异与性别有关，而追加评论的差异与性别无关。

### 5.5.2　不同学历消费者在线评论行为差异性分析

采用单因素方差分析对不同学历的消费者进行在线评论行为的差异性分析，结果见表 5.14。

**表 5.14　不同学历消费者在线评论行为差异性分析**

| 量表 | 编码 | 简称 | 学历 | 样本量 | 平均值 | 标准差 | 标准误差 | $F$ | $p$ |
|---|---|---|---|---|---|---|---|---|---|
| 关注评论 | orvc1 | 负面评论 | 大学以下 | 47 | 5.36 | 1.787 | 0.261 | 3.514 | 0.030** |
| | | | 大学 | 695 | 5.40 | 1.324 | 0.050 | | |
| | | | 研究生 | 717 | 5.58 | 1.318 | 0.049 | | |
| | orvc2 | 追加评论 | 大学以下 | 47 | 5.11 | 1.784 | 0.260 | 1.711 | 0.181 |
| | | | 大学 | 695 | 5.32 | 1.372 | 0.052 | | |
| | | | 研究生 | 717 | 5.42 | 1.433 | 0.054 | | |
| | orvc3 | 带图评论 | 大学以下 | 47 | 5.26 | 1.882 | 0.275 | 8.412 | 0.000*** |
| | | | 大学 | 695 | 5.60 | 1.280 | 0.049 | | |
| | | | 研究生 | 717 | 5.82 | 1.207 | 0.045 | | |
| | orvc4 | 内容详细 | 大学以下 | 47 | 5.57 | 1.584 | 0.231 | 3.662 | 0.026** |
| | | | 大学 | 695 | 5.27 | 1.363 | 0.052 | | |
| | | | 研究生 | 717 | 5.45 | 1.332 | 0.050 | | |
| 追加评论 | orpc1 | 满意追评 | 大学以下 | 47 | 5.13 | 1.813 | 0.264 | 15.070 | 0.000*** |
| | | | 大学 | 695 | 4.47 | 1.679 | 0.064 | | |
| | | | 研究生 | 717 | 4.08 | 1.727 | 0.064 | | |
| | orpc2 | 不满意追评 | 大学以下 | 47 | 4.60 | 1.790 | 0.261 | 2.223 | 0.109 |
| | | | 大学 | 695 | 5.01 | 1.618 | 0.061 | | |
| | | | 研究生 | 717 | 4.86 | 1.720 | 0.064 | | |

**表示 $p<0.05$，***表示 $p<0.01$

首先，不同学历的消费者对在线评论的关注方面基本上存在显著差异，即大学以下、大学和研究生三种不同学历的消费者，对在线评论各关注方面的关注度不同。学历越高的消费者，负面评论、追加评论、带图评论的平均值越高，即消费者学历越高，对在线评论类型的关注度也越高。其中，在负面评论和带图评论方面，差异显著。分析其原因，学历水平越高看待事物的角度可能更全面，为更加了解商品的性能，在网上购物的过程中，高学历消费者会根据该商品的历史评价进行决策，因此对在线评论的关注度也就越强。另外，带图评论题项平均值得分最高，由此可看出带图评论的重要性已被不同学历的消费者所认可，带图评论在消费者网上购物过程中对购物的决策起到了重要作用。

其次，对于追加评论这一维度，不同学历消费者对满意追加存在显著差异。体现在当消费者获得不满意购物体验时，大多会去发布追加评论以表示自己的不满；而当消费者获得满意购物体验或并无不满时，不同学历消费者发布追加评论的程度有所差异。结合平均值来看，不满意追评题项的得分要高于满意追评题项的得分，表明在购物不满意时，消费者更容易发布追加评论，与学历因素无关。

最后，从标准差方面看，大学以下学历类型消费者的标准差要高于其他学历人群的消费者，表明此类型的消费者关于在线评论的认知行为存在着较大的差异。其原因可能是“大学以下”这个选项覆盖的消费者接触电子商务的经历较少，对于在线评论的认知存在着偏差，造成了差异较大的情况。

### 5.5.3　不同年龄消费者在线评论行为差异性分析

采用单因素方差分析对不同年龄段的消费者进行均值比较检验，结果见表 5.15。总体来看，不同年龄的消费者对在线评论的关注和追加评论的发布方面基本存在一定的显著差异。

**表 5.15　不同年龄消费者在线评论行为差异性分析**

| 量表 | 编码 | 简称 | 年龄 | 样本量 | 平均值 | 标准差 | 标准误差 | $F$ | $p$ |
|---|---|---|---|---|---|---|---|---|---|
| 关注评论 | orvc1 | 负面评论 | 18 岁以下 | 5 | 5.20 | 1.789 | 0.800 | 5.067 | 0.000*** |
| | | | 18～25 岁 | 630 | 5.47 | 1.275 | 0.051 | | |
| | | | 26～35 岁 | 445 | 5.65 | 1.326 | 0.063 | | |
| | | | 36～45 岁 | 218 | 5.46 | 1.310 | 0.089 | | |
| | | | 46～60 岁 | 152 | 5.09 | 1.592 | 0.129 | | |
| | | | 60 岁以上 | 9 | 6.44 | 0.726 | 0.242 | | |
| | orvc2 | 追加评论 | 18 岁以下 | 5 | 4.00 | 0.000 | 0.000 | 2.975 | 0.011** |
| | | | 18～25 岁 | 630 | 5.34 | 1.374 | 0.055 | | |
| | | | 26～35 岁 | 445 | 5.50 | 1.437 | 0.068 | | |
| | | | 36～45 岁 | 218 | 5.36 | 1.418 | 0.096 | | |
| | | | 46～60 岁 | 152 | 5.09 | 1.478 | 0.120 | | |
| | | | 60 岁以上 | 9 | 5.44 | 1.944 | 0.648 | | |
| | orvc3 | 带图评论 | 18 岁以下 | 5 | 5.00 | 1.414 | 0.632 | 16.470 | 0.000*** |
| | | | 18～25 岁 | 630 | 5.77 | 1.202 | 0.048 | | |
| | | | 26～35 岁 | 445 | 5.96 | 1.171 | 0.056 | | |
| | | | 36～45 岁 | 218 | 5.46 | 1.285 | 0.087 | | |
| | | | 46～60 岁 | 152 | 4.98 | 1.520 | 0.123 | | |
| | | | 60 岁以上 | 9 | 6.11 | 1.054 | 0.351 | | |

续表

| 量表 | 编码 | 简称 | 年龄 | 样本量 | 平均值 | 标准差 | 标准误差 | $F$ | $p$ |
|---|---|---|---|---|---|---|---|---|---|
| 关注评论 | orvc4 | 内容详细 | 18 岁以下 | 5 | 5.40 | 1.517 | 0.678 | 1.809 | 0.108 |
| | | | 18～25 岁 | 630 | 5.34 | 1.321 | 0.053 | | |
| | | | 26～35 岁 | 445 | 5.45 | 1.344 | 0.064 | | |
| | | | 36～45 岁 | 218 | 5.40 | 1.345 | 0.091 | | |
| | | | 46～60 岁 | 152 | 5.16 | 1.549 | 0.126 | | |
| | | | 60 岁以上 | 9 | 6.22 | 0.972 | 0.324 | | |
| 追加评论 | orpc1 | 满意追评 | 18 岁以下 | 5 | 3.40 | 1.517 | 0.678 | 3.244 | 0.006*** |
| | | | 18～25 岁 | 630 | 4.20 | 1.684 | 0.067 | | |
| | | | 26～35 岁 | 445 | 4.22 | 1.793 | 0.085 | | |
| | | | 36～45 岁 | 218 | 4.56 | 1.640 | 0.111 | | |
| | | | 46～60 岁 | 152 | 4.54 | 1.737 | 0.141 | | |
| | | | 60 岁以上 | 9 | 5.44 | 1.740 | 0.580 | | |
| | orpc2 | 不满意追评 | 18 岁以下 | 5 | 5.00 | 1.871 | 0.837 | 0.671 | 0.645 |
| | | | 18～25 岁 | 630 | 4.92 | 1.681 | 0.067 | | |
| | | | 26～35 岁 | 445 | 4.98 | 1.696 | 0.080 | | |
| | | | 36～45 岁 | 218 | 4.97 | 1.667 | 0.113 | | |
| | | | 46～60 岁 | 152 | 4.70 | 1.606 | 0.130 | | |
| | | | 60 岁以上 | 9 | 5.11 | 1.764 | 0.588 | | |

**表示 $p<0.05$，***表示 $p<0.01$

不同年龄的消费者对在线评论的关注方面除了内容详细外都存在显著差异。在负面评论、追加评论和带图评论三个方面，排除 60 岁以上年龄段的消费者，平均值的分布大致呈现正态性，且最高分集中在 26～35 岁这个年龄段。该年龄段的标准差分数较低，答题选项较集中。表明这个年龄段的消费者在网上购物时对在线评论的关注度最高，具体来看关注度最高的是带图评论，其次是负面评论和追加评论。另外，对于 60 岁以上的样本，共收回问卷 9 份，其特征不具代表性，在此不做分析。

对于追加评论这一维度，在满意追评和不满意追评两个题项上，60 岁以上消费者的得分平均值均高于其他年龄段消费者的得分平均值，在这里不对该现象做具体分析。由表 5.15 可知，18 岁以下的消费者、18～35 岁的消费者和 36～60 岁的消费者，在满意追评题项得分上，其平均值存在明显差异。从平均值的角度看，不同年龄段的消费者在购物满意的情况下，其产生满意追评的行为存在不同。然而在不满意追评题项上却不存在显著差异，即不同年龄段的消费者在购物不满意的情况下，由平均值可以反映出其产生不满意追评的行为的原因相似，与年龄无关。这与学历因素对消费者评论关注影响的结论大致相同。

### 5.5.4　不同职业消费者在线评论行为差异性分析

采用单因素方差分析对不同职业的消费者进行均值比较检验，结果见表 5.16。

表 5.16　不同职业消费者在线评论行为差异性分析

| 量表 | 题项 | 简称 | 职业 | 样本量 | 平均值 | 标准差 | 标准误差 | $F$ | $p$ |
|---|---|---|---|---|---|---|---|---|---|
| 关注评论 | orvc1 | 负面评论 | 管理人员 | 219 | 5.42 | 1.374 | 0.093 | 0.885 | 0.517 |
| | | | 专业人员 | 311 | 5.47 | 1.432 | 0.081 | | |
| | | | 办事人员 | 58 | 5.76 | 0.997 | 0.131 | | |
| | | | 服务人员 | 132 | 5.55 | 1.238 | 0.108 | | |
| | | | 生产人员 | 4 | 6.25 | 0.957 | 0.479 | | |
| | | | 操作人员 | 22 | 5.14 | 1.726 | 0.368 | | |
| | | | 学生 | 534 | 5.47 | 1.271 | 0.055 | | |
| | | | 其他 | 179 | 5.53 | 1.458 | 0.109 | | |
| | orvc2 | 追加评论 | 管理人员 | 219 | 5.32 | 1.437 | 0.097 | 0.620 | 0.740 |
| | | | 专业人员 | 311 | 5.36 | 1.494 | 0.085 | | |
| | | | 办事人员 | 58 | 5.67 | 1.176 | 0.154 | | |
| | | | 服务人员 | 132 | 5.35 | 1.370 | 0.119 | | |
| | | | 生产人员 | 4 | 5.75 | 0.957 | 0.479 | | |
| | | | 操作人员 | 22 | 5.32 | 1.427 | 0.304 | | |
| | | | 学生 | 534 | 5.31 | 1.410 | 0.061 | | |
| | | | 其他 | 179 | 5.44 | 1.402 | 0.105 | | |
| | orvc3 | 带图评论 | 管理人员 | 219 | 5.57 | 1.330 | 0.090 | 2.190 | 0.033* |
| | | | 专业人员 | 311 | 5.65 | 1.321 | 0.075 | | |
| | | | 办事人员 | 58 | 5.98 | 1.000 | 0.131 | | |
| | | | 服务人员 | 132 | 5.76 | 1.106 | 0.096 | | |
| | | | 生产人员 | 4 | 6.75 | 0.500 | 0.250 | | |
| | | | 操作人员 | 22 | 5.09 | 1.743 | 0.372 | | |
| | | | 学生 | 534 | 5.76 | 1.238 | 0.054 | | |
| | | | 其他 | 179 | 5.66 | 1.341 | 0.100 | | |

续表

| 量表 | 题项 | 简称 | 职业 | 样本量 | 平均值 | 标准差 | 标准误差 | $F$ | $p$ |
|---|---|---|---|---|---|---|---|---|---|
| 关注评论 | orvc4 | 内容详细 | 管理人员 | 219 | 5.26 | 1.358 | 0.092 | 2.178 | 0.034* |
| | | | 专业人员 | 311 | 5.45 | 1.374 | 0.078 | | |
| | | | 办事人员 | 58 | 5.69 | 1.030 | 0.135 | | |
| | | | 服务人员 | 132 | 5.29 | 1.287 | 0.112 | | |
| | | | 生产人员 | 4 | 7.00 | 0.000 | 0.000 | | |
| | | | 操作人员 | 22 | 4.86 | 1.521 | 0.324 | | |
| | | | 学生 | 534 | 5.36 | 1.350 | 0.058 | | |
| | | | 其他 | 179 | 5.37 | 1.453 | 0.109 | | |
| 追加评论 | orpc1 | 满意追评 | 管理人员 | 219 | 4.35 | 1.774 | 0.120 | 2.188 | 0.033** |
| | | | 专业人员 | 311 | 4.35 | 1.760 | 0.100 | | |
| | | | 办事人员 | 58 | 4.31 | 1.866 | 0.245 | | |
| | | | 服务人员 | 132 | 4.39 | 1.670 | 0.145 | | |
| | | | 生产人员 | 4 | 5.25 | 2.062 | 1.031 | | |
| | | | 操作人员 | 22 | 4.09 | 2.022 | 0.431 | | |
| | | | 学生 | 534 | 4.12 | 1.665 | 0.072 | | |
| | | | 其他 | 179 | 4.64 | 1.675 | 0.125 | | |
| | orpc2 | 不满意追评 | 管理人员 | 219 | 4.93 | 1.664 | 0.112 | 0.640 | 0.723 |
| | | | 专业人员 | 311 | 5.01 | 1.690 | 0.096 | | |
| | | | 办事人员 | 58 | 4.59 | 1.911 | 0.251 | | |
| | | | 服务人员 | 132 | 4.85 | 1.627 | 0.142 | | |
| | | | 生产人员 | 4 | 5.00 | 1.414 | 0.707 | | |
| | | | 操作人员 | 22 | 5.18 | 1.622 | 0.346 | | |
| | | | 学生 | 534 | 4.89 | 1.666 | 0.072 | | |
| | | | 其他 | 179 | 4.99 | 1.673 | 0.125 | | |

*表示 $p<0.1$，**表示 $p<0.05$

在关注评论方面，不同职业的消费者仅对在线评论中带图评论和内容详细的关注上存在显著性差异。从调查对象来看，生产人员和操作人员的问卷数量分别只有 4 份和 22 份，其样本量太少，不具代表性，不在此进行分析。排除这两个选项后，办事人员的得分最高，而管理人员的得分大多最低。观察标准差这一列，办事人员的标准差最低，答题选择范围很集中，大都选择了同意或非常同意这两选项。分析其原因，可能是在日常的网上购物过程中，管理人员的时间相对较少，没有那么多时间去仔细看商品的评论；而办事人员属于工薪阶层，时间比较宽裕，相对来说在网上购物过程中会对商品在线评论各维度的关注度要高些。

对于追加评论维度，在满意追评题项上存在显著性差异，不同职业的消费者产生满意追评的行为明显不同；而在不满意追评题项上不存在显著性差异。

### 5.5.5　不同收入水平消费者在线评论行为差异性分析

采用单因素方差分析对不同收入水平的消费者进行均值比较检验，结果见表 5.17，不同收入水平的消费者对在线评论的认知行为均不存在显著差异。

**表 5.17　不同收入水平消费者在线评论行为差异性分析**

| 量表 | 题项 | 简称 | 收入水平 | 样本量 | 平均值 | 标准差 | 标准误差 | $F$ | $p$ |
|---|---|---|---|---|---|---|---|---|---|
| 关注评论 | orvc1 | 负面评论 | 无收入 | 399 | 5.40 | 1.290 | 0.065 | 1.580 | 0.149 |
| | | | 0～2 000（含）元 | 125 | 5.59 | 1.290 | 0.115 | | |
| | | | 2 000～4 000（含）元 | 176 | 5.45 | 1.522 | 0.115 | | |
| | | | 4 000～8 000（含）元 | 419 | 5.42 | 1.338 | 0.065 | | |
| | | | 8 000～15 000（含）元 | 225 | 5.65 | 1.358 | 0.091 | | |
| | | | 15 000～30 000（含）元 | 91 | 5.70 | 1.100 | 0.115 | | |
| | | | 30 000 元以上 | 24 | 5.42 | 1.613 | 0.329 | | |
| | orvc2 | 追加评论 | 无收入 | 399 | 5.28 | 1.361 | 0.068 | 1.099 | 0.361 |
| | | | 0～2 000（含）元 | 125 | 5.54 | 1.489 | 0.133 | | |
| | | | 2 000～4 000（含）元 | 176 | 5.26 | 1.578 | 0.119 | | |
| | | | 4 000～8 000（含）元 | 419 | 5.35 | 1.377 | 0.067 | | |
| | | | 8 000～15 000（含）元 | 225 | 5.50 | 1.383 | 0.092 | | |
| | | | 15 000～30 000（含）元 | 91 | 5.41 | 1.414 | 0.148 | | |
| | | | 30 000 元以上 | 24 | 5.21 | 1.719 | 0.351 | | |
| | orvc3 | 带图评论 | 无收入 | 399 | 5.70 | 1.239 | 0.062 | 0.645 | 0.694 |
| | | | 0～2 000（含）元 | 125 | 5.85 | 1.314 | 0.118 | | |
| | | | 2 000～4 000（含）元 | 176 | 5.58 | 1.416 | 0.107 | | |
| | | | 4 000～8 000（含）元 | 419 | 5.67 | 1.255 | 0.061 | | |
| | | | 8 000～15 000（含）元 | 225 | 5.72 | 1.253 | 0.084 | | |
| | | | 15 000～30 000（含）元 | 91 | 5.78 | 1.218 | 0.128 | | |
| | | | 30 000 元以上 | 24 | 5.71 | 1.367 | 0.279 | | |

续表

| 量表 | 题项 | 简称 | 收入水平 | 样本量 | 平均值 | 标准差 | 标准误差 | *F* | *p* |
|---|---|---|---|---|---|---|---|---|---|
| 关注评论 | orvc4 | 内容详细 | 无收入 | 399 | 5.32 | 1.361 | 0.068 | 1.374 | 0.222 |
| | | | 0～2 000（含）元 | 125 | 5.46 | 1.311 | 0.117 | | |
| | | | 2 000～4 000（含）元 | 176 | 5.17 | 1.475 | 0.111 | | |
| | | | 4 000～8 000（含）元 | 419 | 5.36 | 1.304 | 0.064 | | |
| | | | 8 000～15 000（含）元 | 225 | 5.49 | 1.333 | 0.089 | | |
| | | | 15 000～30 000（含）元 | 91 | 5.54 | 1.424 | 0.149 | | |
| | | | 30 000 元以上 | 24 | 5.50 | 1.474 | 0.301 | | |
| 追加评论 | orpc1 | 满意追评 | 无收入 | 399 | 4.20 | 1.656 | 0.083 | 1.144 | 0.334 |
| | | | 0～2 000（含）元 | 125 | 4.25 | 1.754 | 0.157 | | |
| | | | 2 000～4 000（含）元 | 176 | 4.56 | 1.785 | 0.135 | | |
| | | | 4 000～8 000（含）元 | 419 | 4.37 | 1.759 | 0.086 | | |
| | | | 8 000～15 000（含）元 | 225 | 4.26 | 1.692 | 0.113 | | |
| | | | 15 000～30 000（含）元 | 91 | 4.19 | 1.686 | 0.177 | | |
| | | | 30 000 元以上 | 24 | 4.17 | 1.993 | 0.407 | | |
| | orpc2 | 不满意追评 | 无收入 | 399 | 4.92 | 1.641 | 0.082 | 0.887 | 0.504 |
| | | | 0～2 000（含）元 | 125 | 4.94 | 1.722 | 0.154 | | |
| | | | 2 000～4 000（含）元 | 176 | 4.86 | 1.708 | 0.129 | | |
| | | | 4 000～8 000（含）元 | 419 | 4.82 | 1.701 | 0.083 | | |
| | | | 8 000～15 000（含）元 | 225 | 5.04 | 1.673 | 0.112 | | |
| | | | 15 000～30 000（含）元 | 91 | 5.10 | 1.660 | 0.174 | | |
| | | | 30 000 元以上 | 24 | 5.33 | 1.404 | 0.287 | | |

### 5.5.6　不同婚姻状况消费者在线评论行为差异性分析

采用单因素方差分析对不同婚姻状况的消费者进行均值比较检验，结果见表 5.18，不同婚姻状况的消费者对在线评论的认知行为差异较大，其中离异样本数相对过小，故只针对未婚和已婚的样本结果进行比较分析。

**表 5.18　不同婚姻状况消费者在线评论行为差异性分析**

| 量表 | 题项 | 简称 | 婚姻状况 | 样本量 | 平均值 | 标准差 | 标准误差 | $F$ | $p$ |
|---|---|---|---|---|---|---|---|---|---|
| 关注评论 | orvc1 | 负面评论 | 未婚 | 875 | 5.48 | 1.301 | 0.044 | 0.083 | 0.920 |
| | | | 已婚 | 574 | 5.50 | 1.402 | 0.058 | | |
| | | | 离异 | 10 | 5.60 | 1.265 | 0.400 | | |
| | orvc2 | 追加评论 | 未婚 | 875 | 5.33 | 1.393 | 0.047 | 0.479 | 0.619 |
| | | | 已婚 | 574 | 5.40 | 1.450 | 0.061 | | |
| | | | 离异 | 10 | 5.30 | 1.767 | 0.559 | | |
| | orvc3 | 带图评论 | 未婚 | 875 | 5.81 | 1.208 | 0.041 | 8.207 | $0.000^{***}$ |
| | | | 已婚 | 574 | 5.53 | 1.357 | 0.057 | | |
| | | | 离异 | 10 | 5.80 | 1.135 | 0.359 | | |
| | orvc4 | 内容详细 | 未婚 | 875 | 5.34 | 1.349 | 0.046 | 1.282 | 0.278 |
| | | | 已婚 | 574 | 5.41 | 1.375 | 0.057 | | |
| | | | 离异 | 10 | 5.90 | 1.101 | 0.348 | | |
| 追加评论 | orpc1 | 满意追评 | 未婚 | 875 | 4.15 | 1.706 | 0.058 | 9.898 | $0.000^{***}$ |
| | | | 已婚 | 574 | 4.54 | 1.724 | 0.072 | | |
| | | | 离异 | 10 | 3.60 | 1.776 | 0.562 | | |
| | orpc2 | 不满意追评 | 未婚 | 875 | 4.92 | 1.691 | 0.057 | 1.589 | 0.204 |
| | | | 已婚 | 574 | 4.95 | 1.649 | 0.069 | | |
| | | | 离异 | 10 | 4.00 | 1.826 | 0.577 | | |

***表示 $p<0.01$

在关注评论维度，不同婚姻状况的消费者在带图评论认知方面存在显著差异，其中未婚群体消费者的平均分最高、标准差最小，答题选项很集中，表明其对带图片的评论关注度高，而已婚群体消费者对带图片的评论关注度较低。不同婚姻状况的消费者在负面评论、追加评论、内容详细等题项上的差异不显著。

在追加评论维度，不同婚姻状况的消费者在满意追评方面存在显著差异，而在不满意追评题项上差异不显著。从标准差的角度看，相较关注评论维度，追加评论维度的分数更高，显示出答题选项差异较大。

### 5.5.7　不同家庭类型消费者在线评论行为差异性分析

采用单因素方差分析对不同家庭类型的消费者进行均值比较检验，结果见表 5.19。

**表 5.19　不同家庭类型消费者在线评论行为差异性分析**

| 量表 | 题项 | 简称 | 家庭类型 | 样本量 | 平均值 | 标准差 | 标准误差 | $F$ | $p$ |
|---|---|---|---|---|---|---|---|---|---|
| 关注评论 | orvc1 | 负面评论 | 独居 | 604 | 5.53 | 1.255 | 0.051 | 1.257 | 0.280 |
| | | | 二人 | 114 | 5.66 | 1.211 | 0.113 | | |
| | | | 三口之家 | 330 | 5.46 | 1.442 | 0.079 | | |
| | | | 四口及以上家庭 | 164 | 5.37 | 1.523 | 0.119 | | |
| | | | 与老人同住 | 152 | 5.49 | 1.342 | 0.109 | | |
| | | | 其他 | 95 | 5.27 | 1.300 | 0.133 | | |
| | orvc2 | 追加评论 | 独居 | 604 | 5.35 | 1.368 | 0.056 | 1.069 | 0.376 |
| | | | 二人 | 114 | 5.51 | 1.422 | 0.133 | | |
| | | | 三口之家 | 330 | 5.35 | 1.493 | 0.082 | | |
| | | | 四口及以上家庭 | 164 | 5.28 | 1.509 | 0.118 | | |
| | | | 与老人同住 | 152 | 5.51 | 1.302 | 0.106 | | |
| | | | 其他 | 95 | 5.17 | 1.463 | 0.150 | | |
| | orvc3 | 带图评论 | 独居 | 604 | 5.85 | 1.189 | 0.048 | 5.606 | 0.000*** |
| | | | 二人 | 114 | 5.89 | 1.185 | 0.111 | | |
| | | | 三口之家 | 330 | 5.47 | 1.366 | 0.075 | | |
| | | | 四口及以上家庭 | 164 | 5.48 | 1.425 | 0.111 | | |
| | | | 与老人同住 | 152 | 5.74 | 1.193 | 0.097 | | |
| | | | 其他 | 95 | 5.59 | 1.276 | 0.131 | | |
| | orvc4 | 内容详细 | 独居 | 604 | 5.38 | 1.317 | 0.054 | 0.930 | 0.460 |
| | | | 二人 | 114 | 5.53 | 1.264 | 0.118 | | |
| | | | 三口之家 | 330 | 5.36 | 1.446 | 0.080 | | |
| | | | 四口及以上家庭 | 164 | 5.38 | 1.398 | 0.109 | | |
| | | | 与老人同住 | 152 | 5.38 | 1.352 | 0.110 | | |
| | | | 其他 | 95 | 5.13 | 1.347 | 0.138 | | |
| 追加评论 | orpc1 | 满意追评 | 独居 | 604 | 4.04 | 1.718 | 0.070 | 6.386 | 0.000*** |
| | | | 二人 | 114 | 4.56 | 1.735 | 0.162 | | |
| | | | 三口之家 | 330 | 4.48 | 1.771 | 0.098 | | |
| | | | 四口及以上家庭 | 164 | 4.74 | 1.554 | 0.121 | | |
| | | | 与老人同住 | 152 | 4.39 | 1.703 | 0.138 | | |
| | | | 其他 | 95 | 4.17 | 1.648 | 0.169 | | |
| | orpc2 | 不满意追评 | 独居 | 604 | 4.85 | 1.730 | 0.070 | 2.616 | 0.023** |
| | | | 二人 | 114 | 5.43 | 1.487 | 0.139 | | |
| | | | 三口之家 | 330 | 4.82 | 1.754 | 0.097 | | |
| | | | 四口及以上家庭 | 164 | 4.98 | 1.492 | 0.117 | | |
| | | | 与老人同住 | 152 | 4.97 | 1.578 | 0.128 | | |
| | | | 其他 | 95 | 4.91 | 1.638 | 0.168 | | |

**表示 $p<0.05$，***表示 $p<0.01$

从在线评论的关注上，不同家庭类型的消费者仅在带图评论的关注上差异显著。另外，带图评论题项平均值得分最高，再次验证了带图片的评论得到了广大消费者的青睐。其中独居和二人家庭类型的消费者，对带图片评论的关注度较高，结合独自居住和二人世界消费者的特点不难理解，这部分消费者大部分为年轻人，他们追求快节奏的生活，网购追求简单高效，因此带图评论更受到他们的关注。

从在线评论的追加上，不同家庭类型的消费者存在显著差异，独居消费者在满意追评题项得分的平均值要低于其他家庭类型的消费者。分析其原因，选择独居的消费者大都是学生或者刚毕业不久只身一人在外生活的年轻人，这部分消费者迫于生活上的压力，对生活质量暂时并没有很高的追求，所以在网上购物过程中，要求也不是很高，因此对一些不满意因素可能就会选择沉默。

## 5.6　消费价值观对消费者在线评论行为的影响分析

本节首先沿用 3.6 节针对消费者功利主义和享乐主义消费价值倾向的程度进行的等级划分，比较不同倾向的消费价值观带来的在线评论行为的差异性，并进一步利用结构方程模型分析消费价值观对在线评论行为的影响。

### 5.6.1　基于消费者价值观的消费者在线评论行为差异性分析

采用单因素方差分析对不同消费价值观倾向等级的消费者进行在线评论行为方面的均值比较检验。

1. 不同功利主义等级消费者在线评论行为差异性分析

不同功利主义等级的消费者在关注评论和追加评论两个方面均存在显著差异，结果见表 5.20。

**表 5.20　不同功利主义等级消费者在线评论行为差异性分析**

| 量表 | 题项 | 简称 | 等级 | 样本量 | 平均值 | 标准差 | 标准误差 | $F$ | $p$ |
|---|---|---|---|---|---|---|---|---|---|
| 关注评论 | orvc1 | 负面评论 | 1 | 15 | 5.07 | 2.344 | 0.605 | 27.190 | 0.000*** |
| | | | 2 | 364 | 5.06 | 1.319 | 0.069 | | |
| | | | 3 | 1080 | 5.64 | 1.298 | 0.039 | | |
| | orvc2 | 追加评论 | 1 | 15 | 4.60 | 2.473 | 0.638 | 32.689 | 0.000*** |
| | | | 2 | 364 | 4.88 | 1.336 | 0.070 | | |
| | | | 3 | 1080 | 5.53 | 1.385 | 0.042 | | |

续表

| 量表 | 题项 | 简称 | 等级 | 样本量 | 平均值 | 标准差 | 标准误差 | $F$ | $p$ |
|---|---|---|---|---|---|---|---|---|---|
| 关注评论 | orvc3 | 带图评论 | 1 | 15 | 5.13 | 2.386 | 0.616 | 44.044 | 0.000*** |
| | | | 2 | 364 | 5.19 | 1.364 | 0.071 | | |
| | | | 3 | 1080 | 5.88 | 1.171 | 0.036 | | |
| | orvc4 | 内容详细 | 1 | 15 | 4.67 | 2.380 | 0.615 | 54.593 | 0.000*** |
| | | | 2 | 364 | 4.77 | 1.326 | 0.070 | | |
| | | | 3 | 1080 | 5.58 | 1.285 | 0.039 | | |
| 追加评论 | orpc1 | 满意追评 | 1 | 15 | 3.80 | 2.484 | 0.641 | 8.903 | 0.000*** |
| | | | 2 | 364 | 3.99 | 1.528 | 0.080 | | |
| | | | 3 | 1080 | 4.41 | 1.761 | 0.054 | | |
| | orpc2 | 不满意追评 | 1 | 15 | 4.80 | 2.242 | 0.579 | 9.094 | 0.000*** |
| | | | 2 | 364 | 4.60 | 1.510 | 0.079 | | |
| | | | 3 | 1080 | 5.03 | 1.708 | 0.052 | | |

***表示 $p<0.01$

消费者的功利等级与在线评论的关注程度呈现出同向趋势，功利等级越高，其在追加评论、带图评论、内容详细的平均值分数也越高，评论关注度越高。分析其原因，由于商品的在线评论包括商品性能和商品质量等一些实用信息，而功利主义等级越高的消费者在购物过程会越注重观察这些因素，因此也就不难理解为什么功利主义等级越高的消费者大多越关注商品的在线评论。进一步观察发现，在除了负面评论和不满意追评的其他维度中，功利主义等级越高，平均值越高，表明功利主义等级越高的消费者对这些方面的关注度也越高。观察标准差一列的数据可发现，功利等级为 1 的消费者，标准差最高，说明功利主义倾向越低的消费者对在线评论的关注越不具有一致性。

对商家而言，若所售商品属于实用性的商品，商家应投入更多的时间和精力等资源以提高商品质量，避免消费者因产生不好的购物体验而发布负面评论及不满意追评，从而减少对潜在顾客购买行为产生的消极影响。同时，商家应采取激励措施促使买家发布追加评论和带图评论；对于发布负面评论的顾客，应及时与其取得联系，并保持积极乐观的态度和顾客沟通，询问是对哪一方面的不满，最终找到合适的办法进行解决；为使功利主义消费者能够快速获取到其更加关注的评论内容，商家可以根据商品的特性提供相应的评论模板，使得商品评价向潜在消费者传递更多准确和高效的信息。

根据表 5.20 可以看出在追加评论维度，不同功利等级的消费者无论是对满意追评，还是不满意追评均存在显著差异。其中功利等级为 3 的消费者得分最高，表明对发布追加评论行为的关注度最高。分析其原因，功利主义等级越高的消费者，在网上购物过程中会越关注商品的实用性。在遇到购物不满意的情况时，这些消费者也会尽量去维护自己的权益，去发布追加评论，若结合投诉行为进一步研究，可以得出更全面的结论。

对于商家而言，一个满意追评对潜在消费者产生的积极影响要远大于一个满意评论，一个不满意追评对潜在消费者产生的消极影响要远大于任何一个不满意评论。促使消费者产生追加评论行为相对初次评论行为的难度会因消费价值观倾向不同而有差异。功利等级越高的消费者，越倾向发布满意追评。所以，对于销售实用性商品的商家而言，在关注商品的质量同时，针对功利主义消费者进行适当刺激，更利于激励追加评论的发布。

### 2. 不同享乐主义等级消费者在线评论行为差异性分析

与功利价值观的检验结果类似，不同享乐等级的消费者同样在关注和追加评论的两个维度上具有显著差异，见表 5.21。

**表 5.21　不同享乐主义等级消费者在线评论行为差异性分析**

| 量表 | 题项 | 简称 | 等级 | 样本量 | 平均值 | 标准差 | 标准误差 | $F$ | $p$ |
|---|---|---|---|---|---|---|---|---|---|
| 关注评论 | orvc1 | 负面评论 | 1 | 352 | 5.38 | 1.586 | 0.085 | 15.129 | 0.000*** |
| | | | 2 | 876 | 5.42 | 1.230 | 0.042 | | |
| | | | 3 | 231 | 5.93 | 1.254 | 0.083 | | |
| | orvc2 | 追加评论 | 1 | 352 | 5.28 | 1.654 | 0.088 | 10.052 | 0.000*** |
| | | | 2 | 876 | 5.29 | 1.292 | 0.044 | | |
| | | | 3 | 231 | 5.74 | 1.427 | 0.094 | | |
| | orvc3 | 带图评论 | 1 | 352 | 5.57 | 1.508 | 0.080 | 22.018 | 0.000*** |
| | | | 2 | 876 | 5.62 | 1.207 | 0.041 | | |
| | | | 3 | 231 | 6.20 | 0.993 | 0.065 | | |
| | orvc4 | 内容详细 | 1 | 352 | 5.26 | 1.589 | 0.085 | 22.624 | 0.000*** |
| | | | 2 | 876 | 5.27 | 1.251 | 0.042 | | |
| | | | 3 | 231 | 5.91 | 1.238 | 0.081 | | |
| 追加评论 | orpc1 | 满意追评 | 1 | 352 | 3.89 | 1.936 | 0.103 | 42.571 | 0.000*** |
| | | | 2 | 876 | 4.24 | 1.568 | 0.053 | | |
| | | | 3 | 231 | 5.18 | 1.649 | 0.109 | | |
| | orpc2 | 不满意追评 | 1 | 352 | 4.63 | 1.932 | 0.103 | 15.673 | 0.000*** |
| | | | 2 | 876 | 4.91 | 1.526 | 0.052 | | |
| | | | 3 | 231 | 5.42 | 1.697 | 0.112 | | |

***表示 $p<0.01$

由表 5.21 可以看出，在关注评论的维度上，享乐主义等级越高，关注评论各题项的得分平均值越高，表明其对评论的关注程度也越高。分析其原因，享乐主义等级越高的消费者追求的购物体验满意度越高。为保证其购物体验的满意度，这部分消费者在网上购物过程中对在线评论的关注度也就越高，经过对商品评论的仔细浏览后，才能保证所做的购物决策对自己有利。

在追加评论的维度上，享乐等级越高，追加评论各题项的得分平均值越高，消费者越倾向发布追加评论。这与关注评论维度的结论一致。下面进一步通过结构方程模型分析消费价值观对在线评论行为的影响。

### 5.6.2 消费价值观对消费者在线评论行为影响的结构方程模型分析

对正式调查回收的 1459 份样本，通过结构方程模型分析消费价值观对消费者在线评论行为的影响。

1. 模型概念化

正式调研因子分析的结果，以功利主义（glzy）和享乐主义（xlzy）为自变量，以关注评论（gzpl）和追加评论（zjpl）为因变量。其中功利主义包含五个题项，分别为实用性（gl1）、易用性（gl2）、商品质量（gl3）、商品功能（gl4）、商品价格（gl5）；享乐主义包含四个题项，分别为一眼喜欢（xl1）、有趣购买（xl2）、情感购买（xl3）、特色购买（xl4）。通过构建模型路径图，验证消费价值观对电子商务消费者在线评论认知行为的直接影响关系。

2. 参数估计和拟合度评价

采用最大似然估计法，对模型进行估计，其结果见图 5.3。模型的各项拟合指数为 RMSEA = 0.071、GFI = 0.94、AGFI = 0.91、NFI = 0.94、NNFI = 0.93、CFI = 0.95、PGFI = 0.67、PNFI = 0.76。各项指标结果都达到或超过了指标拟合值的取值标准。因此，可以判断模型的拟合情况良好。

3. 模型解释

见图 5.3 和表 5.22，在 0.01 的显著水平下，功利主义和享乐主义对关注评论影响的路径系数分别为 0.38 和 0.16，对追加评论影响的路径系数分别为 0.23 和 0.30，说明功利主义和享乐主义价值观对消费者在线评论的关注和追加行为都具有显著正向的影响，假设 H5.1～假设 H5.4 得到支持。

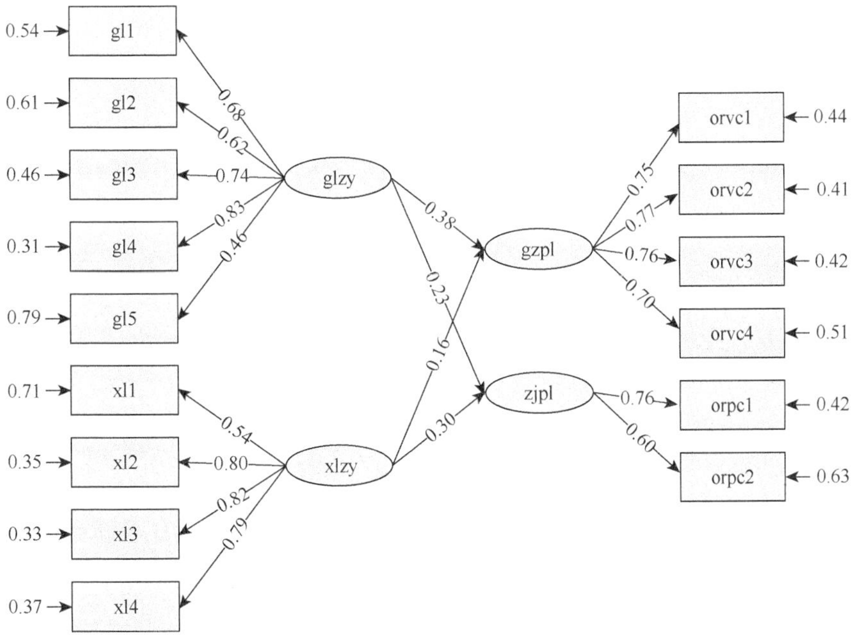


图 5.3　消费者价值观对在线评论行为影响的结构方程模型

**表 5.22　消费价值观与在线评论路径分析及检验**

| 路径 | 路径系数 | 标准误差 | $t$ 值 |
|---|---|---|---|
| 功利主义→关注评论 | 0.38 | 0.03 | 12.09*** |
| 功利主义→追加评论 | 0.23 | 0.03 | 6.73*** |
| 享乐主义→关注评论 | 0.16 | 0.03 | 5.55*** |
| 享乐主义→追加评论 | 0.30 | 0.03 | 8.65*** |

***表示 $p<0.01$

## 5.7　在线评论研究结论

本章主要研究了电子商务背景下消费者在线评论的关注和追加行为。在现有文献研究的基础上，设计研究模型和调查问卷，经过预调研的信效度测试，开展正式调查，共回收 1459 份有效样本数据。

通过描述性统计发现，关注评论维度得分平均值均大于 5，而追加评论维度的得分平均值均小于 5，表明在线评论行为要比发布追加评论行为更受到消费者的关注。在关注评论的类型方面，消费者的关注度从高到低，依次为带图评论、负面评论、详细评论、追加评论。在追加评论方面，消费者更倾向在购物不满意后发布追加评论。

对不同人口统计学特征的消费者在线评论行为进行差异性分析，发现性别、学历、年龄不同的消费者在在线评论的关注上差异性普遍显著；而在职业、收入水平、婚姻状况、家庭类型等特征因素上，无论是在关注评论维度还是追加评论维度差异性普遍不显著。具体来看：①在关注评论方面，女性、高学历的消费者对评论的关注程度更高；26～45 岁的消费者相较于其他年龄段的消费者更关注评论；对比不同职业，发现担任办事人员和管理人员的消费者，对在线评论分别表现出最高和最低的关注度；而未婚和独居的两类消费者更愿意关注图片类型的评论。从评论的类型来看，带图评论在除收入水平以外的不同方面特征消费者的差异性分析中都具有显著性，说明带图评论作为后续衍生出的一种评论形式，并没有引起广大消费者的普遍关注，对其参考性的认知并未形成共识。因此如何进一步激发消费者对图片评论的关注度，挖掘其参考价值，更好地满足其需求，仍有待在线商家深度考量。②在追加评论方面，消费者未在性别上表现出显著差异，在不同学历的消费者中表现出差异；已婚消费者更喜欢发布追加评论，尤其满意追评情况比未婚消费者更明显；在家庭类型上，独居消费者在满意追评题项得分的平均值要低于其他家庭类型的消费者。同时发现，消费者在购物不满意时发布追加评论的行为更具有普遍性，以此来表达对购物经历的不满。针对在购物满意时追加评论的行为，不同特征的消费者存在显著差异。由此也提醒在线商家，满意情况下的评论追加更需要引导，有针对性地挖掘和激发消费者满意追评，更有利于促销营销效应。

随后，分析了消费价值观对消费者在线评论行为的影响。从差异性分析的角度来看，不同程度的功利主义和享乐主义消费者在关注评论和追加评论方面均存在显著差异。在关注评论方面，功利主义水平和享乐主义水平越高的消费者，对除负面评论外的其他评论关注程度越高。对于在线评论的类型，无论是功利主义还是享乐主义消费者，对图片类型的评论关注度均很高，这一点与描述性统计的结论一致。但是在负面评论和追加评论类型上，功利主义水平和享乐主义水平高的消费者更关注的是负面评论，这与整体样本的结论存在差异，值得进一步探讨。在追加评论方面，功利主义水平和享乐主义水平越高的消费者，越喜欢发布满意追评。无论是功利主义型还是享乐主义型消费者均倾向在购物不满意时发布追加评论，这与整体样本的描述性统计结论相一致。

因此，不论面对的是功利主义消费者还是享乐主义消费者，商家都需要通过激励手段促使买家发布在线评论及追加评论。与此同时，为使两种不同价值观的消费者能够快速获取到其更加关注的评论内容，商家可以根据商品的特性提供相应的评论模板。功利主义消费者更加注重商品的实用性，所以评论模板主要从实用性角度考虑，如保温杯的评价模板可以包含是否漏水、保温时间等。享乐主义消费者更加注重个人体验，所以评论模板主要从产品的用户体验角度考虑，如装饰品的评价模板可以包含颜色、形状等。另外，随着人们生活水平的提高，人们在注重商品实用性的同时也会追求个人体验、乐趣和刺激。

通过构建结构方程模型分析，发现功利主义价值观和享乐主义价值观对消费者在线评论的关注和追加行为均具有显著的正向影响，验证了假设 H5.1～假设 H5.4。但通过影响路径系数的比较，也说明不同消费价值观对评论行为的影响略有差异，如功利主义价值观对关注评论的影响要大于对追加评论的影响，而享乐主义价值观则反之，对追加评论的影响大于对关注评论的影响。

综上，随着电子商务飞速发展进入成熟阶段，对商品在线评论，商家应采取精细化管理，结合市场营销的市场细分理论，根据人口统计学特征和消费价值观将消费者细分为不同的目标群体。从消费者关注的评论类型上出发，有针对性地引导消费者发布有价值的评论。在消费价值观维度，商家可以从市场营销策略的心理细分角度，如从消费者购买动机、追求的利益、品牌忠诚度等角度来维护所售商品的在线评论，实施精准营销策略。

# 第 6 章　消费价值观与消费者在线投诉

## 6.1　在线投诉研究背景和意义

计算机互联网技术的快速发展和移动支付方式的普及，对人们的购物方式产生了巨大影响，网上购物已经成为大多数消费者的主要消费方式。与线下实体店购物相比，网上购物具有购物时间灵活、购物地点不受限制等优点。但在享受这些便利的同时，消费者也被许多随之而来的问题所困扰。例如，网上购物只能通过购物平台观察要购买的商品，不能直接判定商品的质量、性能等特征。因此，随着网上购物规模的不断增加，网上购物产生的投诉行为也在不断增加。

2020 年 3 月电子商务研究中心发布的《2019 年度中国电子商务用户体验与投诉监测报告》显示，2019 年受理的投诉案件数比 2018 年略有减少，呈现负增长。此外，2018 年全年受理的投诉案件数同比增长 38.36%，仅次于 2017 年同比增长 48.02%。2013 年、2014 年、2015 年、2016 年同比增长分别为 4%、3.32%、3.27%、14.78%。2013～2018 年全国电子商务投诉数量的增长趋势显示 2017～2018 年投诉案件数同比增长尤其迅猛。2019 年全年共计受理 980 家主流电商平台用户投诉，相较于 2018 年 306 家同比增长 68.76%。其中，2019 年零售电商类投诉占全部投诉 67.27%，比例最高；生活服务电商紧随其后，占据 8.10%；跨境电商占比为 7.13%，为第三大用户投诉电商领域；金融科技占比 6.37%，物流快递占比 2.75%，其他（如 B2B[①]/网络贸易等）占 8.35%。因此，网购已成为电商行业投诉的重灾区，令平台和商家都倍感困扰。

为了减少消费者的投诉行为，需要对消费者的投诉原因、情境和特征等因素开展进一步的研究。王婧宇等（2018）研究了在线购物中的情境因素对顾客抱怨方式的影响，通过进行采访调查，整理了七种在线购物情境下的抱怨行为。在现实生活中，消费者在网上购物感到不满时通常会采用向第三方购物平台投诉的方式。例如，在淘宝平台上，商家与消费者产生不愉快时，淘宝小二会介入处理。

---

① B2B 为 business-to-business，企业对企业。

通过引入使用与满足理论，可以研究受众在使用媒介过程中获得的满足，来考察大众传播在受众心理与行为上的效用（黄修泰和张莉，2019）。消费者也可以通过分析媒体使用的不同动机，来探索消费中特定的需求或目标的满足（Huang et al.，2019）。使用与满足理论为消费者投诉行为的产生及抱怨行为的传播过程提供了理论支持，以进一步探索电子商务环境下消费者投诉行为的影响因素。

不同性别的消费者网购商品的类别存在一定的差异。例如，男性更倾向网购电子产品，而女性则更倾向网购生活用品，那么网购发生后，女性会比男性更容易投诉吗？投诉行为发生后，男性对商家的期望反应和女性对商家的期望反应相同吗？同样地，学历、年龄、职业、收入水平、婚姻状况和家庭类型等人口统计学特征在投诉行为方面存在什么差异也值得进行研究。

同样，本章仍然以享乐主义和功利主义两种典型的消费价值观（Babin et al.，1994）作为认知视角，进一步揭示对电子商务环境下投诉原因和投诉期望等消费行为的影响。

综上所述，本章致力于解决以下两个问题。

（1）电子商务环境下，不同人口统计学特征的消费者是否在投诉行为及投诉后对商家的期望上有显著差异？

（2）电子商务环境下，消费价值观的倾向不同是否会对消费者的投诉行为及投诉后对商家的期望产生影响？

本章将以使用与满足理论为基础，重点研究在线消费者的消费价值观和个人特征对投诉行为的影响，探讨在线消费者售后投诉的主要原因及对在线商家投诉反馈在响应、态度和补偿方面的期望，从而为提升在线商家的服务质量提供改进方向。

## 6.2　消费价值观与在线投诉行为理论分析与研究假设

### 6.2.1　消费价值观与在线投诉行为

使用与满足理论从心理学视角来解释用户对媒体内容或平台的积极使用和选择，它解释了用户为什么及如何使用媒体来满足他们的需求，这导致了媒体使用的不同模式。消费者基于不同的动机，通过使用购物媒体来满足消费的特定需求或目标（Huang et al.，2019）。

消费者的投诉行为是一种非常复杂的不满行为，投诉的类型和严重程度由许多因素决定（Mousavi and Esfidani，2013）。这些因素可以分为四类：个人因素、服务因素、情境因素和宏观因素。分析和识别导致投诉行为的原因对于不同类型的服务很重要。

本章采用问卷调查的方式研究了网上购物的投诉原因，并将常见的投诉原因总结为：产品质量问题、物流问题、虚假宣传问题、销售服务问题，对于投诉形成的认知根源并未涉及（张静毓等，2019），也将尝试结合消费价值观，进一步探讨投诉背后更深层次的影响因素。

消费价值观中功利主义以目标和价值为导向，更注重行为的有用且必要性；享乐主义强调个性化和主观性，以兴趣和乐趣为先（Babin et al.，1994），消费者虽然关注点不同，但价值取向的程度差异同样会导致消费者对商品质量和服务要求的差异，进而影响其在投诉行为上的表现。所以，不管是强调功利性还是享乐性，功利主义和享乐主义程度越高的消费者对商品和服务的要求也越高，越可能因为商品或服务问题而引发投诉行为的产生。因此，提出以下假设。

H6.1：功利主义水平越高的消费者越容易投诉。

H6.2：享乐主义水平越高的消费者越容易投诉。

### 6.2.2 消费价值观与在线投诉期望

投诉期望即投诉行为发生后，消费者期望商家做出的反应。投诉期望的研究，可以帮助商家在投诉发生后更好地处理投诉事件，提高消费者满意度，改善客户关系，因此在线投诉期望也是电子商务环境下消费者行为研究的重要内容。

目前，人们已经认识到投诉处理的重要性。对消费者投诉的无效处理将会增加不满，同时会损害企业的声誉（Liu and McClure，2001）。从服务补救的角度来看，向商家提出的投诉也可以被视为加强消费者与商家之间联系的机会（Svari et al.，2010）。但是现有的文献鲜有关于投诉期望背后影响因素研究的。

一般来说，消费者投诉后的期望大致包括快速响应、态度友好、退换货物和现金补偿等几个方面。快速响应反映了商家对该投诉问题的重视和解决问题的积极态度。态度友好主要是给消费者投诉后感情上的支持，能够在很大程度上减轻对商家的不满。退换货物和现金补偿则是以实际行动解决问题，会大大影响消费者最终对这件事的态度和评价。结合消费价值观，功利主义程度高的消费者比功利主义程度低的消费者更加注重商家实际补偿措施，对商家的期望也应更高一些。对于享乐主义程度高的消费者来说，其更注重个性和特色及情感方面的满足，对商家在快速响应和服务态度方面的期望也会更高一些。基于上述讨论，提出以下假设。

H6.3：功利主义水平越高的消费者对商家的期望越高。

H6.4：享乐主义水平越高的消费者对商家的期望越高。

综上，构建电子商务背景下消费者在线投诉的研究模型，如图6.1所示。

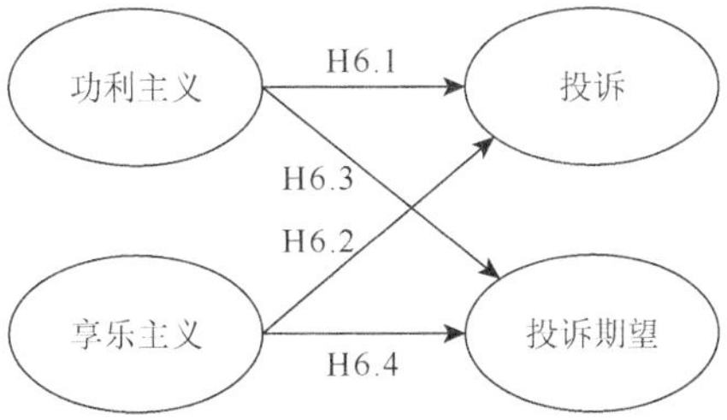


图6.1　消费者在线投诉研究模型

# 6.3　在线投诉研究设计

## 6.3.1　在线投诉问卷设计

本书参考Yen（2010）、Mousavi和Esfidani（2013）及汤涛（2013）等学者，以及李为人等（2014）与Ong和Teh（2016）等学者的研究，设计了在线投诉行为和在线投诉期望量表。

1. 在线投诉行为量表设计

在线投诉行为量表共包含3个问题，采用Likert七级量表，其中1代表"非常不同意"，7代表"非常同意"，中间的数字均代表不同的程度，投诉量表的具体内容及题项编码见表6.1。

**表6.1　在线投诉行为量表**

| 变量 | 编码 | 简称 | 题项 |
|---|---|---|---|
| 投诉 | core1 | 质量投诉 | 在网上购物时，我会因为产品质量问题投诉 |
| | core2 | 未退换货 | 在网上购物时，我会因为商家未按承诺及时退换货投诉 |
| | core3 | 再次投诉 | 若网上购物投诉未得到满意处理，我会再次投诉 |

2. 在线投诉期望量表设计

在线投诉期望量表涵盖 4 个问题，采用同样的 Likert 七级量表，以 1～7 代表从“非常不同意”到“非常同意”的不同程度，详情见表 6.2。

**表 6.2　在线投诉期望量表**

| 变量 | 编码 | 简称 | 题项 |
|---|---|---|---|
| 投诉期望 | coem1 | 快速响应 | 在网上购物投诉后，我会希望商家快速响应 |
| | coem2 | 态度友好 | 在网上购物发生投诉后，我会希望解决过程中商家服务态度友好 |
| | coem3 | 退换货物 | 在网上购物发生投诉后，我会希望商家为我退换货物 |
| | coem4 | 现金补偿 | 在网上购物发生投诉后，我会希望商家给我现金补偿 |

### 6.3.2　在线投诉预调研及量表信效度分析

为了检验量表的信度和效度，在正式调研之前先进行预调研。发放并回收问卷 192 份，删除回答不全等无效问卷，最终有效问卷 179 份，有效率达 93%。

1. 在线投诉量表信度分析

在线投诉行为量表的信度分析见表 6.3。克龙巴赫系数值为 0.746＞0.7，各题项删除后的克龙巴赫系数未出现较大幅度的提高，说明该量表信度效果良好。

**表 6.3　在线投诉行为量表的信度分析（预调研）**

| 变量 | 编码 | 简称 | 删除该项后的克龙巴赫系数 | 克龙巴赫系数 |
|---|---|---|---|---|
| 投诉 | core1 | 质量投诉 | 0.588 | 0.746 |
| | core2 | 未退换货 | 0.595 | |
| | core3 | 再次投诉 | 0.771 | |

在线投诉期望量表的信度分析见表 6.4。在该表中可以看出，量表克龙巴赫系数为 0.756＞0.7，说明量表信度良好，量表结果具有较高的可靠性。接下来分别检验各个题项设置是否合理，观察删除各项后的克龙巴赫系数，发现删掉题项 coem4 后的克龙巴赫系数明显提高，说明该题

项与其他题项的相关程度不高，经过团队商议，决定删掉题项coem4。删除该题项后重新对量表信度进行检验，该量表的信度由0.756提升为0.894，信度明显提高，说明删掉题项coem4后量表内部一致性很高，量表信度良好。

**表6.4　在线投诉期望量表的信度分析（预调研）**

| 变量 | 编码 | 简称 | 删除该项后的克龙巴赫系数 | 克龙巴赫系数 | 删除后的克龙巴赫系数 |
|---|---|---|---|---|---|
| 投诉期望 | coem1 | 快速响应 | 0.652 | 0.756 | 0.894 |
| | coem2 | 态度友好 | 0.637 | | |
| | coem3 | 退换货物 | 0.618 | | |
| | coem4 | 现金补偿 | 0.894 | | |

2. 在线投诉量表效度分析

通过因子分析对在线投诉两个量表的结构效度进行检验，为了说明因子分析的合适性，针对量表先进行KMO检验和Bartlett球形检验，再结合提取共同因子数、因子负荷和总方差解释率作为量表结构效度的检验指标。

1）在线投诉行为量表效度检验

对在线投诉量表进行KMO检验和Bartlett球形检验，其中，KMO值为0.654，接近0.7，Bartlett球形检验显著性水平为0.000，在一定程度上满足了量表进行因子分析的要求。

采用主成分分析法对投诉量表进行因子分析，分析结果见表6.5，共提取一个共同因子，且core1～core3的因子负荷分别为0.855、0.852、0.730，均大于0.7，总计方差解释率为66.326%，超过60%，说明该量表效度良好。

**表6.5　在线投诉行为量表因子分析（预调研）**

| 编码 | 简称 | 因子负荷 | 总方差解释率 |
|---|---|---|---|
| core1 | 未退换货 | 0.855 | 66.326% |
| core2 | 质量投诉 | 0.852 | |
| core3 | 再次投诉 | 0.730 | |

2）在线投诉期望量表效度检验

同样，在线投诉期望量表KMO检验和Bartlett球形检验的结果显示，

KMO 值为 0.747＞0.7，Bartlett 球形检验显著性水平为 0.000，比较适合因子分析。

基于主成分分析法的量表因子分析结果见表 6.6，coem1～coem3 在共同因子上的负荷分别为 0.899、0.920、0.905，远大于 0.7，总方差解释率高达 82.478%，表明该量表的结构效度非常好。

**表 6.6　在线投诉期望量表因子分析（预调研）**

| 编码 | 简称 | 因子负荷 | 总方差解释率 |
| --- | --- | --- | --- |
| coem2 | 态度友好 | 0.920 | 82.478% |
| coem3 | 退换货物 | 0.905 | |
| coem1 | 快速响应 | 0.899 | |

### 6.3.3　在线投诉正式调研

通过预调研量表的信效度检验，发现投诉期望量表中的题项“在网上购物发生投诉后，我会希望商家给我现金补偿”与其他题项的相关程度不高，因此决定在正式调研时删掉该题项，删除后消费者投诉行为量表依然分为两个维度，分别是投诉和投诉期望，正式调研的问卷量表设计见表 6.7。问卷主要依托网络平台——问卷星，共发放收回了 1528 份问卷，最终有效问卷 1459 份，有效率达到 95.5%。

**表 6.7　正式调研的投诉行为量表**

| 变量 | 编码 | 简称 | 题项 |
| --- | --- | --- | --- |
| 投诉 | core1 | 质量投诉 | 在网上购物时，我会因为产品质量问题投诉 |
| | core2 | 未退换货 | 在网上购物时，我会因为商家未按承诺及时退换货投诉 |
| | core3 | 再次投诉 | 若网上购物投诉未得到满意处理，我会再次投诉 |
| 投诉期望 | coem1 | 快速响应 | 在网上购物投诉后，我会希望商家快速响应 |
| | coem2 | 态度友好 | 在网上购物发生投诉后，我会希望解决过程中商家服务态度友好 |
| | coem3 | 退换货物 | 在网上购物发生投诉后，我会希望商家给我退换货物 |

### 6.3.4　在线投诉研究方法与工具

本章针对正式调查回收的 1459 份样本数据，主要利用 SPSS 24.0 和 Lisrel 8.7 进行了描述性统计、信效度分析、方差分析和结构方程模型分析。量表的信效度分析是为了检验量表的可靠性及其对投诉行为研究内容的反映程度。对基于人口统计学特征的消费者进行在线投诉方差分析，主要是为了探索性别、年龄、职业等不同的消费者对待投诉问题是否存在差异性。并结合消费价值观分析价值观倾向程度不同对消费者看待投诉问题的处理方式和看法存在的差异。进一步构建结构方程模型验证消费价值观对消费者在线投诉影响假设。本章关于在线投诉研究的技术路线如图 6.2 所示。

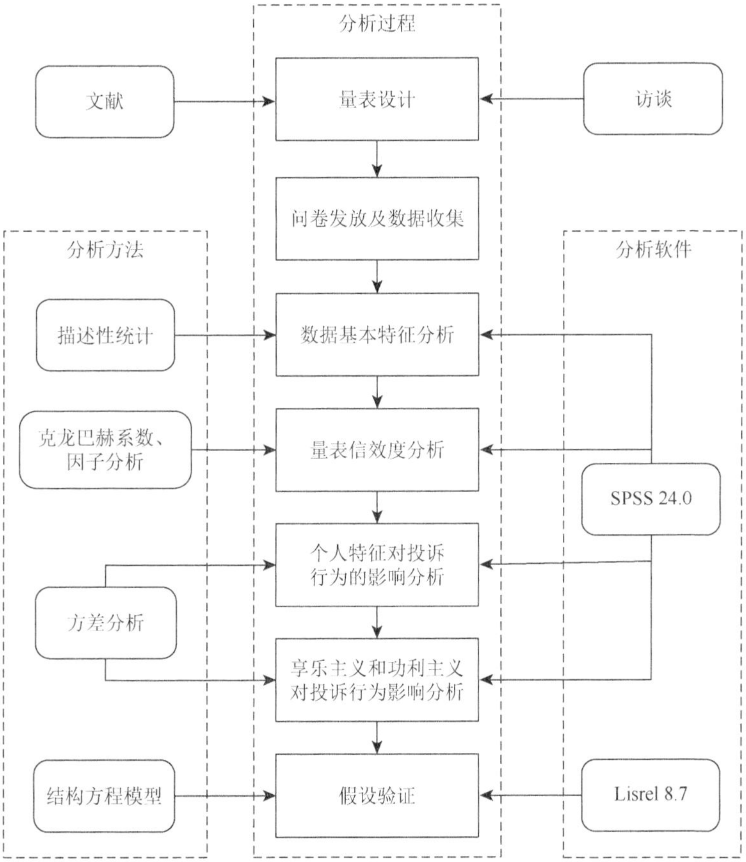


图 6.2 消费价值观与投诉行为研究技术路线

## 6.4 在线投诉描述性统计与信效度分析

### 6.4.1 在线投诉描述性统计

在线投诉问卷数据的描述性统计结果见表 6.8。在线投诉行为量表的质量投诉、未退换货、再次投诉三个题项的得分平均值分别为 5.00、5.00、5.17，相应的标准差为 1.528、1.487、1.442，而在线投诉期望量表的快速响应、态度友好、退换货物三个题项的得分平均值分别为 5.88、5.98、5.86，对应的标准差为 1.153、1.113、1.159。在线投诉量表的平均值低于投诉期望量表，但标准差却都高于投诉期望量表，表明相对于在线投诉行为本身，消费者更看重投诉后商家的处理响应，并相较于投诉行为更具有共识。

**表 6.8　在线投诉描述性统计**

| 编码 | 简称 | 平均值 | 标准差 | 偏度 | 峰度 |
|---|---|---|---|---|---|
| core1 | 质量投诉 | 5.00 | 1.528 | –0.673 | 0.065 |
| core2 | 未退换货 | 5.00 | 1.487 | –0.573 | –0.104 |
| core3 | 再次投诉 | 5.17 | 1.442 | –0.555 | –0.114 |
| coem1 | 快速响应 | 5.88 | 1.153 | –1.174 | 1.845 |
| coem2 | 态度友好 | 5.98 | 1.113 | –1.258 | 2.060 |
| coem3 | 退换货物 | 5.86 | 1.159 | –1.139 | 1.719 |

### 6.4.2　在线投诉量表信度分析

1）在线投诉行为

正式调研在线投诉行为量表的信度分析见表 6.9，克龙巴赫系数的结果为 0.722，已达到 0.7，显示量表信度良好。

**表 6.9　在线投诉行为量表信度分析**

| 编码 | 简称 | 删除该项后的克龙巴赫系数 | 克龙巴赫系数 |
|---|---|---|---|
| core1 | 质量投诉 | 0.600 | 0.722 |
| core2 | 未退换货 | 0.557 | |
| core3 | 再次投诉 | 0.728 | |

2）在线投诉期望

同样，正式调研在线投诉期望量表的信度分析，见表 6.10，克龙巴赫系数值高达 0.889，远大于 0.7，说明量表信度非常好。

**表 6.10　在线投诉期望量表信度分析**

| 编码 | 简称 | 删除该项后的克龙巴赫系数 | 克龙巴赫系数 |
|---|---|---|---|
| coem1 | 快速响应 | 0.853 | 0.889 |
| coem2 | 态度友好 | 0.796 | |
| coem3 | 退换货物 | 0.875 | |

### 6.4.3　在线投诉量表效度分析

先进行相应的 KMO 检验和 Bartlett 球形检验，通过后再次采用因子分析对在线投诉两个量表的结构效度进行检验。正式调研的投诉量表和投诉期望量表的 KMO 值分别是 0.654、0.726，投诉量表和投诉期望量表的 Bartlett 球形检验结果分别为：929.473、2590.558，投诉量表和投诉期望量表的显著性均为 0.000，检验结果均符合各项要求，适合做因子分析。

在线投诉行为量表的因子分析结果见表 6.11，题项 core1～core3 的因子负荷显示分别为 0.825、0.845、0.732，总方差解释率为 64.356%＞60%，说明该量表效度良好。

**表 6.11　在线投诉行为量表因子分析**

| 编码 | 简称 | 因子负荷 | 总方差解释率 |
| --- | --- | --- | --- |
| core2 | 未退换货 | 0.845 | 64.356% |
| core1 | 质量投诉 | 0.825 | |
| core3 | 再次投诉 | 0.732 | |

采用主成分分析法对投诉期望量表进行因子分析，分析结果见表 6.12，共提取一个共同因子，题项 coem1～coem3 的因子负荷分别为：0.899、0.932、0.884，总方差解释率为 81.917%，达到 80%，表明该量表效度良好。

**表 6.12　在线投诉期望量表因子分析**

| 编码 | 简称 | 因子负荷 | 总方差解释率 |
| --- | --- | --- | --- |
| coem2 | 态度友好 | 0.932 | 81.917% |
| coem1 | 退换货物 | 0.899 | |
| coem3 | 快速响应 | 0.884 | |

## 6.5　基于人口统计学特征的消费者在线投诉差异性分析

本节采用单因素方差分析对性别、学历、年龄、职业、收入水平、婚姻状况和家庭类型等七个人口统计学特征在各题项上的差异进行分析比较，从而探索消费者在线投诉的差异性特征。

### 6.5.1　不同性别消费者在线投诉差异性分析

采用单因素方差分析对不同性别的消费者进行均值比较检验，结果见表 6.13。总体来看，不同性别的消费者在在线投诉行为的质量投诉和未退换货两个题项上存在显著差异，男性对质量投诉和未退换货题项的得分平均值均显著高于女性。这表明，对商家而言，售卖男性用品的商家应该比售卖女性用品的商家更加注重商品的质量，如果交易过程中消费者对购买商品不满意，那么售卖男性用品的商家应该比售卖女性用品的商家更加及时关注消费者信息，并及时做出反馈，解决问题。由表 6.13 也可看出，男性在质量投诉题项的得分平均值高于男性在未退换货投诉题项的得分平均值，而女性在未退换货投诉题项的得分平均值高于女性在质量投诉题项的得分平均值。因此，相比之下，售卖男性用品的商家应该更注重商品的质量，售卖女性用品的商家应该更注重女性对商品的退换货需求。

**表 6.13　不同性别消费者在线投诉差异性分析**

| 编码 | 简称 | 性别 | 样本量 | 平均值 | 标准差 | 标准误差 | $F$ | $p$ |
|---|---|---|---|---|---|---|---|---|
| core1 | 质量投诉 | 男 | 563 | 5.23 | 1.409 | 0.059 | 22.293 | 0.000*** |
| | | 女 | 896 | 4.85 | 1.581 | 0.053 | | |
| core2 | 未退换货 | 男 | 563 | 5.16 | 1.435 | 0.060 | 10.795 | 0.001*** |
| | | 女 | 896 | 4.90 | 1.511 | 0.050 | | |
| core3 | 再次投诉 | 男 | 563 | 5.24 | 1.382 | 0.058 | 1.937 | 0.164 |
| | | 女 | 896 | 5.13 | 1.478 | 0.049 | | |
| coem1 | 快速响应 | 男 | 563 | 5.77 | 1.153 | 0.049 | 8.991 | 0.003*** |
| | | 女 | 896 | 5.95 | 1.147 | 0.038 | | |
| coem2 | 态度友好 | 男 | 563 | 5.81 | 1.159 | 0.049 | 20.638 | 0.000*** |
| | | 女 | 896 | 6.08 | 1.071 | 0.036 | | |
| coem3 | 退换货物 | 男 | 563 | 5.69 | 1.186 | 0.050 | 21.165 | 0.000*** |
| | | 女 | 896 | 5.97 | 1.128 | 0.038 | | |

***表示 $p<0.01$

不同性别的消费者在在线投诉期望上也存在显著差异，女性在投诉期望的三个题项的得分平均值均显著高于男性。女性在网上购物投诉发生后，比男性更期望商家能够快速响应、态度友好、退换货物。因此，在网上购物投诉行为发生后，售卖女性用品的商家应该比售卖男性用品的商家更注重服务质量，及时做出反馈，为消费者提供解决方案，同时应注重服务态度，做到态度友好，有亲和力，如果消费者有退换货物的需求，商家应该及时给予退换。从表 6.13 可以看出，在投诉期望三个题项中，男性在态度友好题项的得分平均值明显高于其他两个题项，而快速响应和退换货物两个题项的得分平均值不存在显著差异，说明在网上购物投诉行为发生后，售卖男性用品的商家应该更注重服务态度。在投诉期望三个题项中，女性在态度友好题项的得分平均值显著高于其他两个题项，且女性在快速响应题项的得分平均值略低于退换货物的得分平均值，说明在网上购物投诉行为发生后，售卖女性用品的商家更应该及时为用户退换货物。除此之外，售卖女性用品的商家也要及时对消费者的需求信息做出快速响应。

### 6.5.2 不同学历消费者在线投诉差异性分析

采用单因素方差分析对不同学历的消费者进行均值比较检验，结果见表 6.14。总体来看，不同学历的消费者在在线投诉行为量表三个题项上不存在显著差异，而在投诉期望上存在显著差异。

**表 6.14　不同学历消费者在线投诉差异性分析**

| 编码 | 简称 | 学历 | 样本量 | 平均值 | 标准差 | 标准误差 | $F$ | $p$ |
|---|---|---|---|---|---|---|---|---|
| core1 | 质量投诉 | 大学以下 | 47 | 4.74 | 1.799 | 0.262 | 0.671 | 0.511 |
| | | 大学 | 695 | 5.01 | 1.493 | 0.057 | | |
| | | 研究生 | 717 | 5.00 | 1.543 | 0.058 | | |
| core2 | 未退换货 | 大学以下 | 47 | 4.96 | 1.732 | 0.253 | 0.109 | 0.896 |
| | | 大学 | 695 | 5.02 | 1.474 | 0.056 | | |
| | | 研究生 | 717 | 4.98 | 1.485 | 0.055 | | |
| core3 | 再次投诉 | 大学以下 | 47 | 5.11 | 1.784 | 0.260 | 0.069 | 0.934 |
| | | 大学 | 695 | 5.16 | 1.412 | 0.054 | | |
| | | 研究生 | 717 | 5.18 | 1.448 | 0.054 | | |
| coem1 | 快速响应 | 大学以下 | 47 | 5.77 | 1.507 | 0.220 | 5.165 | 0.006*** |
| | | 大学 | 695 | 5.79 | 1.197 | 0.045 | | |
| | | 研究生 | 717 | 5.98 | 1.073 | 0.040 | | |
| coem2 | 态度友好 | 大学以下 | 47 | 6.02 | 1.343 | 0.196 | 2.645 | 0.071* |
| | | 大学 | 695 | 5.91 | 1.118 | 0.042 | | |
| | | 研究生 | 717 | 6.04 | 1.090 | 0.041 | | |
| coem3 | 退换货物 | 大学以下 | 47 | 5.89 | 1.355 | 0.198 | 3.646 | 0.026** |
| | | 大学 | 695 | 5.78 | 1.179 | 0.045 | | |
| | | 研究生 | 717 | 5.94 | 1.120 | 0.042 | | |

*表示 $p<0.1$，**表示 $p<0.05$，***表示 $p<0.01$

由表 6.14 可知，大学生在线投诉期望在态度友好和退换货物题项上的得分明显低于大学以下学历和研究生学历的消费者在该题项上的得分平均值，说明大学生网上购物时不注重商家的服务态度和有无及时退换货物行为。分析其原因，与大学以下学历的消费者和研究生学历的消费者相比，大学生课业轻松，空闲时间较多，网上购物频率较高，不太在意商家的服务态度和退换货物行为。网上购物投诉发生后，无论何种学历的消费者在态度友好题项的得分平均值均高于快速响应和退换货物题项的得分平均值，说明在投诉发生后，相比快速响应和退换货物，消费者更期望商家态度友好。从标准差的角度看，大学以下学历的消费者在投诉期望三个题项上的标准差均高于大学与研究生学历的消费者在该题项的标准差。这说明网上购物投诉发生后，消费者对商家的期望与学历有关。

### 6.5.3 不同年龄消费者在线投诉差异性分析

采用单因素方差分析对不同年龄的消费者进行均值比较检验，结果见表 6.15，不同年龄的消费者主要在未退换货、态度友好、退换货物三个题项上存在显著差异。

**表 6.15 不同年龄消费者在线投诉行为差异性分析**

| 编码 | 简称 | 年龄 | 样本量 | 平均值 | 标准差 | 标准误差 | *F* | *p* |
|---|---|---|---|---|---|---|---|---|
| core1 | 质量投诉 | 18 岁以下 | 5 | 4.40 | 2.191 | 0.980 | 1.741 | 0.122 |
| | | 18～25 岁 | 630 | 4.98 | 1.506 | 0.060 | | |
| | | 26～35 岁 | 445 | 5.04 | 1.537 | 0.073 | | |
| | | 36～45 岁 | 218 | 5.12 | 1.519 | 0.103 | | |
| | | 46～60 岁 | 152 | 4.76 | 1.570 | 0.127 | | |
| | | 60 岁以上 | 9 | 5.78 | 1.394 | 0.465 | | |
| core2 | 未退换货 | 18 岁以下 | 5 | 5.00 | 2.345 | 1.049 | 2.244 | 0.048** |
| | | 18～25 岁 | 630 | 5.04 | 1.404 | 0.056 | | |
| | | 26～35 岁 | 445 | 4.96 | 1.549 | 0.073 | | |
| | | 36～45 岁 | 218 | 5.07 | 1.489 | 0.101 | | |
| | | 46～60 岁 | 152 | 4.76 | 1.594 | 0.129 | | |
| | | 60 岁以上 | 9 | 6.22 | 0.972 | 0.324 | | |
| core3 | 再次投诉 | 18 岁以下 | 5 | 4.60 | 1.517 | 0.678 | 1.520 | 0.180 |
| | | 18～25 岁 | 630 | 5.17 | 1.385 | 0.055 | | |
| | | 26～35 岁 | 445 | 5.23 | 1.501 | 0.071 | | |
| | | 36～45 岁 | 218 | 5.22 | 1.501 | 0.102 | | |
| | | 46～60 岁 | 152 | 4.93 | 1.401 | 0.114 | | |
| | | 60 岁以上 | 9 | 5.78 | 1.394 | 0.465 | | |

续表

| 编码 | 简称 | 年龄 | 样本量 | 平均值 | 标准差 | 标准误差 | $F$ | $p$ |
|---|---|---|---|---|---|---|---|---|
| coem1 | 快速响应 | 18 岁以下 | 5 | 5.20 | 1.483 | 0.663 | 1.518 | 0.181 |
| | | 18～25 岁 | 630 | 5.82 | 1.143 | 0.046 | | |
| | | 26～35 岁 | 445 | 5.93 | 1.153 | 0.055 | | |
| | | 36～45 岁 | 218 | 5.89 | 1.185 | 0.080 | | |
| | | 46～60 岁 | 152 | 5.94 | 1.146 | 0.093 | | |
| | | 60 岁以上 | 9 | 6.56 | 0.527 | 0.176 | | |
| coem2 | 态度友好 | 18 岁以下 | 5 | 5.20 | 1.483 | 0.663 | 1.904 | 0.091* |
| | | 18～25 岁 | 630 | 5.91 | 1.098 | 0.044 | | |
| | | 26～35 岁 | 445 | 6.02 | 1.165 | 0.055 | | |
| | | 36～45 岁 | 218 | 6.07 | 1.002 | 0.068 | | |
| | | 46～60 岁 | 152 | 6.03 | 1.168 | 0.095 | | |
| | | 60 岁以上 | 9 | 6.56 | 0.527 | 0.176 | | |
| coem3 | 退换货物 | 18 岁以下 | 5 | 5.40 | 1.140 | 0.510 | 2.523 | 0.028** |
| | | 18～25 岁 | 630 | 5.77 | 1.136 | 0.045 | | |
| | | 26～35 岁 | 445 | 5.93 | 1.168 | 0.055 | | |
| | | 36～45 岁 | 218 | 5.97 | 1.077 | 0.073 | | |
| | | 46～60 岁 | 152 | 5.86 | 1.322 | 0.107 | | |
| | | 60 岁以上 | 9 | 6.67 | 0.500 | 0.167 | | |

*表示 $p<0.1$，**表示 $p<0.05$

由表 6.15 可知，在在线投诉行为的未退换货题项，60 岁以上的消费者得分平均值高于其他年龄段的消费者，但是鉴于 60 岁以上的消费者样本数量太少，因此该分析不具有代表性。46～60 岁的消费者得分平均值低于其他年龄段的消费者，其他年龄段的消费者在该题项的得分平均值不存在显著差异。相比之下，售卖中年消费者所用产品的商家应该更加关注消费者的退换货物需求，年龄显著影响消费者投诉后期望商家态度友好、退换货物。

在在线投诉期望的态度友好和退换货物两个题项上，18 岁以下的消费者在投诉发生后，对态度友好和退换货物这两个题项的得分平均值明显低于其他年龄段消费者的得分平均值。18 岁以下的消费者还属于未成年人，心思比较单纯，考虑问题比较简单，因此相比其他年龄段的消费者，18 岁以下的消费者不注重商家的服务态度和及时退换货行为。

### 6.5.4 不同职业消费者在线投诉差异性分析

采用单因素方差分析对不同职业的消费者进行均值比较检验，结果见

表 6.16。在在线投诉上不同职业的消费者大多不存在显著差异，仅在态度友好这一投诉期望上差异显著。其中生产人员在态度友好题项的得分平均值高于其他职业消费者在该题项的得分平均值，但是鉴于生产人员样本数量太少，因此不对生产人员做具体分析。办事人员在该题项的得分平均值仅次于生产人员在该题项的得分平均值，操作人员和学生在该题项的得分平均值低于其余职业消费者在该题项的得分平均值。因此，在网上购物投诉行为发生后，售卖办事人员所用产品的商家应该更注重服务态度，友好地解决问题。

**表 6.16 不同职业消费者在线投诉差异性分析**

| 编码 | 简称 | 职业 | 样本量 | 平均值 | 标准差 | 标准误差 | $F$ | $p$ |
|---|---|---|---|---|---|---|---|---|
| core1 | 质量投诉 | 管理人员 | 219 | 4.90 | 1.562 | 0.106 | 1.681 | 0.109 |
| | | 专业人员 | 311 | 5.15 | 1.500 | 0.085 | | |
| | | 办事人员 | 58 | 5.02 | 1.318 | 0.173 | | |
| | | 服务人员 | 132 | 5.11 | 1.352 | 0.118 | | |
| | | 生产人员 | 4 | 3.75 | 2.217 | 1.109 | | |
| | | 操作人员 | 22 | 4.41 | 2.039 | 0.435 | | |
| | | 学生 | 534 | 4.99 | 1.511 | 0.065 | | |
| | | 其他 | 179 | 4.88 | 1.658 | 0.124 | | |
| core2 | 未退换货 | 管理人员 | 219 | 4.89 | 1.475 | 0.100 | 1.008 | 0.423 |
| | | 专业人员 | 311 | 5.02 | 1.524 | 0.086 | | |
| | | 办事人员 | 58 | 4.97 | 1.510 | 0.198 | | |
| | | 服务人员 | 132 | 4.99 | 1.305 | 0.114 | | |
| | | 生产人员 | 4 | 4.00 | 2.160 | 1.080 | | |
| | | 操作人员 | 22 | 4.59 | 1.817 | 0.387 | | |
| | | 学生 | 534 | 5.08 | 1.445 | 0.063 | | |
| | | 其他 | 179 | 4.92 | 1.616 | 0.121 | | |
| core3 | 再次投诉 | 管理人员 | 219 | 5.09 | 1.385 | 0.094 | 0.548 | 0.798 |
| | | 专业人员 | 311 | 5.23 | 1.473 | 0.084 | | |
| | | 办事人员 | 58 | 5.19 | 1.561 | 0.205 | | |
| | | 服务人员 | 132 | 5.17 | 1.371 | 0.119 | | |
| | | 生产人员 | 4 | 4.25 | 2.062 | 1.031 | | |
| | | 操作人员 | 22 | 4.86 | 1.699 | 0.362 | | |
| | | 学生 | 534 | 5.18 | 1.402 | 0.061 | | |
| | | 其他 | 179 | 5.18 | 1.549 | 0.116 | | |

续表

| 编码 | 简称 | 职业 | 样本量 | 平均值 | 标准差 | 标准误差 | $F$ | $p$ |
|---|---|---|---|---|---|---|---|---|
| coem1 | 快速响应 | 管理人员 | 219 | 5.88 | 1.172 | 0.079 | 1.565 | 0.142 |
| | | 专业人员 | 311 | 5.98 | 1.076 | 0.061 | | |
| | | 办事人员 | 58 | 6.14 | 0.736 | 0.097 | | |
| | | 服务人员 | 132 | 5.83 | 1.050 | 0.091 | | |
| | | 生产人员 | 4 | 5.00 | 2.828 | 1.414 | | |
| | | 操作人员 | 22 | 5.64 | 1.432 | 0.305 | | |
| | | 学生 | 534 | 5.81 | 1.187 | 0.051 | | |
| | | 其他 | 179 | 5.92 | 1.234 | 0.092 | | |
| coem2 | 态度友好 | 管理人员 | 219 | 5.97 | 1.137 | 0.077 | 2.121 | 0.039** |
| | | 专业人员 | 311 | 6.05 | 1.096 | 0.062 | | |
| | | 办事人员 | 58 | 6.34 | 0.690 | 0.091 | | |
| | | 服务人员 | 132 | 5.92 | 1.067 | 0.093 | | |
| | | 生产人员 | 4 | 6.50 | 1.000 | 0.500 | | |
| | | 操作人员 | 22 | 5.86 | 1.207 | 0.257 | | |
| | | 学生 | 534 | 5.88 | 1.150 | 0.050 | | |
| | | 其他 | 179 | 6.08 | 1.114 | 0.083 | | |
| coem3 | 退换货物 | 管理人员 | 219 | 5.80 | 1.244 | 0.084 | 1.353 | 0.221 |
| | | 专业人员 | 311 | 5.96 | 1.142 | 0.065 | | |
| | | 办事人员 | 58 | 5.93 | 1.074 | 0.141 | | |
| | | 服务人员 | 132 | 5.80 | 1.144 | 0.100 | | |
| | | 生产人员 | 4 | 6.75 | 0.500 | 0.250 | | |
| | | 操作人员 | 22 | 6.09 | 0.971 | 0.207 | | |
| | | 学生 | 534 | 5.80 | 1.156 | 0.050 | | |
| | | 其他 | 179 | 5.94 | 1.142 | 0.085 | | |

**表示 $p<0.05$

### 6.5.5　不同收入水平消费者在线投诉差异性分析

采用单因素方差分析对不同收入水平的消费者进行均值比较检验，结果见表 6.17，可知不同收入的消费者在在线投诉行为和期望的诸多题项表现上均存在显著差异，仅在再次投诉行为上的差异不显著。

**表 6.17　不同收入水平消费者在线投诉差异性分析**

| 编码 | 简称 | 收入水平 | 样本量 | 平均值 | 标准差 | 标准误差 | $F$ | $p$ |
|---|---|---|---|---|---|---|---|---|
| core1 | 质量投诉 | 无收入 | 399 | 4.89 | 1.515 | 0.076 | 1.968 | 0.067* |
| | | 0～2 000（含）元 | 125 | 5.08 | 1.532 | 0.137 | | |
| | | 2 000～4 000（含）元 | 176 | 4.90 | 1.611 | 0.121 | | |
| | | 4 000～8 000（含）元 | 419 | 4.96 | 1.538 | 0.075 | | |
| | | 8 000～15 000（含）元 | 225 | 5.12 | 1.510 | 0.101 | | |
| | | 15 000～30 000（含）元 | 91 | 5.26 | 1.357 | 0.142 | | |
| | | 30 000 元以上 | 24 | 5.63 | 1.498 | 0.306 | | |
| core2 | 未退换货 | 无收入 | 399 | 5.06 | 1.427 | 0.071 | 3.346 | 0.003*** |
| | | 0～2 000（含）元 | 125 | 5.25 | 1.485 | 0.133 | | |
| | | 2 000～4 000（含）元 | 176 | 4.70 | 1.588 | 0.120 | | |
| | | 4 000～8 000（含）元 | 419 | 4.92 | 1.509 | 0.074 | | |
| | | 8 000～15 000（含）元 | 225 | 4.98 | 1.461 | 0.097 | | |
| | | 15 000～30 000（含）元 | 91 | 5.12 | 1.452 | 0.152 | | |
| | | 30 000 元以上 | 24 | 5.79 | 1.250 | 0.255 | | |
| core3 | 再次投诉 | 无收入 | 399 | 5.16 | 1.406 | 0.070 | 0.882 | 0.507 |
| | | 0～2 000（含）元 | 125 | 5.22 | 1.423 | 0.127 | | |
| | | 2 000～4 000（含）元 | 176 | 5.08 | 1.536 | 0.116 | | |
| | | 4 000～8 000（含）元 | 419 | 5.10 | 1.480 | 0.072 | | |
| | | 8 000～15 000（含）元 | 225 | 5.29 | 1.415 | 0.094 | | |
| | | 15 000～30 000（含）元 | 91 | 5.32 | 1.341 | 0.141 | | |
| | | 30 000 元以上 | 24 | 5.42 | 1.381 | 0.282 | | |
| coem1 | 快速响应 | 无收入 | 399 | 5.76 | 1.186 | 0.059 | 2.537 | 0.018** |
| | | 0～2 000（含）元 | 125 | 5.82 | 1.370 | 0.123 | | |
| | | 2 000～4 000（含）元 | 176 | 5.77 | 1.241 | 0.094 | | |
| | | 4 000～8 000（含）元 | 419 | 5.92 | 1.106 | 0.054 | | |
| | | 8 000～15 000（含）元 | 225 | 6.03 | 1.050 | 0.070 | | |
| | | 15 000～30 000（含）元 | 91 | 6.10 | 0.883 | 0.093 | | |
| | | 30 000 元以上 | 24 | 6.13 | 1.076 | 0.220 | | |
| coem2 | 态度友好 | 无收入 | 399 | 5.85 | 1.105 | 0.055 | 2.758 | 0.011** |
| | | 0～2 000（含）元 | 125 | 5.96 | 1.260 | 0.113 | | |
| | | 2 000～4 000（含）元 | 176 | 5.85 | 1.247 | 0.094 | | |
| | | 4 000～8 000（含）元 | 419 | 6.02 | 1.081 | 0.053 | | |
| | | 8 000～15 000（含）元 | 225 | 6.17 | 0.986 | 0.066 | | |
| | | 15 000～30 000（含）元 | 91 | 6.14 | 0.889 | 0.093 | | |
| | | 30 000 元以上 | 24 | 5.96 | 1.546 | 0.316 | | |

续表

| 编码 | 简称 | 收入水平 | 样本量 | 平均值 | 标准差 | 标准误差 | $F$ | $p$ |
|---|---|---|---|---|---|---|---|---|
| coem3 | 退换货物 | 无收入 | 399 | 5.73 | 1.143 | 0.057 | 1.894 | 0.079* |
| | | 0～2 000（含）元 | 125 | 5.95 | 1.190 | 0.106 | | |
| | | 2 000～4 000（含）元 | 176 | 5.76 | 1.302 | 0.098 | | |
| | | 4 000～8 000（含）元 | 419 | 5.92 | 1.096 | 0.054 | | |
| | | 8 000～15 000（含）元 | 225 | 5.96 | 1.181 | 0.079 | | |
| | | 15 000～30 000（含）元 | 91 | 5.95 | 1.099 | 0.115 | | |
| | | 30 000 元以上 | 24 | 6.13 | 1.076 | 0.220 | | |

*表示 $p<0.1$，**表示 $p<0.05$，***表示 $p<0.01$

从在线投诉行为方面来看，不同收入水平的消费者在质量投诉和未退换货题项上存在显著性差异，除了无收入和收入在 0～2000 元的群体，收入越高的消费者越倾向因为质量问题投诉，收入越高的人维权意识越高，购买商品时越看重商品的质量问题。若商品出现质量问题，希望商家能够及时解决问题。如果问题解决不满意，高收入消费者容易产生投诉行为。在未退换货题项上，不同收入水平的消费者之间差异显著，收入水平大于 30 000 元的消费者的平均值得分最高，收入水平为 2000～4000（含）元的消费者平均值得分最低，整体看收入水平在 2000 元以上的消费者在该题项的得分随着收入的提高而增加。

从在线行为期望方面来看，不同收入的消费者在在线投诉期望上普遍存在显著性差异。收入高的消费者比收入低的消费者更期望在投诉发生后，商家能够快速响应、态度友好、退换货物。具体来看，收入水平为 2000～4000（含）元的消费者在快速响应题项的得分平均值较低，其他收入水平的消费者在该题项的得分平均值随着收入水平的提高而增加，这说明，收入水平越高，消费者在网上购物投诉行为发生后，越期望商家能够快速响应，及时处理消费者的投诉需求。在态度友好题项中，收入水平为 2000～4000（含）元的消费者的得分平均值最低。其他收入水平的消费者在该题项的得分平均值随着收入水平的提高先增加后减小，这说明处于中间收入水平的消费者在网上购物投诉行为发生后，更期望商家以友好、积极乐观的态度处理问题。在退换货物题项上，无收入的消费者和收入为 2000～4000（含）元的消费者的得分平均值较低，收入水平大于 30 000 元的消费者得分平均值最高，其他收入水平的消费者在该题项的得分平均值无显著差异。

### 6.5.6　不同婚姻状况消费者在线投诉差异性分析

采用单因素方差分析对不同婚姻状况的消费者进行均值比较检验，

结果见表 6.18。不同婚姻状况的消费者在在线投诉行为和期望上的差异性迥然不同，前者均不存在显著差异，后者差异均显著。

**表 6.18 不同婚姻状况消费者在线投诉差异性分析**

| 编码 | 简称 | 婚姻状况 | 样本量 | 平均值 | 标准差 | 标准误差 | $F$ | $p$ |
|---|---|---|---|---|---|---|---|---|
| core1 | 质量投诉 | 未婚 | 875 | 5.00 | 1.501 | 0.051 | 0.086 | 0.918 |
| | | 已婚 | 574 | 5.00 | 1.568 | 0.065 | | |
| | | 离异 | 10 | 4.80 | 1.687 | 0.533 | | |
| core2 | 未退换货 | 未婚 | 875 | 5.04 | 1.444 | 0.049 | 0.772 | 0.462 |
| | | 已婚 | 574 | 4.94 | 1.555 | 0.065 | | |
| | | 离异 | 10 | 5.00 | 1.155 | 0.365 | | |
| core3 | 再次投诉 | 未婚 | 875 | 5.18 | 1.402 | 0.047 | 0.239 | 0.787 |
| | | 已婚 | 574 | 5.15 | 1.508 | 0.063 | | |
| | | 离异 | 10 | 5.40 | 0.966 | 0.306 | | |
| coem1 | 快速响应 | 未婚 | 875 | 5.82 | 1.163 | 0.039 | 4.095 | 0.017** |
| | | 已婚 | 574 | 5.98 | 1.129 | 0.047 | | |
| | | 离异 | 10 | 5.40 | 1.174 | 0.371 | | |
| coem2 | 态度友好 | 未婚 | 875 | 5.91 | 1.148 | 0.039 | 5.429 | 0.004*** |
| | | 已婚 | 574 | 6.09 | 1.049 | 0.044 | | |
| | | 离异 | 10 | 5.60 | 1.075 | 0.340 | | |
| coem3 | 退换货物 | 未婚 | 875 | 5.79 | 1.158 | 0.039 | 4.276 | 0.014** |
| | | 已婚 | 574 | 5.97 | 1.154 | 0.048 | | |
| | | 离异 | 10 | 5.80 | 1.033 | 0.327 | | |

**表示 $p<0.05$，***表示 $p<0.01$

由表 6.18 可以看出，已婚消费者在快速响应、态度友好、退换货物题项上的得分平均值均高于未婚消费者和离异消费者。这说明相比未婚消费者和离异消费者，已婚消费者在网上购物发生投诉后，对商家的期望更高。在质量投诉、未退换货、快速响应和态度友好题项中，未婚消费者的得分平均值高于离异消费者，在退换货物题项未婚消费者和离异消费者的得分平均值无较大差异，由于离异消费者样本数量过少，在这里不做详细分析。

### 6.5.7 不同家庭类型消费者在线投诉差异性分析

采用单因素方差分析对不同家庭状况的消费者进行均值比较检验，结果见表 6.19。不同家庭类型的消费者在线投诉行为在质量投诉和未退换货两个题项上不存在显著差异，仅在再次投诉上存在显著差异，且不同家庭类型的消费者在在线投诉期望上存在显著差异。

**表 6.19　不同家庭类型消费者在线投诉差异性分析**

| 编码 | 简称 | 家庭类型 | 样本量 | 平均值 | 标准差 | 标准误差 | $F$ | $p$ |
|---|---|---|---|---|---|---|---|---|
| core1 | 质量投诉 | 独居 | 604 | 4.99 | 1.517 | 0.062 | 1.366 | 0.234 |
| | | 二人 | 114 | 5.32 | 1.422 | 0.133 | | |
| | | 三口之家 | 330 | 4.96 | 1.614 | 0.089 | | |
| | | 四口及以上家庭 | 164 | 4.95 | 1.554 | 0.121 | | |
| | | 与老人同住 | 152 | 5.04 | 1.428 | 0.116 | | |
| | | 其他 | 95 | 4.81 | 1.504 | 0.154 | | |
| core2 | 未退换货 | 独居 | 604 | 5.05 | 1.453 | 0.059 | 0.384 | 0.860 |
| | | 二人 | 114 | 5.04 | 1.496 | 0.140 | | |
| | | 三口之家 | 330 | 4.93 | 1.578 | 0.087 | | |
| | | 四口及以上家庭 | 164 | 4.98 | 1.455 | 0.114 | | |
| | | 与老人同住 | 152 | 4.94 | 1.519 | 0.123 | | |
| | | 其他 | 95 | 4.95 | 1.387 | 0.142 | | |
| core3 | 再次投诉 | 独居 | 604 | 5.14 | 1.427 | 0.058 | 2.438 | 0.033** |
| | | 二人 | 114 | 5.54 | 1.332 | 0.125 | | |
| | | 三口之家 | 330 | 5.02 | 1.586 | 0.087 | | |
| | | 四口及以上家庭 | 164 | 5.27 | 1.394 | 0.109 | | |
| | | 与老人同住 | 152 | 5.17 | 1.370 | 0.111 | | |
| | | 其他 | 95 | 5.25 | 1.263 | 0.130 | | |
| coem1 | 快速响应 | 独居 | 604 | 5.88 | 1.137 | 0.046 | 5.280 | 0.000*** |
| | | 二人 | 114 | 6.04 | 1.042 | 0.098 | | |
| | | 三口之家 | 330 | 6.03 | 1.086 | 0.060 | | |
| | | 四口及以上家庭 | 164 | 5.67 | 1.254 | 0.098 | | |
| | | 与老人同住 | 152 | 5.93 | 1.157 | 0.094 | | |
| | | 其他 | 95 | 5.46 | 1.278 | 0.131 | | |
| coem2 | 态度友好 | 独居 | 604 | 5.98 | 1.111 | 0.045 | 5.266 | 0.000*** |
| | | 二人 | 114 | 6.00 | 1.081 | 0.101 | | |
| | | 三口之家 | 330 | 6.18 | 0.985 | 0.054 | | |
| | | 四口及以上家庭 | 164 | 5.74 | 1.217 | 0.095 | | |
| | | 与老人同住 | 152 | 5.98 | 1.119 | 0.091 | | |
| | | 其他 | 95 | 5.66 | 1.260 | 0.129 | | |
| coem3 | 退换货物 | 独居 | 604 | 5.85 | 1.128 | 0.046 | 4.594 | 0.000*** |
| | | 二人 | 114 | 5.96 | 1.092 | 0.102 | | |
| | | 三口之家 | 330 | 6.05 | 1.078 | 0.059 | | |
| | | 四口及以上家庭 | 164 | 5.59 | 1.338 | 0.104 | | |
| | | 与老人同住 | 152 | 5.87 | 1.126 | 0.091 | | |
| | | 其他 | 95 | 5.62 | 1.306 | 0.134 | | |

**表示 $p<0.05$，***表示 $p<0.01$

由表 6.19 可以看出，不同家庭类型的消费者在投诉行为的再次投诉题项上的显著差异，主要呈现出二人家庭的消费者比其他家庭类型的消费者在该题项上得分平均值偏高的现象，说明二人家庭的消费者更容易再次投诉。相比之下，三口之家的消费者在再次投诉题项上的得分平均值最低，反而不太倾向再次投诉。

从在线投诉期望方面，三口之家的消费者在态度友好和退换货物题项的得分平均值最高，在快速响应题项的得分平均值仅次于二人家庭类型的消费者。说明三口之家比其他家庭类型下的消费者更期望在网上购物发生投诉后，商家可以快速响应、态度友好、退换货物。四口及以上家庭的消费者在退换货物题项的得分平均值均最低，说明四口之家的消费者不太看重投诉发生后的商家响应行为。

## 6.6　消费价值观对消费者在线投诉的影响分析

本节将重点分析消费价值观对消费者在线投诉的影响，分为两个层次，先比较不同程度消费价值倾向的消费者在在线投诉上的差异性，再进一步结合结构方程模型剖析消费价值观对消费者在线投诉的路径影响，以验证研究假设。

### 6.6.1　基于消费价值观的消费者在线投诉差异性分析

对于消费价值观不同程度倾向的划分依然沿用 3.6.1 节的方法，将功利主义和享乐主义的水平划分为 1（低）、2（中）、3（高）三个等级，以单因素方差分析来检验不同消费价值观等级消费者的差异性。

#### 1. 不同功利主义等级消费者在线投诉差异性分析

不同功利主义等级消费者在线投诉差异性分析见表 6.20。从在线投诉行为来看，在质量投诉、未退换货和再次投诉三个题项上的得分，均随着功利主义等级的升高，呈现出同向的增长趋势。可见消费者的功利等级越高，在线投诉行为相关题项的得分平均值越高。这说明功利等级越高，消费者越容易在线投诉。分析其原因，功利主义等级高的消费者在生活中更加保守，更加看重购买物品的质量、功能、实用性等。因此，相比较而言，功利等级越高，越倾向因为产品质量问题投诉、商家未按照承诺及时退换货投诉、再次投诉。对商家而言，若所售商品为实用性、易用性等功能型商品，商家应努力提高商品质量，避免消费者因质量问题投诉。与此同时，商家在与消费者进行沟通时，应以积极乐观的心态与消费者交流。如果消费者对交易过程或商品本身存在疑问或不满，商家应该及时与消费者取得联系，并给出合适的解决方案，快速、圆满地解决问题。如果出现再次投诉的情况，商家应及时进行反思，发现问题所在，尽可能地给消费者提供满意的答复。

**表 6.20　不同功利主义等级消费者在线投诉差异性分析**

| 编码 | 简称 | 功利等级 | 样本量 | 平均值 | 标准差 | 标准误差 | $F$ | $p$ |
|---|---|---|---|---|---|---|---|---|
| core1 | 质量投诉 | 1 | 15 | 4.40 | 2.131 | 0.550 | 14.841 | 0.000*** |
| | | 2 | 364 | 4.65 | 1.374 | 0.072 | | |
| | | 3 | 1080 | 5.13 | 1.548 | 0.047 | | |
| core2 | 未退换货 | 1 | 15 | 4.53 | 2.386 | 0.616 | 11.653 | 0.000*** |
| | | 2 | 364 | 4.69 | 1.313 | 0.069 | | |
| | | 3 | 1080 | 5.11 | 1.512 | 0.046 | | |
| core3 | 再次投诉 | 1 | 15 | 4.67 | 2.410 | 0.622 | 24.823 | 0.000*** |
| | | 2 | 364 | 4.73 | 1.400 | 0.073 | | |
| | | 3 | 1080 | 5.33 | 1.408 | 0.043 | | |
| coem1 | 快速响应 | 1 | 15 | 5.47 | 2.100 | 0.542 | 42.076 | 0.000*** |
| | | 2 | 364 | 5.42 | 1.182 | 0.062 | | |
| | | 3 | 1080 | 6.04 | 1.082 | 0.033 | | |
| coem2 | 态度友好 | 1 | 15 | 5.60 | 2.098 | 0.542 | 48.701 | 0.000*** |
| | | 2 | 364 | 5.51 | 1.156 | 0.061 | | |
| | | 3 | 1080 | 6.14 | 1.031 | 0.031 | | |
| coem3 | 退换货物 | 1 | 15 | 5.13 | 2.386 | 0.616 | 48.656 | 0.000*** |
| | | 2 | 364 | 5.38 | 1.204 | 0.063 | | |
| | | 3 | 1080 | 6.03 | 1.067 | 0.032 | | |

***表示 $p<0.01$

在在线投诉期望方面，快速响应、态度友好、退换货物三个题项中，功利等级为 3 比功利等级为 1 和 2 的消费者的得分均值要高，说明功利等级较高的消费者比其他两个功利等级较低的消费者更期望投诉发生后，商家可以快速响应、态度友好、退换货物。从三个题项的均值比较来看，态度友好得分最高，表明功利主义消费者在网上购物投诉行为发生后，均更看重商家是否以友好的态度处理问题。因此，对商家而言，若所售商品为实用性、易用性等功能型商品，在网上购物投诉行为发生后，商家应及时向消费者了解问题所在，和谐友好地处理问题。如果消费者有退换货物的需求，商家应及时为消费者退换货物，满足消费者需求，积极处理问题。

2. 不同享乐主义等级消费者在线投诉差异性分析

单因素方差分析的结果见表 6.21，不同享乐等级的消费者在在线投诉两个量表相关题项上均存在显著差异。

**表 6.21　不同享乐主义等级消费者在线投诉差异性分析**

| 编码 | 简称 | 享乐等级 | 样本量 | 平均值 | 标准差 | 标准误差 | $F$ | $p$ |
|---|---|---|---|---|---|---|---|---|
| core1 | 质量投诉 | 1 | 352 | 4.81 | 1.724 | 0.092 | 22.417 | 0.000*** |
| | | 2 | 876 | 4.92 | 1.419 | 0.048 | | |
| | | 3 | 231 | 5.60 | 1.468 | 0.097 | | |
| core2 | 未退换货 | 1 | 352 | 4.83 | 1.644 | 0.088 | 19.264 | 0.000*** |
| | | 2 | 876 | 4.92 | 1.391 | 0.047 | | |
| | | 3 | 231 | 5.54 | 1.473 | 0.097 | | |
| core3 | 再次投诉 | 1 | 352 | 5.06 | 1.630 | 0.087 | 16.386 | 0.000*** |
| | | 2 | 876 | 5.09 | 1.334 | 0.045 | | |
| | | 3 | 231 | 5.66 | 1.438 | 0.095 | | |
| coem1 | 快速响应 | 1 | 352 | 5.93 | 1.320 | 0.070 | 11.345 | 0.000*** |
| | | 2 | 876 | 5.78 | 1.098 | 0.037 | | |
| | | 3 | 231 | 6.17 | 1.024 | 0.067 | | |
| coem2 | 态度友好 | 1 | 352 | 6.02 | 1.281 | 0.068 | 12.273 | 0.000*** |
| | | 2 | 876 | 5.88 | 1.070 | 0.036 | | |
| | | 3 | 231 | 6.28 | 0.934 | 0.061 | | |
| coem3 | 退换货物 | 1 | 352 | 5.87 | 1.338 | 0.071 | 12.314 | 0.000*** |
| | | 2 | 876 | 5.77 | 1.098 | 0.037 | | |
| | | 3 | 231 | 6.19 | 1.022 | 0.067 | | |

***表示 $p<0.01$

在投诉行为方面，享乐等级越高，相应三个题项的得分平均值越高，消费者越倾向在线投诉。享乐主义等级高的消费者更注重生活品质，更懂得享受生活，追求身心的满足感。对商家而言，若所售商品为有趣、个性等创意型商品，商家应着重关注商品的外观、设计，给消费者新鲜感。若商家所售商品为具有纪念意义、怀旧情感等特殊含义的商品，商家也应关注商品的质量问题，满足消费者的情感需求，避免消费者因质量不达标等问题产生投诉。与此同时，商家应及时处理消费者退换货物等要求。

在在线投诉期望的快速响应、态度友好、退换货物三个题项上，享乐主义等级为 3 比享乐主义等级为 1 和 2 的消费者的得分均值要高，说明享乐主义等级较高的消费者比其他两个享乐主义等级较低的消费者在网上购物投诉发生后，对商家的期望更高。对商家而言，若所售商品为有趣、个性等创意型商品，在网上购物投诉发生后，商家应耐心咨询消费者对所购商品存在的意见，及时对商品的外观、设计进行改进，满足消费者的需求。在处理问题的过程中，商家应该秉持细心、谦虚的态度，给消费者良好的购物体验。

### 6.6.2　消费价值观对消费者在线投诉的结构方程模型分析

本节主要采用结构方程模型的路径分析方法对研究模型中涉及的变量之间的假设进行检验。

1. 模型概念化

对享乐主义、功利主义及在线投诉行为、在线投诉期望构建结构方程模型。功利主义包含五个题项，分别为实用性、易用性、商品质量、商品功能、商品价格。享乐主义包含四个题项，分别为一眼喜欢、有趣购买、情感购买、特色购买，题项编码与第 3 章保持一致。此处构建了消费价值观与投诉行为的结构方程模型，glzy 代表功利主义，xlzy 代表享乐主义，ts 代表投诉，tsqw 代表投诉期望，core1 代表质量投诉，core2 代表未退换货，core3 代表再次投诉，coem1 代表快速响应，coem2 代表态度友好，coem3 代表退换货物。

2. 参数估计和拟合度评价

运用 Lisrel 8.7，采用最大似然估计法，对模型进行估计，其结果如图 6.3 所示。模型的各项拟合指数分别为 RMSEA = 0.076＜0.08，GFI = 0.93，AGFI = 0.90，NFI = 0.93，NNFI = 0.92，CFI = 0.94，均大于或等于 0.9，PGFI = 0.66 和 PNFI = 0.75 也达到了 0.5 的阈值，表明模型的拟合情况良好。

3. 模型解释

消费价值观与投诉行为的结构方程模型路径系数见表 6.22。可以看出，功利主义和享乐主义对投诉行为的路径影响系数分别为 0.29 和 0.18，*P* 值显著，说明功利主义和享乐主义价值观对在线投诉行为均有显著正向影响，即功利主义和享乐主义水平越高的消费者越容易在线投诉，支持假设 H6.1 和 H6.2。

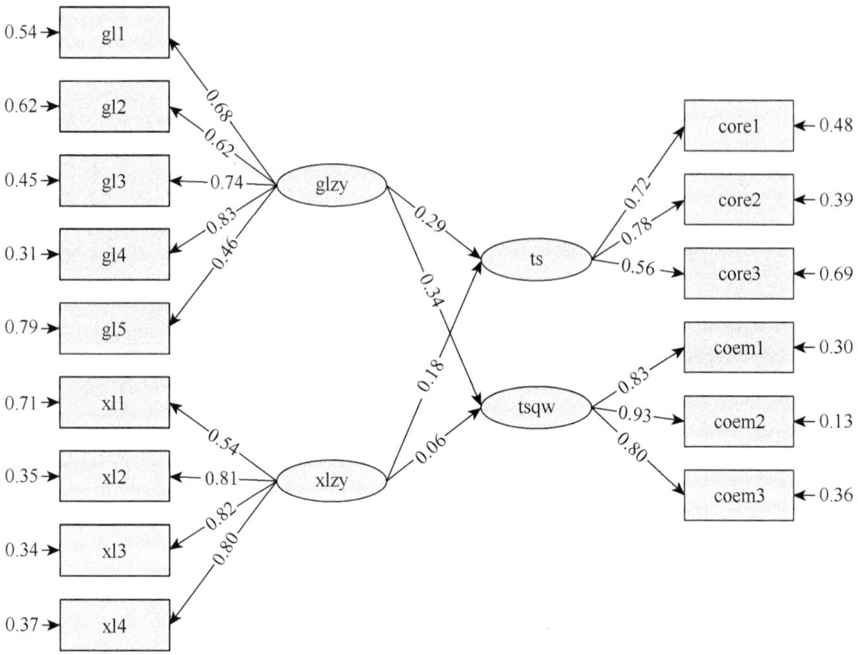


图 6.3　消费价值观对投诉行为影响的结构方程模型分析

**表 6.22　消费价值观对消费者在线投诉影响的结构方程模型**

| 路径 | 路径系数 | 标准误差 | $p$ 值 |
|---|---|---|---|
| 功利主义→投诉 | 0.29 | 0.03 | 8.74*** |
| 功利主义→投诉期望 | 0.34 | 0.03 | 11.48*** |
| 享乐主义→投诉 | 0.18 | 0.03 | 5.50*** |
| 享乐主义→投诉期望 | 0.06 | 0.03 | 2.10* |

*表示 $p<0.1$，***表示 $p<0.01$

功利主义和享乐主义对投诉期望的路径影响系数分别为 0.34 和 0.06，显著性水平前者为 0.01，后者为 0.1，均在一定程度上验证了消费价值观对在线投诉期望的显著正向影响，支持假设 H6.3 和 H6.4。

## 6.7　在线投诉研究结论

本章主要研究了消费者在电子商务背景下的在线投诉行为。首先，通过现有文献与研究模型设计了问卷，涵盖了在线投诉行为、在线投诉期望两部分量表，通过预调研检验了量表的可靠性和准确性，继而开展正式调研，回收有效样本 1459 份，进一步通过量表信效度分析，再次证明了量表的信效度良好。

针对正式调研的数据进行了描述性统计，从中发现在线投诉行为量表相关题项的得分平均值均大于等于 5，且在线投诉期望量表相关题项的得分平均值均高于前者，但在线投诉行为量表相关题项的标准差又均高于在线投诉期望量表相关题项的标准差，表明消费者在在线投诉方面更重视商家对待投诉的态度和结果。

基于性别、学历、年龄、职业、收入水平、婚姻状况及家庭类型等七个人口统计学特征对消费者在线投诉差异性展开了研究。发现男性比女性消费者更倾向因商品质量和未及时退换货而引发在线投诉行为，但女性比男性消费者对投诉后商家的期望更高，更注重商家快速响应、友好态度和及时退换货。在学历方面，不同学历消费者在在线投诉行为上不存在显著差异，差异主要体现在在线投诉期望上。比如高学历消费者更关注网上购物投诉后商家的表现，特别是快速响应解决问题的态度。在年龄方面，60 岁以上的消费者会格外关注商家未及时退换货物的问题，而容易促发投诉行为。此外，低年龄段（18 岁以下）的消费者不太注重投诉后商家的服务态度和退换货的及时性。在职业方面，不同职业的消费者在在线投诉期望上呈现出显著差异。其中办事人员在投诉发生后，更期望商家注重服务态度，友好地解决问题，而操作人员和学生相对不太看重商家在投诉后的服务态度。

从收入方面，除了无收入和收入在 0～2000 元的群体，消费者收入水平越高，质量投诉越多。退换货投诉在不同收入水平上表现出差异，收入大于 30 000 元的消费者更注重及时性，而收入为 2000～4000（含）元的消费者则不太注重，类似的现象还反映在投诉期望中商家的快速响应方面。处于收入水平中间段的消费者，更期望投诉后商家以积极友好的态度来处理问题。对比不同婚姻状况的消费者，已婚消费者对投诉后商家响应的快速性、态度的友好性、退换货的及时性更注重。不同家庭组成的消费者同样也在投诉方面表现出差异性，二人家庭的消费者更容易产生再次投诉行为，三口之家的消费者更关注投诉后的商家响应，而相对而言，四口及以上家庭的消费者则不太看重。

功利主义和享乐主义两种不同的消费价值观在消费者在线投诉行为上存在差异性。不同程度的功利主义价值观在在线投诉行为中存在显著差异，并且从各等级的均值来看，有同向变化趋势，即功利主义水平越高，消费者越容易因为商品质量问题投诉、商家未退换货物投诉、投诉未得到满意解决时再次投诉。功利主义水平最高的消费者，在投诉发生后，最希望商家可以快速响应消费者需求，以友好的态度为消费者服务，并根据消费者需求，及时为消费者退换货物。享乐主义价值观也有类似现象，享乐主义水平越高，消费者越倾向因为质量问题进行投诉、商家未按承诺退换货进行投诉和投诉未得到满意解决时再次进行投诉。享乐主义水平最高的消费者，在投诉发生后，更希望商家可以快速响应、态度友好、及时退换货物。

最后，通过构建结构方程模型进一步验证消费价值观对消费者在线投诉的影响假设。功利主义和享乐主义价值观对在线投诉行为和在线投诉期望都有显著正向影响，对比路径系数，功利主义对在线投诉行为和期望的影响更大。

通过比较不同人口统计学特征和消费价值观倾向的消费者在线投诉所呈现出来的差异，以及对比消费价值观的影响，可以帮助商家在当今网络购物盛行且投诉行为越来越多的时代，了解投诉行为产生的动因，区分不同特征消费者的在线投诉行为根源，把握投诉发生后的期望差异，为商家完善客户服务体系提供了重要理论依据和现实参考。同时，商家也应明确自己的产品定位、受众群体，努力提高产品质量，以积极乐观的心态为消费者服务，主动与消费者进行沟通，了解消费者需求，与消费者建立亲密友好的关系，得到消费者对产品和品牌的认可，为自身发展制定合理的营销策略，尽量避免投诉行为的产生。在应对投诉问题时，应及时地响应反馈，切实地解决问题，以友好的态度进行沟通，从长远来看是获得广大消费者认可的关键法宝。

# 第二篇　社会化商务背景下的粉丝互动与情感演化

自 1994 年接入互联网以来，中国的电商欣欣向荣，飞速发展。《2019 年中国社交电商行业研究报告》显示，2013 年至 2019 年中国每年的电商交易额由 2.8 万亿元增至 11.7 万亿元，并逐渐趋于稳定[①]。传统电商趋近成熟，市场竞争越来越激烈，吸引客户的成本也越来越高。传统电商亟须高效、低成本、黏性高的用户来源。在这个互联网的时代中，社交类的应用程序（application，App）占用了用户绝对多的时间，如微信、新浪微博、今日头条、抖音等，这类社交平台流量丰富，用户之间互动频次多，结构呈现“去中心化”的特征，为传统化电子商务走出瓶颈提供了很好的出路。在这样的背景下，社会化商务应运而生。

社会化商务的概念于 2005 年被雅虎最先提出，它是一种以用户之间的互动关系为基础，借助 Web2.0 及自媒体开展的线上商业活动（李小倩和陈国宏，2018）。社会化商务也称社交电商，即通过社交网络平台，鼓励客户以分享个人体验的方式进行社会化互动，累积传递相关商品的交易信息，以协助采购决策和在线供应商制定广告和促销策略，从而辅助商品销售（Li et al.，2017）。

社会化商务是电子商务衍生出的一种新模式，是未来电子商务的发展趋势。（Kim and Park，2013）。社会化商务优于传统电商的关键在于其丰富的粉丝基础。粉丝不单纯是对某一个明星狂热的人群，而是渗透到整个社交网络中，对有兴趣的事物进行积极的表达、讨论、相互沟通，成为某一个产品、品牌甚至任何事物的粉丝（肖芃和高森宇，2015）。

自媒体一词是由英文 we media 意译而来，最早出现于 2003 年美国新

① http://report.iresearch.cn/wx/report.aspx?id=3402[2019-10-22]。

闻学会媒体中心出版的研究报告 *We Media* 中。该报告将自媒体定义为：普通大众经由数字科技强化，与全球知识体系相连之后，一种分享他们自身事实与新闻的途径（张小凡，2015）。伴随着各类应用软件及移动终端等新媒介的飞速发展，自媒体作为一种新的媒体形态应运而生走向繁荣，成为产品传播战略的重要组成部分（Rutter et al.，2016）。

随着社交媒体的受欢迎程度越来越高，越来越多的人开始借助于社交媒体平台进行沟通交流、分享创作等，成为自媒体的活跃分子。中国的自媒体兴起以 2009 年新浪微博上线为标志，随着新媒体的层出不穷而迅速发展，微博、微信、门户网站、电商平台等纷纷涉足该领域，直播、短视频等形式成为自媒体新热点。社会化商务背景下，越来越多的自媒体纷纷涌现，其中一部分自媒体用户通过吸引众多其他用户的关注，聚集粉丝，并在社交媒体上发布商品信息，来达到其商品交易的目的。在这个过程中，研究这些自媒体用户与其粉丝的互动规律，进而分析粉丝结构及其变化，发现普通大众从“路人”变成“忠实粉丝”的情感衍化规律，对于社交用户及企业进行粉丝管理及制定营销策略都具有重要的参考价值。

当前关于社会化商务的研究主要集中在以下几个方面：一是针对社会化媒体中顾客的行为进行分类、测量和预测（Chen et al.，2014；Liu et al.，2015）；二是研究分析社会化商务中顾客参与行为的影响机理（Pan et al.，2014；Zhang et al.，2014b；Zhang et al.，2015）；三是对社会化商务中顾客的购买行为影响机理进行分析论述（李国鑫等，2012；Ng，2013，Zhang et al.，2014a）；四是对社交媒体营销策略等相关领域进行调查研究（Consoli and Musso，2010；Berthon et al.，2012；Ananda et al.，2014；Constantinides，2014；Shareef et al.，2018）。总结现有研究发现，对社交媒体中自媒体粉丝的互动行为及其情感演化规律少有研究涉及，本篇将对自媒体粉丝行为及情感从不同角度进行研究。

自媒体在不同时间发布不同的信息内容会使粉丝产生不同的情感体验，进而影响其参与互动的意愿，产生不同的互动行为（如播放、点赞、收藏、评论）；同时粉丝在其形成和发展过程中也会经历类似生命周期的变化，从而导致社交媒体粉丝结构的变化。本篇依据使用与满足理论、准社会交往理论、相似吸引理论、情绪认知评价理论、群体情感理论及幂定律分布、漏斗模型、Plutchik 的三维环形模型等理论及工具，从静态视角上研究粉丝互动行为和粉丝构成分布，从动态发展的角度对粉丝结构演化和情感演化的规律进行深入研究。

本篇选择今日头条上的“三农”自媒体博主“布衣小童”为研究对象。“三农”自媒体作为自媒体大军中的重要一员，运营主体主要是农村网商，其发展对于我国农村经济及文化发展具有极其重要的意义。

# 第7章　自媒体粉丝互动行为及影响因素

## 7.1　粉丝互动研究背景和意义

区别于一般电子商务环境下消费者的自助购物模式，社会化商务环境下，消费者与博主之间互动形成固定粉丝，进而促进销售，这成为社会化商务的典型特征。一般意义上的粉丝互动是基于自媒体平台信息传播的一种途径，也特指博主与粉丝之间、粉丝与粉丝之间的沟通交流和信息分享（秦秋翠，2013）。自媒体平台有多种粉丝互动行为，主要以播放、点赞、收藏、评论等形式呈现。

“三农”自媒体作为自媒体大军中的重要一员，运营主体主要是农村网商。他们以各类社交网站、网络媒体为依托，以农业生活、农村风貌、农民形象为创作源泉，创作具有社会化创意的视频文章来吸引粉丝、发展客户（谢择月和蒲瑞霞，2019），在讲述现代农民日常生活的同时，充分借助媒介推广和宣传农产品。在社交电商日益普及的今天，农村逐步实现信息化，加入互联网的大潮。截至2020年3月，我国农村网民规模为2.55亿，占整体网民的28.2%，较2018年底增加3308万（国家图书馆研究院，2019），一系列以“三农”为主题的自媒体电商博主相继出现。“三农”自媒体电商不仅促进了农村经济发展，让农产品走出农村，助力精准扶贫，还传播农业技术，使得城乡能够更加平等地获取知识；同时，记录美丽乡村的变化，具有较强的人文价值。

在“三农”自媒体中，粉丝互动主要表现为以下两点：一是粉丝在浏览有关“三农”生活的创作内容后，根据自己的感受进行播放、点赞、收藏或评论；二是粉丝在购买“三农”博主推荐的农产品后，对产品进行评价，分享自己的购物心得。已有研究表明，用户对某个产品定位的认知与满意度、忠诚度和他们之间的交流行为密切相关（Rutter et al.，2016）。因此粉丝互动会直接影响品牌评价和购买意向，进而影响消费者的最终决策（付美菊和程艳霞，2019）。

“三农”自媒体通过平台发布文章或者视频，满足用户的消遣娱乐、情感释放、表达交流、信息共享等需求。使用与满足理论强调受众对于大众传媒的使用是主动的、受众的需要与媒介之间的联系、受众拥有主动权、媒介相互竞争以满足受众需要（林雅萍，2009）。因此，对粉丝互动行为进行深入分析有助于“三农”自媒体把握用户需求，优化服务内容，实现自身发展。粉丝互动是“三农”自媒体发展最直接的衡量指标，不仅可以提升博主知名度与作品传播度，还对商品销售有着重要的影响。综上，粉丝互动行为的研究对“三农”自媒体博主的管理运营有着重要的启示与指引作用。

本章重点研究“三农”自媒体博主发布视频后，粉丝针对视频进行的播放、点赞、收藏、评论四种互动行为，主要回答以下问题。

（1）不同粉丝互动行为之间有什么关联？

（2）粉丝互动行为随时间有什么变化规律？

（3）视频人物对粉丝互动行为有什么影响？

（4）视频事件对粉丝互动行为有什么影响？

本章将从“三农”自媒体博主“布衣小童”处收集数据，采用文本挖掘、相关分析、$t$ 检验及回归分析等方法，重点研究粉丝互动行为之间的关系及时间、人物和事件对粉丝互动的影响，并找出用户关注度高的视频人物和事件主题特征，从而为自媒体博主吸引更多粉丝、促进粉丝交互、进行有效的粉丝管理提供理论依据。

## 7.2 粉丝互动行为之间的关联性及其影响因素

本章通过引入文本挖掘与数据处理的方法测量粉丝互动行为，从粉丝互动行为之间的相关性、互动行为随时间的动态变化过程、视频内容对互动行为的影响三个维度提出假设。

### 7.2.1 粉丝互动行为之间的关联

在社交媒体模式下，信息传播的过程是博主与粉丝之间双向沟通的过程，它打破了传统的单向传播模式，实现公众受传一体化，彻底打破传播者和受众之间的互动壁垒。整个过程具备灵活、自主性强、普及范围广及互动机制突出等特点，使得互动信息在自媒体背景下的传播内容、传播范围、传播形式及信息主体等特征之间存在显著关系（孙彦波和陈达，2018）。用户根据自己的喜好在自媒体平台公开或匿名地发表自己的观点、分享自己的心得、对产品或服务进行评价、与其他用户进行交流。这实际上可以看作是一个由粉丝互动行为推动的循环发展过程。

提高社交媒体用户的互动性是博主的主要目标之一（Brech et al.,

2017)。当前基于自媒体平台的粉丝互动行为主要包括播放、点赞、收藏、评论等。播放即指用户对相关内容进行浏览，未进行其他操作；点赞指用户赞同认可相关内容；收藏指用户不仅赞同相关内容而且希望能够通过留存再次观看视频；评论指用户在浏览完相关内容后发表自己的观点，对相关内容进行点评。

播放、点赞、收藏、评论四种粉丝互动行为实际上相互关联，并且互动程度存在差异。一方面，不同互动行为之间具有相关性，可能会相互影响。播放行为会促使用户产生点赞、收藏、评论等互动行为，点赞、收藏对评论这一行为有更强的促进作用。另一方面，不同的互动行为存在互动程度的差异。用户与博主最基本的互动即为观看发布视频，在观看的基础上可能产生情感共鸣，投入更多的时间，进行点赞、收藏、评论等互动行为。卷入度是指个人基于其内在需要、价值观和兴趣而感知到的与客体的关联性，其中，“客体”可以是个人卷入的产品、品牌、广告或某种购物情境等（朱丽叶等，2017）。不同粉丝对于“三农”自媒体品牌的卷入度不同，所愿付出的互动成本也有差异。不同的互动程度与用户付出的成本相关联，互动程度越深，用户付出的成本越大，其背后原因即是用户卷入度的不同。由此提出以下假设。

H7.1：粉丝不同的互动行为（播放、点赞、收藏、评论）之间互相关联。

### 7.2.2 时间对粉丝互动行为的影响

时间对粉丝互动行为的影响主要从两个维度进行假设验证。第一，粉丝互动行为是否随着自媒体博主的发展而有明显变化；第二，时间中的特殊节点，即节假日对粉丝互动行为是否有显著影响。

一方面，在自媒体博主发展的过程中，粉丝数量在不断增加。不同阶段的粉丝数量有巨大变化，甚至存在十几万至上百万的差别。在这一过程中自媒体博主进一步通过不同平台的曝光宣传，知名度逐渐提升。同时，口碑传播对消费者的品牌认知也会产生很大的影响（Luo et al.，2017），随着自媒体已有粉丝口碑的不断传播，其品牌形象逐步建立，从而吸引更多的粉丝关注。另外，随着已有粉丝的持续关注，粉丝对自媒体博主的卷入度与认同度会越来越高（朱丽叶等，2017），互动意愿逐渐增加。由此，自媒体博主在发展过程中，后阶段粉丝的数量与粉丝活跃度应远远大于前期，所以假设粉丝互动行为整体上会随着时间动态增加。由此，提出以下假设。

H7.2：粉丝的互动行为随着时间变化动态增加。

另一方面，在自媒体粉丝互动水平随着时间动态变化的过程中，特殊的时间节点同样会对粉丝互动行为产生影响。当视频发布时间处于节假日时，粉丝有更多娱乐时间来关注自己感兴趣的博主。处于假期时粉丝心理上会更加舒缓，针对发布的视频更乐于参与互动。特殊的节日能更加引起粉丝情感共鸣，进而使其更易于参与互动行为。由此，提出以下假设。

H7.3：视频发布时间若为节假日粉丝互动行为有显著增加。

### 7.2.3 视频内容对粉丝互动行为的影响

不同的视频内容会使粉丝产生不同的情感体验，进而影响其参与互动的意愿。已有研究在对 Facebook 用户参与程度这一因素的研究过程中发现，当图片的表达形式与生动的内容相结合时，粉丝的互动程度更高（de Vries et al.，2012；Felix et al.，2017）。同样，令人神经紧张的内容会影响粉丝的参与（Ashley and Tuten，2015；Brech et al.，2017）。

自媒体博主发布视频的内容主要由人物和事件构成。一方面，根据准社会交往理论，观众与大众媒体中的人物会建立表面上面对面的关系或友谊的幻想体验，将其当作真实人物与之互动（Sokolova and Kefi，2020）。自媒体粉丝会产生与视频中的人物建立了真实关系的体验，对不同人物喜爱程度不同，进而参与互动的意愿也不同，当自己喜爱的人物出现时，粉丝更倾向进行互动行为。另一方面，社会心理学中相似吸引理论（similarity-attraction theory）强调人们在社会交往中自身态度和信仰与其他人越相似，就越有可能被他们吸引（Berger，1979）。由此，提出以下假设。

H7.4：视频人物对粉丝的互动行为有显著影响。

自媒体博主视频内容传播的价值观及生活态度与粉丝越相似时，粉丝越容易产生认同感与融合感。粉丝对于事件的价值认同度不同，话题敏感性也有很大差异，因此粉丝参与互动的意愿也会有高低之别。当视频中的事件更符合粉丝的价值认同和情感共鸣时，能够激起粉丝对于话题的讨论，粉丝更倾向参加互动。由此，提出以下假设。

H7.5：视频事件对粉丝的互动行为有显著影响。

## 7.3 粉丝互动研究设计

### 7.3.1 粉丝互动研究方法与技术路线

本章通过现实调研与文献分析得出研究假设。基于研究假设，首先进行研究样本的选择，获取研究数据；其次，运用 Python 与 Excel 对数据进行处理分析，得出研究假设变量；最后，运用 Minitab 中的相关分析、回归分析与 $t$ 检验对假设进行验证，研究技术路线见图 7.1。

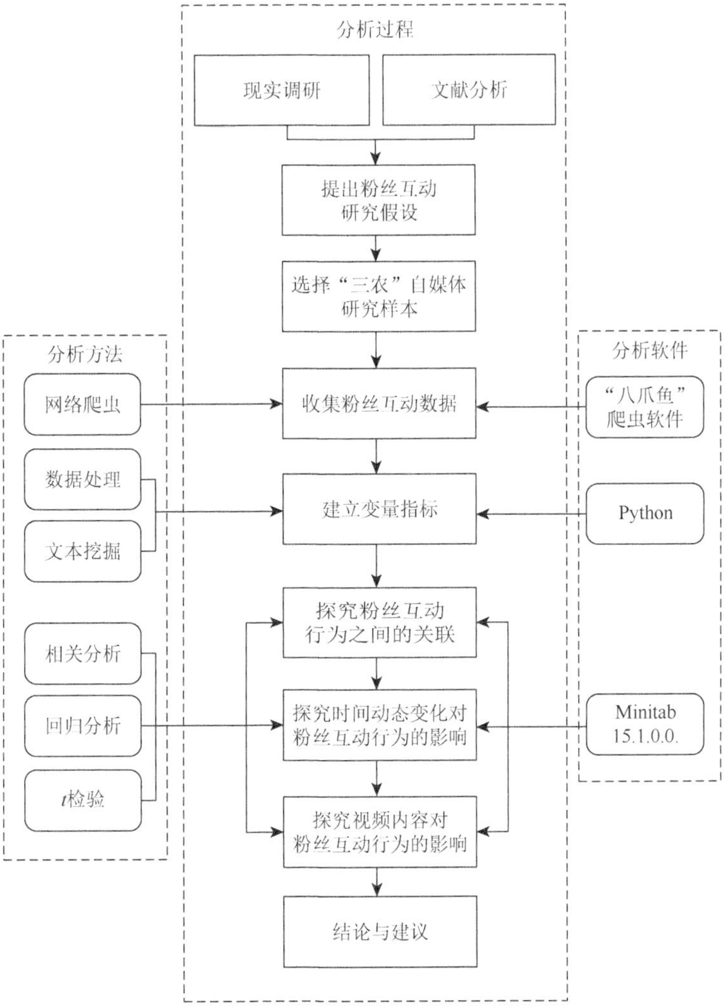


图 7.1　粉丝互动研究技术路线

1. 数据收集与处理

虽然爬取的数据结构化较好，但是一般不能直接用于实验分析，需要采取一定的数据分析方法，对爬取的数据进行处理。

Python 是一种高级的解释性程序设计语言，它支持多种平台和编程范式，该编程语言具有易于学习和使用、可扩展性强、工具库丰富等特点，吸引了众多科研工作者与软件开发人员（Marowka，2018）。本章采用 Python

进行数据处理，对爬取的数据进行清洗整理，提取出假设中的变量，进而使用统计学方法对假设进行验证。

2. 文本挖掘方法

本章采用文本挖掘方法对自媒体视频信息中的文本数据进行处理，获得视频内容变量后，进一步通过统计学方法探究视频内容对粉丝互动行为的影响。首先使用 Python 中的第三方库 jieba 对文本类型数据进行分词处理，其次以词频-逆文本频率（term frequency-inverse document frequency，TF-IDF）为指标表示各个词的重要度，最后结合之前得到的数据，通过降维方法判别分析主题模型提取视频内容信息。

jieba 是 Python 中的一个分词组件，支持 3 种分词模式：精确模式、全模式、搜索引擎模式。精确模式是试图将句子最精确地切开，适合文本分析；全模式是把句子中所有可以成词的词语都扫描出来，速度非常快，但是不能解决歧义；搜索引擎模式是在精确模式的基础上，对长词再次切分，提高召回率，适合于搜索引擎分词（郭雷风，2016）。基于以上特点本章使用 jieba 的精确模式对视频信息的文本数据进行分词。

使用 TF-IDF 表示关键词重要度，利用分词技术对文本数据进行分词处理后，依据 TF-IDF 指标给关键词赋予重要程度，以便下一步主题词的提取。TF-IDF 算法主要用于评估某一字词对于一个文件集或一个语料库中的其中一份文件的重要程度。TF 表示特征词 $m$ 在文档 $D$ 中出现的频率，IDF 表示所有文档中出现特征词 $m$ 的文档数。通过 TF-IDF 算法，能够将表示文本主要特征内容的关键词语找出来，同时将一些无意义的干扰词语过滤掉（陈白雪和宋培彦，2018）。TF-IDF 算法容易理解，易于操作，在特征词选取方面具有较好的适用性，能够较好地辅助研究。

自媒体文本数据中蕴含着丰富的主题信息，由于数据规模较大，增加了从文本中提取主题词的难度。本章利用隐狄利克雷分配（latent Dirichlet allocation，LDA）主题模型进行文本主题的提取。LDA 是一个三层次的贝叶斯模型，其中一个集合中的每个项目都被建模为一组潜在的话题（主体）类型的有限混合（万红新和彭云，2018）。每个主题都被建模为一组潜在主题概率的无限混合（Blei et al.，2003）。LDA 模型的文档生成过程为以下几步。

（1）对于每篇文档 $d$，从参数为 $\alpha$ 的 Dirichlet 分布中选择主题参数 $\theta_d$。

(2) 对于文档 $d$ 中的第 $i$ 个单词 $\omega_{di}$，从参数为 $\theta_d$ 的多项式主题分布中产生一个主题 $z_{di}$；从参数为 $z_{di}$ 的多项式单词分布中产生单词 $\omega_{di}$。

(3) 重复上述步骤，直至生成整个文档（崔雪莲等，2018）。

### 3. 统计分析方法

本章主要使用描述性统计、相关性分析、回归分析、$t$ 检验等统计学方法对建立的变量进行统计分析，由分析结果进一步讨论变量之间的结构关系，验证假设是否成立，并针对实验结果进行讨论分析。

首先使用描述性统计观察样本数据特征，使用相关分析明确粉丝互动行为之间及其与时间和视频内容的相关性，以便进行后续的深入分析。通过描述性统计观察粉丝互动行为的数据分布、平均水平等描述性特征，在此基础上进行后续分析。使用相关性分析衡量粉丝互动行为变量因素的相关密切程度。在两个随机向量之间的建模问题中，逻辑上只有当两个随机向量之间存在关系的基础上，才能建立这两个随机向量之间的定量模型。两个随机向量之间关系的统计刻画就是典型相关分析。典型相关分析是随机向量之间建模问题的前奏，在多元统计建模中发挥着至关重要的基础作用（杜子芳和常志勇，2014）。

使用 $t$ 检验验证时间的动态变化与视频内容对粉丝互动的影响是否具有统计上的显著性，使用回归分析明确影响的具体程度。

$t$ 检验，亦称 student $t$ 检验，是用 $t$ 分布理论来推断差异发生的概率，目的是比较两组样本的差异是否显著。其基本思想是小概率反证法，基本原理是先对总体的特征做出某种假设，然后通过抽样样本的统计推断，做出对此假设应该拒绝还是接受的推断（穆广杰，2011）。本章使用 $t$ 检验对不同条件下粉丝参与互动的行为是否有显著差异进行验证，以此来验证假设是否成立。

回归分析是一种常用的确定因变量与自变量关系的分析方法（郭均鹏等，2018）。回归分析法是在掌握大量实测数据的基础上，利用数理统计方法构造因变量与自变量之间的函数关系，从而建立函数表达式（邓健等，2019）。本章使用回归分析，探究不同的粉丝互动行为的具体特征。逐步回归是回归分析中一种重要的分析方法，它的主要思路是在所考虑的全部解释变量中按对被解释变量的贡献大小逐个引入回归方程，已被引入回归方程的变量在引入新变量后也可能失去重要性，而需要从回归方程中剔除出去。引入一个变量或者从回归方程中剔除一个变量都要进行 $F$ 检验，以保证在引入新变量前回归方程中只含有对被解释变量影响显著的变量，而不显著的变量已被剔除（刘明和王仁曾，2012）。当假设包含的自变量过多时，为了衡量重要变量对于互动的影响程度，采用逐步回归方法对粉丝互动行为进行分析。

### 7.3.2　粉丝互动研究样本选择

今日头条是目前国内发展迅速的内容平台，平台设有“三农”专栏。截至 2018 年 11 月 18 日，今日头条平台拥有 3.2 万位“三农”创作者，创造了超过 200 万条“三农”信息，阅读和播放总量达到 500 亿次。图 7.2 为 2016～2019 年今日头条“三农”信息阅读与播放总量变化趋势。今日头条平台中“三农”自媒体主要通过短视频的方式发布信息，故本章以粉丝参与短视频的互动作为研究对象。选择一位“三农”自媒体博主进行深入研究验证假设，后续研究中将选择更多典型代表验证结论的普适性。

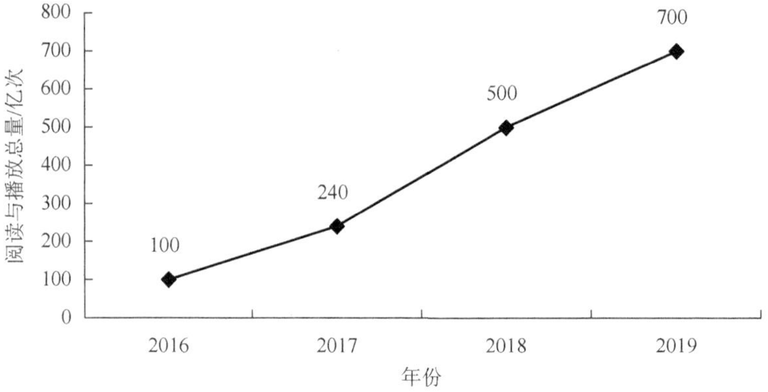


图 7.2　2016～2019 年今日头条“三农”信息阅读与播放量变化趋势

2018 年在今日头条平台内，超过 50 人拥有 100 万以上粉丝，超过 500 人拥有 10 万以上粉丝。2019 年 4 月 11 日由《农民日报》与“字节跳动”共同主办了首届“金稻穗奖”颁奖典礼，四个领域内共有 16 位“三农”自媒体博主获奖，本章通过对比分析这 16 位博主来选定研究样本，获奖的“三农”自媒体博主见表 7.1。

**表 7.1　“金稻穗奖”16 位获奖博主**

| 奖项 | 人物奖 | 内容奖 | | |
|---|---|---|---|---|
| 春华篇 | 乡野丫头 | 微观农村 | 山竹食道 | 农村小野 |
| 夏耕篇 | 我爱种菜 | 天天学农官方 | 农技小背篓 | 付老师种植技术团队 |
| 秋实篇 | 巧妇 9 妹 | 乡村小乔 | 我的农村 365 | 阿兮随笔 |
| 冬乐篇 | 农村四哥 | 牛不啦 | 农民王小 | 布衣小童 |

首先进行初步选择，通过考虑研究样本对于“三农”自媒体的代表性及发布内容与乡村生活的贴合程度。初步选定五位“三农”自媒体博主，分别为获得春华篇人物奖的“乡野丫头”、获得夏耕篇人物奖的“我爱种菜”、获得秋实篇人物奖的“巧妇9妹”、获得秋实篇内容奖的“阿兮随笔”，以及获得冬乐篇内容奖的“布衣小童”，截至2019年7月20日，五位“三农”自媒体博主的信息见表7.2。

**表7.2　“三农”自媒体博主信息**

| 博主 | 文章与视频数 | 粉丝数 | 获赞数 | 店铺商品总销量 |
|---|---|---|---|---|
| 乡野丫头 | 7 037条 | 213万人 | 423万个 | 1.461 7万件 |
| 我爱种菜 | 1 905条 | 136万人 | 75万个 | — |
| 巧妇9妹 | 7 123条 | 359万人 | 924万个 | 23.235万件 |
| 阿兮随笔 | 16 000条 | 15万人 | 331万个 | — |
| 布衣小童 | 1 148条 | 95万人 | 330万个 | 4万件 |

表中五位“三农”自媒体博主在“三农”自媒体的不同领域均具有一定代表性，“乡野丫头”博主为侗族姑娘，视频内容多为表现侗族日常生活的，展现了美好乡村风貌，粉丝数为213万人，店铺销售商品多为农家自制，销售量不是十分突出。“我爱种菜”视频内容多为展示家庭种菜技术，包括种菜方法、自制肥料、病虫害防治等，其宗旨为让更多的人接触到农业种植技术，在今日头条平台不出售商品。“巧妇9妹”博主为广西壮族姑娘，视频内容为展示壮族日常生活并介绍销售商品信息，通过视频使乡村与城市产生沟通，推广家乡农产品，无论是粉丝数量还是商品销售量均在今日头条平台名列前茅。“阿兮随笔”博主为今日头条“三农”讲师，通过文章写作介绍乡村故事，推广滞销农产品，其本身并不出售商品。“布衣小童”的视频内容主要通过农村儿童“小欧”与其家人的互动来展示农村生活的温馨与乡村的美丽，并开始尝试“三农”领域自媒体创业，建立了电商平台，店铺销售量已达到4万件。

通过进一步对比分析五位“三农”自媒体博主发布视频的内容与所处发展阶段，最终选定“布衣小童”作为研究样本。具体原因如下：第一，发布内容积极向上，符合社会主义核心价值观。“布衣小童”作品根植于农村，以孩童的视角，刻画农村人文风貌，同时展示农村儿童成长，关注留守儿童问题，重视家庭的温情。第二，“布衣小童”在“三农”自媒体与电商创业中均具有一定的代表性。截至2019年7月，其粉丝数量为95万人，共进行三次农产品销售，销量为4万件，入驻今日头条两年多以来视频累计播放量超过 5 亿人次，累计播放时长超过 10 亿分钟，其视频在国外视频平台 YouTube 也有一定传播。第三，“布衣小童”正处于快速发展阶段，在具有较广代表性的同时，也能够较为普遍地反映“三农”自媒体博主的现状与问题，选择其作为研究样本对“三农”自媒体博主的运营更加具有现实意义。

### 7.3.3 粉丝互动研究数据收集

以今日头条平台中“三农”自媒体博主“布衣小童”发布的视频信息及发布后粉丝互动行为情况作为研究数据。粉丝的互动行为包括播放、点赞、收藏、评论四种，通过网络爬虫进行数据的获取。网络爬虫（也称为 robot 或 spider）是一种用于大量下载网页的系统，是数据挖掘领域广泛应用的方法之一（Olston and Najork，2010）。“八爪鱼”是专业的网络爬虫软件，可以选择爬取数据的网站、数据类型、爬取范围、爬取方式与时间等，并且其提供云服务器采集、定时云服务器采集和本地采集三种采集数据的方法，采集方式灵活多样。考虑到本章的数据量与数据爬取难度，选择使用“八爪鱼”的云服务器采集，来收集“布衣小童”的视频信息与粉丝互动行为的相关数据。对爬取的视频数据与评论数据的解释说明分别见表 7.3 与表 7.4。

**表 7.3　视频数据说明**

| 数据字段名称 | 解释说明 | 数据类型 | 单位 |
|---|---|---|---|
| 视频发布序号 | 视频编号，表示视频发布的先后顺序，最早发布的视频序号为 1 | 数值 | — |
| 视频标题 | 发布视频的标题名称 | 文本 | — |
| 视频链接 | 视频的网址 | 文本 | — |
| 视频播放量 | 视频被观看的数量 | 文本 | 万次 |
| 视频点赞数 | 视频被点赞的数量 | 文本 | 个 |
| 视频收藏数 | 视频被收藏的数量 | 文本 | 个 |
| 视频评论数 | 视频评论的个数 | 文本 | 个 |
| 视频发布时间 | 视频发布的日期 | 文本 | — |
| 视频时长 | 视频的时间长度 | 文本 | 分钟 |

**表 7.4　评论数据说明**

| 数据字段名称 | 解释说明 | 数据类型 | 单位 |
|---|---|---|---|
| 评论编号 | 评论在数据中的唯一编号 | 数值 | — |
| 视频发布序号 | 评论所对应的视频编号 | 数值 | — |
| 视频标题 | 评论所对应的视频标题 | 文本 | — |

续表

| 数据字段名称 | 解释说明 | 数据类型 | 单位 |
|---|---|---|---|
| 视频发布时间 | 视频的发布日期 | 文本 | — |
| 评论用户名 | 用户发布评论所使用的名称 | 文本 | — |
| 评论时间 | 用户发布评论的时间 | 文本 | — |
| 评论内容 | 用户发布的评论内容 | 文本 | — |
| 评论点赞数 | 该条评论被点赞的数量 | 文本 | 个 |
| 评论回复数 | 该条评论被回复的数量 | 文本 | 个 |

通过爬取“布衣小童”视频发布页面上的所有信息，共收集到 2017 年 10 月 3 日至 2019 年 7 月 2 日时间段内的 605 条视频数据，其中 603 条具有评论数据，粉丝评论内容数据共有 236 201 条。本章研究关注粉丝互动行为数量情况，数据主要集中于视频信息与粉丝互动数量，粉丝评论内容将在后续章节详细分析。

### 7.3.4　粉丝互动研究变量测量

基于理论基础与研究假设对变量进行设计。详细分析爬取的数据，将数据与假设变量联系，由此确定具体的研究变量。最终所设计的变量说明见表 7.5。

**表 7.5　互动行为及影响因素相关变量的解释说明**

| 代码 | 变量类型 | 变量名称 | 解释说明 | 数据类型 | 单位 |
|---|---|---|---|---|---|
| $Y_1$ | 因变量 | 视频播放量 | 视频被观看的数量 | 数值 | 万次 |
| $Y_2$ | 因变量 | 视频点赞数 | 视频被点赞的数量 | 数值 | 个 |
| $Y_3$ | 因变量 | 视频收藏数 | 视频被收藏的数量 | 数值 | 个 |
| $Y_4$ | 因变量 | 视频评论数 | 视频评论的个数 | 数值 | 个 |
| $X_1$ | 时间变量 | 视频发布的序数 | 视频发布编组序号 $t$ 的自然对数 $\ln(t)$ | 数值 | — |
| $X_2$ | 节假日变量 | 节假日 | 若视频发布当天及后一天为节日或假日中的一项则为 1，两项则为 2，否则为 0 | 数值 | — |
| $X_3$ | 视频人物变量 | 视频人物 | 视频标题中是否出现小欧，出现则为 1，否则为 0 | 数值 | — |
| $X_4$ | 视频事件变量 | 视频事件 | 视频所展示的事件 | 文本 | — |

如表 7.5 所示，粉丝的播放、点赞、收藏、评论四种互动行为作为因变量，对应假设 H7.1；变量 $X_1$ 对应时间假设 H7.2；变量 $X_2$ 对应节假日假设 H7.3；变量 $X_3$、$X_4$ 分别对应视频人物假设 H7.4 与视频事件假设 H7.5。

为测量研究变量，首先使用 Python 编程语言将爬取的数据进行预处理。数据预处理包括数据格式转换与数据清理。由表 7.3 与表 7.5 对比可知，爬取的数据格式均为文本类型，需要对数据格式进行转换后才能进行后续分析。文章利用 Python 编程语言将视频播放量、视频点赞数、视频收藏数、视频评论数转换为数值类型，并统一单位；数据清理包括缺失值与异常值两项操作。缺失值处理是针对 2 条无评论视频数据进行删除操作；在异常值处理的过程中，经分析发现视频数据中异常值的产生是该条视频成为爆款视频而导致的，为保证数据的真实与全面性，故不对异常值进行处理。

以下为变量测量具体过程。

### 1. 因变量 $Y$

如表 7.5 所示，在对数据进行格式转化之后，即可得到“三农”自媒体博主“布衣小童”发布视频后粉丝互动行为的定量化数据，即视频播放量、视频点赞数、视频收藏数和视频评论数四个因变量。

### 2. 时间变量 $X_1$

根据现有研究，粉丝互动行为与时间序数并不是直接的线性关系，自然对数更能反映粉丝互动性与时间变量的拟合，故时间变量 $X_1$ 选用视频发布序数的自然对数值（邵景波等，2016）。通过使用 Python 编程语言，对表 7.3 中视频发布序数取自然对数值作为 $X_1$ 变量的值。

### 3. 节假日变量 $X_2$

若视频发布当天或者后一天为节日或假日中的一项，则该条视频 $X_2$ 变量的值为 1，若有两项则为 2，否则为 0，个别特殊情况即视频发布当天及后天同时为 2 个节日且为假日，则该视频 $X_2$ 变量值为 3。节假日的选取为视频发布当年的法定节假日、重要的庆祝节日及寒假、暑假，“布衣小童”为“三农”自媒体博主，因此节日的选择较为全面地包含了传统节日。“布衣小童”发布视频的时间跨度为 2017 年 10 月至 2019 年 7 月，选取的这期间的节假日见表 7.6。

表 7.6 2017 年 10 月～2019 年 7 月节假日列表

| 年份 | 节假日 | 日期 | 年份 | 节假日 | 日期 |
|---|---|---|---|---|---|
| 2017 年 | 国庆节 | 10 月 1 日 | 2018 年 | 中秋节 | 9 月 24 日 |
| | 中秋节 | 10 月 4 日 | | 国庆节 | 10 月 1 日 |
| | 重阳节 | 10 月 28 日 | | 重阳节 | 10 月 17 日 |
| | 感恩节 | 11 月 23 日 | | 感恩节 | 11 月 22 日 |
| | 平安夜 | 12 月 24 日 | | 平安夜 | 12 月 24 日 |
| | 圣诞节 | 12 月 25 日 | | 圣诞节 | 12 月 25 日 |
| 2018 年 | 元旦 | 1 月 1 日 | 2019 年 | 元旦 | 1 月 1 日 |
| | 寒假 | 1 月 19 日至 2 月 27 日 | | 腊八节 | 1 月 13 日 |
| | 腊八节 | 1 月 24 日 | | 寒假 | 1 月 15 日至 2 月 20 日 |
| | 小年 | 2 月 8 日 | | 小年 | 1 月 28 日 |
| | 春节 | 2 月 16 日 | | 除夕 | 2 月 4 日 |
| | 妇女节 | 3 月 8 日 | | 春节 | 2 月 5 日 |
| | 清明节 | 4 月 5 日 | | 情人节 | 2 月 14 日 |
| | 劳动节 | 5 月 1 日 | | 元宵节 | 2 月 19 日 |
| | 母亲节 | 5 月 13 日 | | 妇女节 | 3 月 8 日 |
| | 儿童节 | 6 月 1 日 | | 清明节 | 4 月 5 日 |
| | 父亲节 | 6 月 17 日 | | 劳动节 | 5 月 1 日 |
| | 端午节 | 6 月 18 日 | | 母亲节 | 5 月 12 日 |
| | 暑假 | 7 月 15 日至 8 月 25 日 | | 儿童节 | 6 月 1 日 |
| | 七夕节 | 8 月 17 日 | | 端午节 | 6 月 7 日 |
| | 教师节 | 9 月 10 日 | | | |

利用 Python 编程语言处理视频发布时间数据，首先建立视频发布时间轴，其次与表 7.6 标出的节假日时间进行核对，由此建立节假日变量 $X_2$。

4. 视频人物变量 $X_3$

视频人物变量用 $X_3$ 表示，视频标题中出现了哪些人物。由于视频标题为文本类型数据，需要将其转换为数值类型数据，本章采用 0/1 变量对其进行编码，即视频标题中出现了变量中的人物，则该值为 1，否则为 0。

对于该变量的测量，首先对视频标题进行分词处理，采用 Python 中文分词第三方库 jieba 对视频标题进行分词，前 10 条视频标题的分词结果见表 7.7。其次，计算得出关键词的 TF-IDF 值，以表示关键词在视频标题中的重要度，关键词重要度统计结果的前 30 见表 7.8。

表 7.7　视频标题分词结果

| 序号 | 视频标题分词结果 |
|---|---|
| 1 | /农村/爷爷/真/聪明/！/这样/晒/玉米/简单/方便/，/2/岁/宝宝/这样/做/忍不住/爆笑/ |
| 2 | /萝卜/新/吃法/！/农村/奶奶/这样/秘制/，/2/岁/宝宝/直呼/好吃/，/简单/又/美味/ |
| 3 | /看见/这种/收割机/！/农民/爷爷/乐坏了/，/忍不住/尝试/，/这样/割/黄豆/太酷/了/ |
| 4 | /这种/野菜/是/良药/！/能治/几十种/病/，/农村/妈妈/这样/吃/，/美味/又/营养/ |
| 5 | /爆炒/猪肉/有/绝招/！/农村/老爸/教/你/秘诀/，/配上/这/两种/蔬菜/，/再也/吃/不腻/ |
| 6 | /农村/爷爷/教/你/秘制/豆腐干/！/2/岁/小孩/馋/的[①]/直/流口水/，/男女老少/都/爱/吃/ |
| 7 | /爆笑/！/2/岁/宝宝/帮/奶奶/摘/山药/，/满嘴/跑/火车/气疯/妈妈/，/尴尬/症/都/犯/了/ |
| 8 | /南瓜/新/吃法/！/不炖/不/炒/不/蒸/，/比/大鱼大肉/还/好吃/，/农村/爸爸/教/你/秘制/ |
| 9 | /农村/父子/真/搞笑/！/2/岁/宝宝/和/爸爸/吵架/，/这样/说话/把/妈妈/气疯/了/ |
| 10 | /农村/2/岁/宝宝/下厨房/烧火/，/发生/尴尬事/，/看/一次/笑/一次/！/ |

表 7.8　重要度排名前 30 的关键词

| 序号 | 名称 | TF-IDF | 序号 | 名称 | TF-IDF |
|---|---|---|---|---|---|
| 1 | 爷爷 | 0.4587 | 9 | 太逗 | 0.1240 |
| 2 | 宝宝 | 0.3448 | 10 | 儿子 | 0.1200 |
| 3 | 爸爸 | 0.3170 | 11 | 爆笑 | 0.1089 |
| 4 | 农村 | 0.2038 | 12 | 萌娃 | 0.1080 |
| 5 | 小欧 | 0.1760 | 13 | 逗乐 | 0.1069 |
| 6 | 叔叔 | 0.1419 | 14 | 机智 | 0.0852 |
| 7 | 这样 | 0.1308 | 15 | 奶奶 | 0.0839 |
| 8 | 孙子 | 0.1246 | 16 | 妈妈 | 0.0834 |
| 17 | 尴尬事 | 0.0588 | 24 | 弟弟 | 0.0459 |
| 18 | 趁机 | 0.0579 | 25 | 干活 | 0.0443 |
| 19 | 无言以对 | 0.0522 | 26 | 回答 | 0.0435 |
| 20 | 哭笑不得 | 0.0504 | 27 | 满嘴 | 0.0368 |
| 21 | 瞬间 | 0.0495 | 28 | 尴尬 | 0.0346 |
| 22 | 套路 | 0.0485 | 29 | 舅舅 | 0.0346 |
| 23 | 聊天 | 0.0477 | 30 | 帮忙 | 0.0313 |

由表 7.8 可知，由 TF-IDF 计算出的重要关键词，仍然包括许多非人物关键词，如“农村”“这样”“太逗”等。同时，没有实现同义词合并，如

① 此处应为“得”。

“宝宝”“孙子”“小欧”等均代表“布衣小童”视频中的人物“小欧”。在后续的 LDA 主题词分布处理时设置停止词，并将同义词合并。

通过 Python 编程语言，将由 TF-IDF 得到的关键词权重输入 LDA 主题词分布模型。通过设置停止词，去除无关词语，前 30 个停止词见表 7.9。进一步将同义词合并，去除相同人物词语的冗余，同义词见表 7.10。

**表 7.9　视频标题停止词**

| 序号 | 停止词 | 序号 | 停止词 | 序号 | 停止词 |
|---|---|---|---|---|---|
| 1 | 一个 | 11 | 无言以对 | 21 | 瞬间 |
| 2 | 被 | 12 | 尴尬事 | 22 | 回答 |
| 3 | 喷 | 13 | 结果 | 23 | 视频 |
| 4 | 满嘴 | 14 | 趁机 | 24 | 发现 |
| 5 | 来 | 15 | 故意 | 25 | 太逗 |
| 6 | 摘 | 16 | 问题 | 26 | 哭笑不得 |
| 7 | 火车 | 17 | 帮忙 | 27 | 帮 |
| 8 | 提出 | 18 | 发生 | 28 | 机智 |
| 9 | 无语 | 19 | 聊天 | 29 | 爆笑 |
| 10 | 套路 | 20 | 跑 | 30 | 感动 |

**表 7.10　视频标题人物同义词**

| 人物 | 同义词 |
|---|---|
| 小欧 | 小欧、宝宝、孙子、萌娃、儿子、农村小孩、熊孩子、话痨、农村孩子 |

使用 Python 编程语言 Gensim 第三方库的 LDA 模型，得到最终的人物主题词分布，人物主题词分布结果为：“0.038×‘爷爷’+0.026×‘爸爸’+0.012×‘小欧’+0.011×‘叔叔’+0.008×‘妈妈’+0.008×‘奶奶’+0.005×‘弟弟’+0.003×‘一家人’+0.003×‘舅舅’+0.003×‘兄弟’”。根据 LDA 主题生成模型得到的人物主题词分布，结合视频内容，确定视频人物变量 $X_3$，结果见表 7.11。

**表 7.11　视频人物变量**

| 序号 | 字段名称 | 解释说明 |
|---|---|---|
| 1 | 人物-小欧 | 视频中出现了小欧 |
| 2 | 人物-小欧&爷爷 | 视频中同时出现了小欧与爷爷 |
| 3 | 人物-小欧&奶奶 | 视频中同时出现了小欧与奶奶 |
| 4 | 人物-小欧&爷爷&奶奶 | 视频中同时出现了小欧、爷爷、奶奶 |

续表

| 序号 | 字段名称 | 解释说明 |
| --- | --- | --- |
| 5 | 人物-小欧&爸爸 | 视频中同时出现了小欧与爸爸 |
| 6 | 人物-小欧&妈妈 | 视频中同时出现了小欧与妈妈 |
| 7 | 人物-小欧&爸爸&妈妈 | 视频中同时出现了小欧、爸爸、妈妈 |
| 8 | 人物-小欧&弟弟 | 视频中同时出现了小欧与弟弟 |
| 9 | 人物-小欧&叔叔 | 视频中同时出现了小欧与叔叔 |
| 10 | 人物-小欧&叔叔&爸爸 | 视频中同时出现了小欧、爸爸、叔叔 |
| 11 | 人物-兄弟 | 视频中同时出现了爸爸与叔叔 |
| 12 | 人物-小欧&舅舅 | 视频中同时出现了小欧与舅舅 |
| 13 | 人物-一家人 | 视频中同时出现了小欧一家人 |

因为“三农”自媒体博主“布衣小童”视频内容主要是通过记录人物“小欧”的日常生活来反映农村儿童的成长，展现乡村生活的，所以视频内容多为“小欧”与其家人的互动。通过使用 Python 编程语言，判断视频标题是否满足每个人物变量的要求，若满足则为 1，否则为 0，由此得出视频人物变量 $X_3$。

5. 视频事件变量 $X_4$

因为视频所表示的事件不能够从字词中直接提取，而现有的文本分析方法无法直接提取文本中的事件，所以本章选择人工标注的方式对视频标题中的事件进行识别，同时为了控制标注者情绪与判断因素的影响，每条视频标题都由 3 位标注者独立判定给出事件类型，对差异较大的内容再次讨论确定最终事件类型（邵景波等，2016），标注的事件示例见表 7.12。

**表 7.12　事件标注示例**

| 序号 | 视频标题 | 标注事件 |
| --- | --- | --- |
| 1 | 爆笑！3 岁宝宝给爷爷磕头玩套路，结果发生尴尬事，妈妈笑喷了 | 祖孙互动：拜年 |
| 2 | 3 岁宝宝陪爷爷吃早饭，餐桌上一个不经意的举动，把爷爷感动了 | 祖孙互动：孝敬老人 |
| 3 | 农村爸爸和儿子搞笑对话：没钱娶媳妇怎么办？3 岁宝宝机智回答 | 父子互动：娶媳妇 |
| 4 | 3 岁宝宝理发失败，向爷爷告状，要求爸爸这样补救，爷爷哭笑不得 | 父子矛盾：理发 |
| 5 | 爆笑！2 岁宝宝和妈妈聊天，发生尴尬事，看一次笑一次 | 母子互动：聊天 |
| 6 | 农村儿媳给婆婆买一条裙子，3 岁宝宝这样赞美奶奶，爷爷乐坏了 | 婆媳互动：买裙子 |
| 7 | 舅舅问外甥：你什么时候减肥？3 岁宝宝机智回答，舅舅瞬间尴尬了 | 小欧与舅舅：减肥 |
| 8 | 农村小孩和一只鹦鹉的感人故事！鹦鹉飞走之后，3 岁宝宝情绪失控 | 小孩与动物：鹦鹉飞走 |
| 9 | 农村萌娃收白菜，大爷爷来借钱，熊孩子这样转移话题，爷爷无语了 | 邻里关系：借钱 |
| 10 | 航拍小欧的家乡，村庄和集市 | 风景展示：航拍 |

如表7.12所示，视频事件的标注由事件中主要的互动主体与事件行为组成，两者共同反映事件的类型与内容。其中，“祖孙互动”是指视频的互动主体为小欧与其爷爷奶奶或者姥姥姥爷，“父子互动”是指小欧与其父亲日常正面的互动行为，并不体现人物冲突，“父子矛盾”是指视频内容中制造了小欧与其父亲冲突场景，以达到娱乐的效果。

通过事件标注，获得视频对应的事件主题。将事件主题分类汇总，确定不同事件对应的粉丝互动行为数据，最终得出视频事件变量 $X_4$。利用描述性统计与 $t$ 检验等统计学方法，分析对比不同事件下“三农”自媒体的粉丝互动行为，验证研究假设H7.5。

## 7.4　粉丝互动研究结果分析与讨论

### 7.4.1　粉丝互动行为之间的关系

本章采用描述性统计、$t$ 检验、相关分析和多元回归等统计学方法对变量进行分析，验证假设是否成立。针对“三农”自媒体博主“布衣小童”粉丝的互动行为之间的分析，主要采用描述性统计与相关分析方法。

对播放、点赞、收藏和评论四种粉丝互动行为进行描述性统计，见表7.13。由表7.13可知，四种粉丝互动行为存在明显差异，且互动行为的深度有明显分层。视频播放量的平均值最高，其与点赞、评论、收藏三种互动行为相差很大，即有相当一部分粉丝只观看了视频，而没有进行其他进一步的互动；视频点赞量平均值次之，与评论和收藏相差较大，评论与收藏相差较小。粉丝互动行为频次比较见图7.3。

**表7.13　粉丝互动行为描述性统计**

| 互动行为 | 平均值 | 标准误差 | 中位数 | 标准差 | 峰度 | 偏度 | 区域跨度 |
|---|---|---|---|---|---|---|---|
| 视频播放/万次 | 38.857 | 2.33 | 20 | 56.37 | 17.087 03 | 3.740 34 | 458.814 9 |
| 视频点赞/个 | 3 603 | 85.33 | 3 172.5 | 2 062 | 12.660 72 | 2.797 59 | 18 718 |
| 视频评论/个 | 712 | 45.03 | 429 | 1 088 | 25.180 12 | 4.588 44 | 9 832 |
| 视频收藏/个 | 606 | 46.90 | 295.5 | 1 133 | 59.298 29 | 6.653 57 | 14 000 |

由描述性统计结果可知，不同粉丝互动行为存在较大差异，通过进一步分析对比粉丝互动行为的相关性分析结果，明确不同互动行为之间的相关性，相关系数分析矩阵见表7.14，表中 $r$ 为Pearson相关系数，互动行为之间的相关性对比见图7.4。

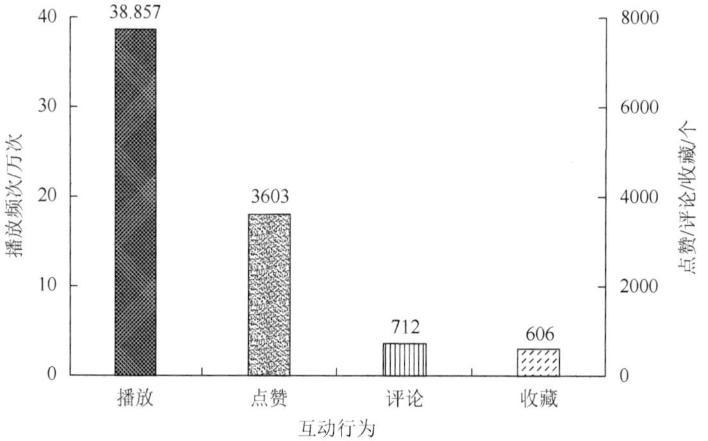


图 7.3　粉丝互动行为频次比较

**表 7.14　粉丝互动行为相关分析**

| 指标 | 播放 | | 评论 | | 收藏 | |
|---|---|---|---|---|---|---|
| | $r$ | $p$ | $r$ | $p$ | $r$ | $p$ |
| 评论 | 0.443 | 0.000*** | | | | |
| 收藏 | 0.740 | 0.000*** | 0.443 | 0.000*** | | |
| 点赞 | 0.650 | 0.000*** | 0.568 | 0.000*** | 0.484 | 0.000*** |

***表示 $p<0.01$

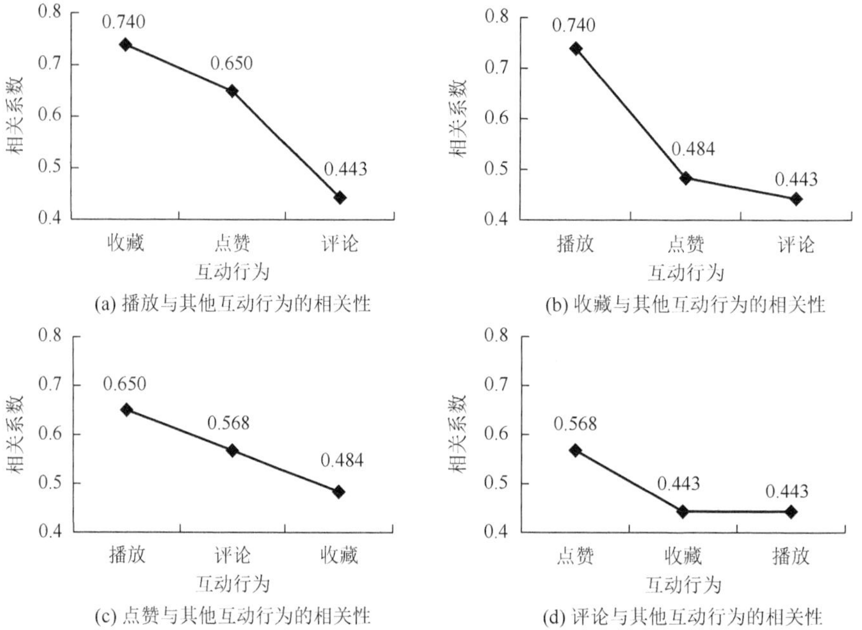


图 7.4　粉丝互动行为相关性对比

如表 7.14 所示，播放、点赞、收藏和评论四种粉丝互动行为之间相关性检验的 $p$ 值均小于 0.01，在统计上具有显著相关性，且播放与收藏的相关系数最大为 0.740，播放与评论、收藏与评论的相关系数最小为 0.443。

由图 7.4 中（a）、（d）可知，在粉丝参与互动的过程中，播放行为与其他互动行为具有较大相关性，相对而言评论行为与其他互动行为相关性较小。说明粉丝播放行为对收藏、点赞、评论互动行为有较大促进作用，而评论行为受其他互动行为影响较小。

由图 7.4 中（b）、（c）可知，收藏、点赞行为均与播放行为的相关性最高，即收藏、点赞受播放量的影响最大。这说明进行评论互动行为的粉丝较为固定，受观看视频人数的影响较小，表现了粉丝卷入度不同。综上，假设 H7.1 得到支持。

总之，粉丝播放、点赞、收藏和评论之间存在着显著的相关性，并且四种粉丝互动行为的互动强度存在明显差异。一方面，粉丝的播放行为与点赞、收藏行为有较大相关性，同时点赞、收藏行为与评论行为也具有较强相关性。粉丝观看视频是与博主最基本的互动行为，在此基础上进行点赞、收藏、评论等互动行为。另一方面，播放行为的数值频次远远高于点赞、收藏、评论互动行为，通过进一步考察互动行为的相关性，点赞、收藏、评论互动行为不仅与播放行为的相关性呈现出较大差异，它们之间的相关性也有不同。这表明并不是所有观看视频的粉丝均参与点赞、收藏与评论互动行为，粉丝中存在众多看客，心态以好奇为主。只有当粉丝对“三农”博主的视频内容产生了认可，在情感上产生了共鸣，有表达自身情感与观点的动机时，才可能参与点赞、收藏、评论互动行为，故粉丝互动的程度能够在一定程度上反映自媒体博主的粉丝结构。

综上，粉丝互动行为之间呈现出显著的相关性，并且存在互动强度的差异。其中播放行为与其他互动行为有较大相关性，但评论行为受其他互动行为影响较小。不同粉丝互动行为对应不同的卷入度，其背后反映了粉丝结构与粉丝情感在时间上的变化规律。接下来将在第 8 章详细分析自媒体粉丝构成及其演化，在第 9 章深入分析粉丝情感随时间的动态变化。

### 7.4.2　粉丝互动行为随时间的动态变化

针对“三农”自媒体博主“布衣小童”粉丝的互动行为随时间的动态变化，主要采用相关分析与回归分析方法。相关分析结果见表 7.15，回归分析结果见表 7.16，式（7.1）～式（7.4）为拟合的回归方程。

**表 7.15 时间与互动行为的相关分析**

| 变量 | 指标 | 播放 | 点赞 | 收藏 | 评论 |
|---|---|---|---|---|---|
| 时间 ln(*t*) | *r* | –0.319 | 0.201 | –0.307 | –0.104 |
| | *p* | 0.000*** | 0.000*** | 0.000*** | 0.011** |

**表示 $p<0.05$，***表示 $p<0.01$

**表 7.16 时间与互动行为的回归分析**

| 指标 | $R^2$ | *p* | *t* | 标准差 |
|---|---|---|---|---|
| 视频播放 | 10.0% | 0.000*** | –8.26 | 56.72 |
| 视频点赞 | 3.9% | 0.000*** | 4.96 | 2021.53 |
| 视频收藏 | 9.2% | 0.000*** | –7.77 | 1079.70 |
| 视频评论 | 0.9% | 0.011** | –2.56 | 1067.25 |

**表示 $p<0.05$，***表示 $p<0.01$

$$\text{视频播放量} = 144 - 19.5\ln(t) \tag{7.1}$$

$$\text{视频点赞数} = 1315 + 422\ln(t) \tag{7.2}$$

$$\text{视频收藏数} = 2522 - 353\ln(t) \tag{7.3}$$

$$\text{视频评论数} = 1326 - 113\ln(t) \tag{7.4}$$

由相关分析与回归分析可知，时间序列 ln($t$)与播放、点赞、收藏、评论四种粉丝互动行为相关性检验 $p$ 值均小于 0.05，在统计上具有显著相关性。同时，ln($t$)与播放、收藏、评论的相关系数为负值，与点赞的相关系数为正值，说明整体上时间与粉丝的播放、收藏、评论行为负相关，与点赞行为正相关。时间对播放的 $R^2$ 最大，值为 10.0%；其次为收藏，$R^2$ 为 9.2%；再次为点赞，$R^2$ 为 3.9%；最后为评论，$R^2$ 为 0.9%。时间对播放、收藏、点赞、评论等粉丝互动行为的影响依次递减，对播放行为影响最大，对评论行为影响最小，这一结果同样印证了互动行为在层次上的差异。综上所述，粉丝的播放、收藏、评论行为会随着时间动态减少，点赞行为会随着时间动态增加，假设 H7.2 只有部分得到验证。

结果表明，随着自媒体博主发布视频时间的推移，粉丝的点赞互动行为越来越多，播放、收藏、评论互动行为反而越来越少。这主要是因为：第一，视频发布时间越久，视频曝光时间越长，在曝光的过程中粉丝互动存在着回看行为，发布越早的视频随着时间积累，回看行为对数据的影响越大，但由回看造成的互动行为很难确定时间，无法消除。对于这一问题，第 8 章与第 9 章将在考虑回看评论的基础上对评论行为进行深入研究，从一定程度上对本章研究进行解释补充。第二，随着时间的推移，关注“布衣小童”的粉丝会产生审美疲劳，路人粉丝逐渐离开，互动群体逐步沉淀为忠实粉丝，所以互动程度越深随着时间的变化越不明显，其背后反映的是粉丝结构的变化规律。第三，视频点赞的互动方式更多的是表达粉丝对视频事件或者人物的认可，反映了随着时间的推移粉丝对于视频事件或者人物认可的提升。同时，其受视频内容的影响较大，若视频内容反映了人物的“机智”“勤劳”等正面形象，粉丝更易于进行点赞互动。

### 7.4.3　节假日对粉丝互动行为的影响

上一节分析了“三农”自媒体粉丝参与互动行为随时间的整体动态变化，本节将着重分析时间因素中特殊节点对粉丝互动行为产生的影响。分析方法同样采用相关分析与回归分析方法，相关分析结果见表 7.17，回归分析结果见表 7.18，式（7.5）～式（7.8）为拟合的回归方程。

**表 7.17　节假日与互动行为的相关分析**

| 变量 | 指标 | 播放 | 点赞 | 收藏 | 评论 |
|---|---|---|---|---|---|
| 节假日 | $r$ | 0.217 | 0.103 | 0.162 | 0.123 |
| | $p$ | 0.000*** | 0.013** | 0.000*** | 0.003*** |

**表示 $p<0.05$，***表示 $p<0.01$

**表 7.18　节假日与互动行为的回归分析**

| 指标 | $R^2$ | $p$ | $t$ | 标准差 |
|---|---|---|---|---|
| 播放 | 4.5% | 0.000*** | 5.46 | 58.42 |
| 点赞 | 0.9% | 0.013** | 2.49 | 2052.83 |
| 收藏 | 2.5% | 0.000*** | 3.97 | 1119.26 |
| 评论 | 1.3% | 0.003*** | 3.03 | 1064.93 |

**表示 $p<0.05$，***表示 $p<0.01$

$$\text{视频播放量} = 31.4 + 22.4 \times \text{节假日} \tag{7.5}$$

$$\text{视频点赞数} = 3483 + 367 \times \text{节假日} \tag{7.6}$$

$$\text{视频收藏数} = 502 + 319 \times \text{节假日} \tag{7.7}$$

$$\text{视频评论数} = 637 + 227 \times \text{节假日} \tag{7.8}$$

由相关分析与回归分析可知，节假日与播放、点赞、收藏、评论等粉丝互动行为的相关性检验 $p$ 值均小于 0.05，在统计上具有显著相关性。节假日与播放、点赞、收藏、评论等粉丝互动行为的相关系数均为正值，表明节假日对粉丝互动行为有正向促进作用。节假日对播放的 $R^2$ 最大，值为 4.5%；其次为收藏，$R^2$ 为 2.5%；再次为评论，$R^2$ 为 1.3%；最后为点赞，$R^2$ 为 0.9%，说明节假日对粉丝的播放、收藏、评论互动行为有较大影响，对点赞互动行为影响较小。综上所述，粉丝的播放、点赞、收藏、评论行为会随着时间为节假日而动态增加，且播放最为明显，其次为收藏。假设 H7.3 得到支持，假设成立。

节假日对粉丝互动行为有促进主要是因为，在节假日粉丝有更多时间关注自媒体的动态，可以对博主发布的视频及时进行回应。同时，节日时自媒体博主会相应调整视频内容，使视频内容与节日相关，更能引起粉丝的情感共鸣，促使粉丝参与互动的意愿更强烈。

### 7.4.4 视频人物对粉丝互动行为的影响

本节分析视频人物对粉丝互动行为的影响。如表 7.11 所示，视频人物变量有 13 个，直接使用简单回归分析可能导致模型中保留的解释变量不是重要的且可能存在多重共线性，而逐步回归可以有效避免以上问题（邵景波等，2016），故本节采用相关分析与逐步回归分析方法。相关分析结果见表 7.19。

**表 7.19 视频人物与互动行为的相关分析**

| 人物变量 | 播放 | | 收藏 | | 点赞 | | 评论 | |
|---|---|---|---|---|---|---|---|---|
| | *r* | *p* | *r* | *p* | *r* | *p* | *r* | *p* |
| 小欧&叔叔 | −0.133 | 0.001*** | −0.126 | 0.002*** | −0.101 | 0.014** | −0.111 | 0.006*** |
| 小欧&叔叔&爸爸 | −0.108 | 0.008*** | −0.090 | 0.030** | −0.094 | 0.023** | −0.076 | 0.060* |
| 小欧&舅舅 | 0.260 | 0.000*** | 0.112 | 0.007*** | 0.121 | 0.003*** | −0.016 | 0.691 |
| 小欧 | 0.095 | 0.020** | 0.070 | 0.089* | 0.091 | 0.028** | −0.016 | 0.688 |
| 小欧&妈妈 | 0.240 | 0.000*** | 0.138 | 0.001*** | −0.020 | 0.623 | 0.074 | 0.069* |
| 小欧&奶奶 | 0.070 | 0.085* | 0.113 | 0.006*** | −0.036 | 0.383 | 0.037 | 0.368 |
| 小欧&爸爸 | 0.002 | 0.960 | −0.020 | 0.634 | 0.144 | 0.000*** | −0.007 | 0.859 |
| 小欧&爸爸&妈妈 | 0.046 | 0.260 | 0.054 | 0.191 | 0.011 | 0.784 | 0.084 | 0.038** |
| 小欧&弟弟 | 0.012 | 0.769 | −0.011 | 0.799 | 0.209 | 0.000*** | 0.026 | 0.518 |
| 兄弟 | −0.085 | 0.037** | −0.063 | 0.127 | −0.076 | 0.066* | −0.019 | 0.637 |
| 小欧&爷爷 | −0.067 | 0.099* | −0.041 | 0.206 | −0.070 | 0.090* | −0.035 | 0.392 |
| 小欧&爷爷&奶奶 | 0.064 | 0.115 | 0.046 | 0.264 | −0.022 | 0.603 | 0.004 | 0.927 |
| 一家人 | 0.066 | 0.107 | 0.056 | 0.173 | 0.078 | 0.060* | 0.080 | 0.049** |

*表示 $p<0.1$，**表示 $p<0.05$，***表示 $p<0.01$

如表 7.19 所示，由相关性分析得出视频中不同人物与粉丝播放、收藏、点赞、评论等互动行为的相关性。小欧&叔叔、小欧&叔叔&爸爸、小欧&舅舅、小欧、小欧&妈妈、兄弟与粉丝播放行为的相关性分析 $p$ 值小于 0.05，在统计上具有显著相关性，其中小欧&叔叔、小欧&叔叔&爸爸、兄弟与播放行为负相关。小欧&叔叔、小欧&叔叔&爸爸、小欧&舅舅、小欧&妈妈、小欧&奶奶与粉丝收藏行为的相关性分析 $p$ 值小于 0.05，具有显著相关性，其中小欧&叔叔、小欧&叔叔&爸爸与收藏行为负相关。小欧&叔叔、小欧&叔叔&爸爸、小欧&舅舅、小欧、小欧&爸爸、小欧&弟弟与粉丝点赞行为的相关性分析 $p$ 值小于 0.05，具有显著相关性，其中小欧&叔叔、小欧&叔叔&爸爸与点赞行为负相关。小欧&叔叔、小欧&爸爸&妈妈与粉丝评论行为的相关性分析 $p$ 值小于 0.05，具有显著相关性，其中小欧&叔叔与粉丝评论行为负相关。

视频人物中重要变量对互动行为的具体影响程度将由逐步回归方法得出。在模型拟合的过程中，通过逐步回归法进入模型的解释变量即是对因变量影响关键且显著的因素，而没有进入的解释变量即是对因变量影响不显著的因素（邵景波等，2016）。逐步回归入选与删除 alpha 值均为 0.15，响应变量为 13 个视频人物变量。

### 1. 视频人物与播放

视频人物与粉丝播放行为逐步回归结果见表 7.20。

**表 7.20　视频人物与粉丝播放行为逐步回归结果**

| 变量 | | 步骤 1 | 步骤 2 | 步骤 3 | 步骤 4 | 步骤 5 | 步骤 6 | 步骤 7 | 步骤 8 | 步骤 9 |
|---|---|---|---|---|---|---|---|---|---|---|
| 人物：小欧&妈妈 | 系数 | 28.4 | 28.1 | 25.6 | 24.5 | 23.6 | 24.6 | 25.9 | 25.6 | 22.7 |
| | $t$ | 3.63 | 3.62 | 3.31 | 3.16 | 3.05 | 3.18 | 3.34 | 3.31 | 2.84 |
| | $p$ | 0.000*** | 0.000*** | 0.001*** | 0.002*** | 0.002*** | 0.002*** | 0.001*** | 0.001*** | 0.005*** |
| 人物：小欧&舅舅 | 系数 | | 57.0 | 55.0 | 58.0 | 59.0 | 61.0 | 62.0 | 62.0 | 58.0 |
| | $t$ | | 3.35 | 3.23 | 3.39 | 3.46 | 3.57 | 3.64 | 3.66 | 3.42 |
| | $p$ | | 0.001*** | 0.001*** | 0.001*** | 0.001*** | 0.000*** | 0.000*** | 0.000*** | 0.001*** |
| 人物：小欧&叔叔 | 系数 | | | −20.3 | −21.2 | −20.6 | −21.4 | −20.5 | −14.5 | −17.6 |
| | $t$ | | | −2.99 | −3.12 | −3.04 | −3.16 | −3.01 | −1.90 | −2.22 |
| | $p$ | | | 0.003*** | 0.002*** | 0.002*** | 0.002*** | 0.003*** | 0.059* | 0.027** |
| 人物：小欧 | 系数 | | | | 17.7 | 17.9 | 15.7 | 14.4 | 14.6 | 18.6 |
| | $t$ | | | | 2.18 | 2.20 | 1.92 | 1.75 | 1.78 | 2.17 |
| | $p$ | | | | 0.030** | 0.028** | 0.055* | 0.081* | 0.075* | 0.031** |

续表

| 变量 | | 步骤 1 | 步骤 2 | 步骤 3 | 步骤 4 | 步骤 5 | 步骤 6 | 步骤 7 | 步骤 8 | 步骤 9 |
|---|---|---|---|---|---|---|---|---|---|---|
| 人物：一家人 | 系数 | | | | | 21.0 | 22.0 | 22.0 | 23.0 | 22.0 |
| | $t$ | | | | | 2.02 | 2.13 | 2.16 | 2.19 | 2.1 |
| | $p$ | | | | | 0.043** | 0.033** | 0.031** | 0.029** | 0.036** |
| 人物：小欧&爸爸 | 系数 | | | | | | 8.4 | 9.7 | 11.7 | 8.5 |
| | $t$ | | | | | | 1.72 | 1.97 | 2.32 | 1.55 |
| | $p$ | | | | | | 0.087* | 0.050* | 0.021** | 0.123 |
| 人物：小欧&爷爷&奶奶 | 系数 | | | | | | | 21.0 | 21.0 | 24.0 |
| | $t$ | | | | | | | 1.91 | 1.92 | 2.19 |
| | $p$ | | | | | | | 0.056* | 0.055* | 0.029** |
| 人物：小欧&叔叔&爸爸 | 系数 | | | | | | | | −17.0 | −17.0 |
| | $t$ | | | | | | | | −1.68 | −1.71 |
| | $p$ | | | | | | | | 0.094* | 0.087* |
| 人物：小欧&爷爷 | 系数 | | | | | | | | | −8.1 |
| | $t$ | | | | | | | | | −1.5 |
| | $p$ | | | | | | | | | 0.133 |
| $S$ | | 51.4 | 50.9 | 50.5 | 50.4 | 50.2 | 50.2 | 50.0 | 50.0 | 49.9 |
| $R^2$ | | 2.29% | 4.19% | 5.69% | 6.49% | 7.17% | 7.65% | 8.26% | 8.72% | 9.09% |
| 调整后的 $R^2$ | | 2.11% | 3.85% | 5.19% | 5.82% | 6.34% | 6.66% | 7.10% | 7.40% | 7.61% |
| Mallows cp | | 32.0 | 22.5 | 15.4 | 12.6 | 10.4 | 9.5 | 7.8 | 7.0 | 6.8 |

*表示 $p<0.1$，**表示 $p<0.05$，***表示 $p<0.01$

由结果可知，视频人物变量与播放互动行为进行了 9 次变量的迭代，最终确定了 9 个人物变量。其中有 6 个人物变量的 $p$ 值小于 0.05，最终调整后的 $R^2$ 为 7.61%。进入模型的 9 个人物变量中，小欧&舅舅、小欧&爷爷&奶奶、小欧&妈妈对播放行为的正向影响较大，小欧&叔叔、小欧&叔叔&爸爸、小欧&爷爷对播放行为的负向影响较大。当视频中人物为小欧与舅舅、小欧与妈妈或者小欧与爷爷奶奶时，粉丝更加有可能观看视频。

2. 视频人物与点赞

视频人物与粉丝点赞行为逐步回归结果见表 7.21，由结果可知，视频人物变量与点赞互动行为进行了 6 次变量的迭代，最终确定了 6 个人物变量，调整后的 $R^2$ 为 10.90%。最终进入模型的 6 个人物变量中小欧&弟弟、小欧&爸爸、小欧&舅舅对粉丝的点赞行为正向影响较大，小欧&叔叔&爸爸对点赞行为会产生负向影响。即当“布衣小童”所发布的视频中人物为小欧与弟弟、小欧与爸爸或者小欧与舅舅时，观看视频的粉丝更加有可能进行点赞互动。

**表 7.21　视频人物与粉丝点赞行为逐步回归结果**

| 变量 | | 步骤 1 | 步骤 2 | 步骤 3 | 步骤 4 | 步骤 5 | 步骤 6 |
|---|---|---|---|---|---|---|---|
| 人物-小欧&弟弟 | 系数 | 2561 | 2541 | 2577 | 2497 | 2544 | 2500 |
| | $t$ | 5.16 | 5.18 | 5.3 | 5.17 | 5.29 | 5.20 |
| | $p$ | 0.000*** | 0.000*** | 0.000*** | 0.000*** | 0.000*** | 0.000*** |
| 人物-小欧&爸爸 | 系数 | | 692 | 741 | 904 | 938 | 889 |
| | $t$ | | 3.64 | 3.93 | 4.66 | 4.85 | 4.56 |
| | $p$ | | 0.000*** | 0.000*** | 0.000*** | 0.000*** | 0.000*** |
| 人物-小欧&舅舅 | 系数 | | | 2285 | 2252 | 2309 | 2381 |
| | $t$ | | | 3.43 | 3.41 | 3.51 | 3.62 |
| | $p$ | | | 0.001*** | 0.001*** | 0.000*** | 0.000*** |
| 人物-小欧&叔叔&爸爸 | 系数 | | | | −1107 | −1102 | −1126 |
| | $t$ | | | | −3.20 | −3.20 | −3.28 |
| | $p$ | | | | 0.001*** | 0.001*** | 0.001*** |
| 人物-一家人 | 系数 | | | | | 1020 | 1015 |
| | $t$ | | | | | 2.55 | 2.54 |
| | $p$ | | | | | 0.011*** | 0.011*** |
| 人物-小欧 | 系数 | | | | | | 584 |
| | $t$ | | | | | | 1.84 |
| | $p$ | | | | | | 0.066** |
| $S$ | | 2015 | 1994 | 1975 | 1959 | 1949 | 1945 |
| $R^2$ | | 4.52% | 6.72% | 8.64% | 10.28% | 11.31% | 11.85% |
| 调整后的 $R^2$ | | 4.35% | 6.39% | 8.15% | 9.64% | 10.52% | 10.90% |
| Mallows cp | | 39.6 | 27.8 | 17.7 | 9.3 | 4.9 | 3.5 |

**表示 $p<0.05$，***表示 $p<0.01$

### 3. 视频人物与收藏

视频人物与粉丝收藏行为逐步回归结果见表 7.22，由结果可知，视频人物变量与收藏行为进行了 5 次变量的迭代，最终确定 5 个人物变量，调

整后的 $R^2$ 为 5.26%。最终进入模型的 5 个人物变量中小欧&舅舅、小欧&妈妈对粉丝的收藏行为正向影响较大，小欧&叔叔对粉丝收藏行为会产生负向影响，即当视频中人物为小欧与舅舅或者小欧与妈妈时，观看视频的粉丝更加有可能产生收藏行为。

**表 7.22　视频人物与粉丝收藏行为逐步回归结果**

| 变量 | | 步骤 1 | 步骤 2 | 步骤 3 | 步骤 4 | 步骤 5 |
|---|---|---|---|---|---|---|
| 人物-小欧&妈妈 | 系数 | 507 | 501 | 458 | 439 | 425 |
| | $t$ | 3.45 | 3.44 | 3.14 | 3.01 | 2.92 |
| | $p$ | 0.001*** | 0.001*** | 0.002*** | 0.003*** | 0.004*** |
| 人物-小欧&舅舅 | 系数 | | 996 | 957 | 1001 | 1017 |
| | $t$ | | 3.10 | 2.99 | 3.13 | 3.18 |
| | $p$ | | 0.002*** | 0.003*** | 0.002*** | 0.002*** |
| 人物-小欧&叔叔 | 系数 | | | –356 | –371 | –362 |
| | $t$ | | | –2.78 | –2.90 | –2.83 |
| | $p$ | | | 0.006*** | 0.004*** | 0.005*** |
| 人物-小欧 | 系数 | | | | 296 | 298 |
| | $t$ | | | | 1.93 | 1.95 |
| | $p$ | | | | 0.054* | 0.052* |
| 人物-一家人 | 系数 | | | | | 317 |
| | $t$ | | | | | 1.63 |
| | $p$ | | | | | 0.104 |
| $S$ | | 964 | 957 | 951 | 949 | 948 |
| $R^2$ | | 2.07% | 3.71% | 5.02% | 5.65% | 6.10% |
| 调整后的 $R^2$ | | 1.90% | 3.37% | 4.51% | 4.98% | 5.26% |
| Mallows cp | | 18.4 | 10.7 | 5.0 | 3.3 | 2.6 |

*表示 $p<0.1$，***表示 $p<0.01$

4. 视频人物与评论

视频人物与粉丝评论行为逐步回归结果见表 7.23，由结果可知，视频人物变量与评论互动行为进行了 3 次变量的迭代，最终确定 3 个人物变量，调整后的 $R^2$ 为 2.39%。最终进入模型的 3 个人物变量中小欧&爸爸&妈妈、一家人对粉丝的评论行为具有正向影响，小欧&叔叔对粉丝评论的互动行为具有负向影响。即当“布衣小童”所发布的视频中人物为小欧与爸爸妈妈或者小欧一家人时，观看视频的粉丝更加有可能进行评论互动。

**表 7.23　视频人物与粉丝评论行为逐步回归结果**

| 变量 | | 步骤 1 | 步骤 2 | 步骤 3 |
|---|---|---|---|---|
| 人物-小欧&叔叔 | 系数 | −392 | −378 | −366 |
| | $t$ | −2.75 | −2.66 | −2.58 |
| | $p$ | 0.006*** | 0.008*** | 0.010*** |
| 人物-小欧&爸爸&妈妈 | 系数 | | 999 | 963 |
| | $t$ | | 2.47 | 2.38 |
| | $p$ | | 0.014** | 0.017** |
| 人物-一家人 | 系数 | | | 375 |
| | $t$ | | | 1.73 |
| | $p$ | | | 0.085* |
| $S$ | | 1066 | 1061 | 1059 |
| $R^2$ | | 1.33% | 2.39% | 2.90% |
| 调整后的 $R^2$ | | 1.15% | 2.04% | 2.39% |
| Mallows cp | | 3.3 | −0.8 | −1.8 |

*表示 $p<0.1$，**表示 $p<0.05$，***表示 $p<0.01$

总体上视频中小欧与叔叔同时出现时，粉丝与博主的互动行为的活跃程度降低，小欧与爸爸、小欧与妈妈或者小欧与舅舅同时出现时，粉丝的互动行为活跃程度升高。粉丝的播放、点赞、收藏互动行为受视频人物的影响相对较大，评论互动行为受视频人物影响相对较小。视频人物为小欧与舅舅时，更能引起粉丝的播放与收藏行为。视频人物为小欧与弟弟时，更能引起粉丝的点赞行为。视频人物为小欧与爸爸妈妈时，粉丝参与评论的积极性更高。综上所述，“三农”自媒体博主发布视频中的人物对粉丝互动行为有显著影响，并且不同的视频人物能够引起粉丝不同的互动方式，假设 H7.4 得到验证。

以上结果表明，粉丝对视频内容中经常作为核心人物出现的“小欧”“妈妈”“爸爸”等，具有更强的互动意愿；对视频中经常作为边缘人物出现的“叔叔”等，互动意愿会显著降低。根据准社会交往理论，粉丝会与视频中经常作为核心人物出现的人物建立更加深刻的准社会关系，真实关系的体验更加强烈，所以更能引起互动行为。另外，当视频核心人物与对粉丝有新鲜感的人物互动时，尤其能够激发粉丝的互动行为，如“小欧”与“舅舅”的互动。这一研究发现，将在后续对更多自媒体博主的研究中进行普适性的验证。

### 7.4.5　视频事件对粉丝互动行为的影响

本节将重点探索事件不同时粉丝参与互动情况的变化，对于视频中不同的事件主题下粉丝参与互动的情况进行描述性统计与 $t$ 检验，以此来检验视频表现事件对粉丝互动水平的影响程度。

实验发现即使视频中互动人物相同的情况下，不同的事件内容粉丝参与互动情况也显著不同。以互动人物为小欧与爸爸、小欧与爷爷，但视频表现事件不同进行统计分析。在互动人物均为小欧与爸爸的情况下，表现内容分别为父子互动和父子矛盾时粉丝互动的描述性统计，见表 7.24，频次对比见图 7.5，$t$ 检验结果见表 7.25。

**表 7.24　父子矛盾与父子互动事件下的粉丝互动描述性统计**

| 互动行为 | 事件内容 | 平均值 | 标准误差 | 中位数 | 峰度 | 偏度 | 求和 | 观测数 |
|---|---|---|---|---|---|---|---|---|
| 视频播放/万次 | 父子互动 | 28.64 | 5.86 | 18.0 | 6.56 | 2.21 | 658.7 | 23 |
| | 父子矛盾 | 83.86 | 15.11 | 58.9 | 2.05 | 1.61 | 2 096.5 | 25 |
| 视频点赞/个 | 父子互动 | 2 902.78 | 254.73 | 3 112 | −0.33 | −0.39 | 66 764 | 23 |
| | 父子矛盾 | 5 427.72 | 681.16 | 4 177 | 4.53 | 1.86 | 135 693 | 25 |
| 视频评论/个 | 父子互动 | 424.48 | 53.30 | 385 | 5.52 | 1.90 | 9 763 | 23 |
| | 父子矛盾 | 1 424.32 | 413.51 | 666 | 9.20 | 2.93 | 35 608 | 25 |
| 视频收藏/个 | 父子互动 | 480.00 | 112.25 | 227 | 3.67 | 1.96 | 11 040 | 23 |
| | 父子矛盾 | 1 194.72 | 233.69 | 996 | 5.12 | 2.15 | 29 868 | 25 |

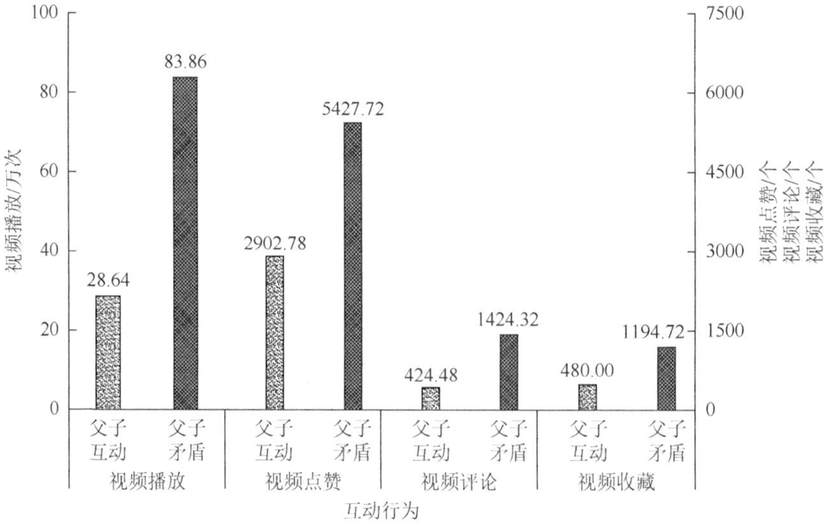


图 7.5　父子互动与父子矛盾事件下的粉丝互动对比

**表 7.25　父子矛盾与父子互动事件下的粉丝互动 $t$ 检验**

| 互动行为 | 假设平均差 | 自由度 | $t$ stat | $p$（$t \leqslant t$）单尾 | $t$ 单尾临界 | $p$（$t \leqslant t$）双尾 | $t$ 双尾临界 |
|---|---|---|---|---|---|---|---|
| 视频播放 | 0 | 46 | 3.2982 | 0.0009*** | 1.6787 | 0.0019*** | 2.0129 |
| 视频点赞 | 0 | 46 | 3.3597 | 0.0008*** | 1.6787 | 0.0016*** | 2.0129 |
| 视频评论 | 0 | 46 | 2.3011 | 0.0130** | 1.6787 | 0.0260** | 2.0129 |
| 视频收藏 | 0 | 46 | 2.6816 | 0.0051*** | 1.6787 | 0.0101** | 2.0129 |

**表示 $p < 0.05$，***表示 $p < 0.01$

由表 7.24 的描述性统计结果与表 7.25 的 $t$ 检验结果可知，父子矛盾事件与父子互动事件对比粉丝的互动情况有很大差异，父子矛盾事件的播放、点赞、评论、收藏四个粉丝互动行为的平均值、中位数、标准误差均大于父子互动。并且在四种粉丝互动行为的 $t$ 检验的结果中父子矛盾与父子互动的 $p$ 值均小于 0.05，表示在统计上粉丝的互动行为有显著差异。其中，视频播放与视频点赞行为差异最大，这说明当视频事件中出现适当的轻松娱乐人物冲突时，能够很大程度上吸引粉丝观看视频，同时对视频内容认可程度显著升高。

互动主体均为祖孙互动，表现的互动事件分别为祖孙娱乐与孝敬老人时粉丝互动的描述性统计见表 7.26，频次对比见图 7.6，$t$ 检验结果见表 7.27。

**表 7.26　祖孙娱乐与孝敬老人事件下的粉丝互动描述性统计**

| 互动行为 | 事件内容 | 平均值 | 标准误差 | 中位数 | 峰度 | 偏度 | 求和 | 观测数 |
|---|---|---|---|---|---|---|---|---|
| 视频播放/万次 | 祖孙娱乐 | 39.13 | 3.51 | 29.75 | 1.55 | 1.42 | 3 521.6 | 90 |
| | 孝敬老人 | 70.19 | 17.30 | 24.9 | –0.99 | 0.73 | 1 052.8 | 15 |
| 视频点赞/个 | 祖孙娱乐 | 3 266.56 | 145.42 | 2 978 | 0.96 | 0.89 | 293 990 | 90 |
| | 孝敬老人 | 4 534.00 | 683.41 | 3 886 | 1.52 | 1.33 | 68 010 | 15 |
| 视频评论/个 | 祖孙娱乐 | 586.76 | 61.18 | 420.5 | 15.34 | 3.55 | 52 808 | 90 |
| | 孝敬老人 | 2 179.93 | 689.34 | 554 | –0.26 | 1.19 | 32 699 | 15 |
| 视频收藏/个 | 祖孙娱乐 | 584.30 | 68.94 | 431.5 | 21.02 | 3.99 | 52 587 | 90 |
| | 孝敬老人 | 708.20 | 184.64 | 467 | 4.79 | 2.11 | 10 623 | 15 |

**表 7.27　祖孙娱乐与孝敬老人事件下的粉丝互动 $t$ 检验结果**

| 互动行为 | 假设平均差 | 自由度 | $t$ stat | $p$（$t \leqslant t$）单尾 | $t$ 单尾临界 | $p$（$t \leqslant t$）双尾 | $t$ 双尾临界 |
|---|---|---|---|---|---|---|---|
| 视频播放 | 0 | 103 | –2.8147 | 0.0029*** | 1.6598 | 0.0058*** | 1.9833 |
| 视频点赞 | 0 | 103 | –2.8203 | 0.0029*** | 1.6598 | 0.0058*** | 1.9833 |
| 视频评论 | 0 | 103 | –5.0893 | 0.0000*** | 1.6598 | 0.0000*** | 1.9833 |
| 视频收藏 | 0 | 103 | –0.6705 | 0.2520 | 1.6598 | 0.5041 | 1.9833 |

***表示 $p < 0.01$

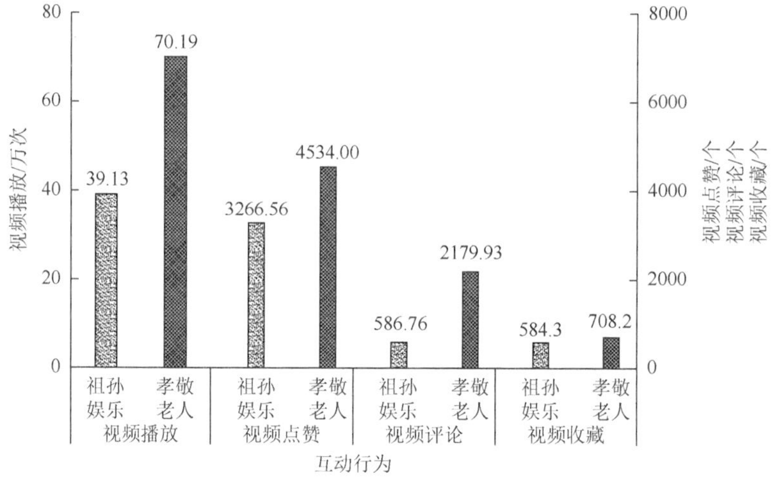


图 7.6　祖孙娱乐与孝敬老人事件下的粉丝互动对比

由图 7.6 祖孙娱乐与孝敬老人事件下的粉丝互动频次对比可知，事件为孝敬老人的视频粉丝的播放、点赞、收藏、评论四个行为的互动频次均明显大于祖孙娱乐。由表 7.26 的描述性统计结果与表 7.27 的 $t$ 检验结果可知，在视频互动人物均为祖孙互动的情况下，祖孙娱乐与孝敬老人的粉丝互动情况有明显不同。两种事件下播放、点赞、评论互动行为的 $t$ 检验的结果中 $p$ 值均小于 0.05，表明在统计上粉丝的互动行为有显著差异。其中评论的 $p$ 值最小，说明两种事件下粉丝的评论行为相差很大，这说明视频事件为孝敬老人比祖孙娱乐更加能够引起粉丝的情感共鸣，参与评论行为，表达自己观点。

由上述研究分析发现，视频内容所表现事件对粉丝的互动行为的影响不同，是因为事件在社会中的话题热度不同，因此进一步详细分析视频事件在社会话题热度有较大差异的情况下的粉丝互动差异。如果视频事件在社会上具有一定的话题热度，粉丝更倾向参与互动；若视频事件过于细微，则粉丝互动意愿下降。将具有一定社会性话题的事件归类为热点话题事件，反映家庭日常生活细节的事件归类为非热点话题事件。热点话题事件与非热点话题事件的粉丝互动行为对比见表 7.28，不同话题热度下粉丝互动的描述性统计分析见表 7.29，频次对比见图 7.7，$t$ 检验结果见表 7.30。

**表 7.28　事件热点话题与非热点话题对比**

| 热点话题事件 | 非热点话题事件 |
|---|---|
| 恋爱、介绍对象、娶媳妇、结婚随礼、买房、工资、借钱、压岁钱、私房钱、养老、死亡、贴春联、去北京、减肥、家庭会议 | 炸丸子、送饭、捡山药、做饭、种萝卜、种大蒜、收玉米、晒红薯、打扫卫生、保存白菜、聊天、制作豆腐干、散步、买自行车 |

**表 7.29　热点话题与非热话题下的粉丝互动描述性统计**

| 互动行为 | 视频内容 | 平均值 | 标准误差 | 中位数 | 峰度 | 偏度 | 求和 | 观测数 |
|---|---|---|---|---|---|---|---|---|
| 视频播放/万次 | 非热点话题 | 14.41 | 1.54 | 11.5 | 3.56 | 1.84 | 706.1 | 49 |
| | 热点话题 | 108.98 | 26.26 | 62.9 | 3.26 | 1.96 | 2 288.6 | 21 |
| 视频点赞/个 | 非热点话题 | 2 403.38 | 158.40 | 2 356.5 | 0.05 | 0.38 | 115 362 | 48 |
| | 热点话题 | 6 154.19 | 901.18 | 5 261 | 5.16 | 2.25 | 129 238 | 21 |
| 视频评论/个 | 非热点话题 | 368.55 | 32.80 | 308 | 0.49 | 1.10 | 18 059 | 49 |
| | 热点话题 | 1 298.95 | 478.13 | 664 | 12.59 | 3.48 | 27 278 | 21 |
| 视频收藏/个 | 非热点话题 | 296.08 | 48.76 | 187.5 | 15.45 | 3.53 | 14 212 | 48 |
| | 热点话题 | 1 393.38 | 309.60 | 1110 | 7.32 | 2.39 | 29 261 | 21 |

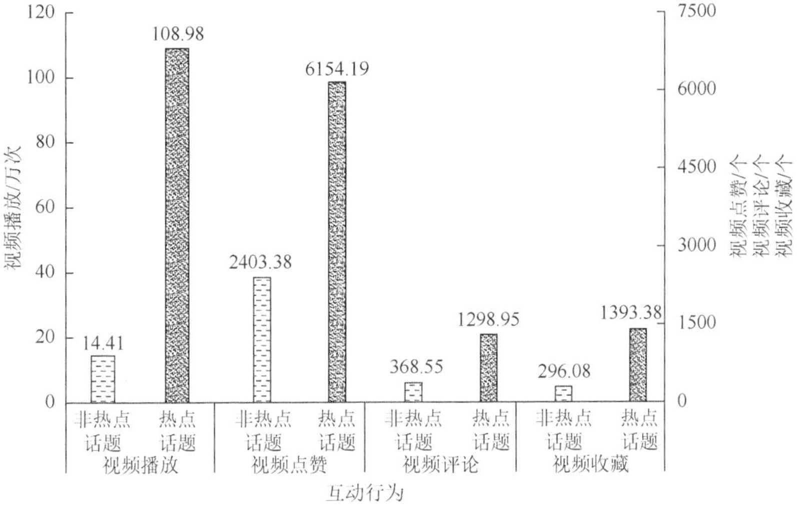


图 7.7　热点话题与非热点话题下的粉丝互动对比

**表 7.30　热点话题与非热点话题下的粉丝互动 *t* 检验结果**

| 互动行为 | 假设平均差 | 自由度 | *t* stat | *p*（*t*≤*t*）单尾 | *t* 单尾临界 | *p*（*t*≤*t*）双尾 | *t* 双尾临界 |
|---|---|---|---|---|---|---|---|
| 视频播放 | 0 | 68 | –5.5027 | 0.0000*** | 1.6676 | 0.0000*** | 1.9955 |
| 视频点赞 | 0 | 62 | –5.5539 | 0.0000*** | 1.6698 | 0.0000*** | 1.9990 |
| 视频评论 | 0 | –68 | –2.9632 | 0.0021*** | 1.6676 | 0.0042*** | 1.9955 |
| 视频收藏 | 0 | 62 | –4.7455 | 0.0000*** | 1.6698 | 0.0000*** | 1.9990 |

***表示 $p<0.01$

由表 7.29 的描述性统计结果与表 7.30 的 *t* 检验结果可知，粉丝对社会热点话题事件的互动远远大于非热点话题事件的互动。热点话题下，播放、点赞、收藏、评论互动行为的平均值和中位数均比非热点话题高出很多，互动频次均值对比见图 7.7。同时，两种情况下 $t$ 检验结果中播放、点赞、评论、收藏四种互动行为的 $p$ 值均小于 0.05，表明统计上粉丝对热点话题与非热点话题的互动行为有显著差异，播放、点赞、收藏的差异性更大。这表明，粉丝更乐于对社会热点话题事件的视频进行互动，并且其互动意愿远远大于非热点话题事件的视频。综上，假设 H7.5 成立。

结果表明，视频事件对粉丝互动行为的影响主要因为事件的社会话题热度具有较大差别，具有一定热度的社会话题相比日常生活话题更能引起粉丝的互动行为，粉丝针对恋爱、买房等话题的互动显著高于炸丸子、捡山药等话题。视频中具有一定人物冲突的事件相较于人物娱乐事件，粉丝互动行为显著增加，如父子矛盾比父子互动更能够吸引粉丝互动。能够激起粉丝情感共鸣的事件，相较于日常娱乐事件粉丝互动行为显著增加，如孝敬老人较之祖孙娱乐，粉丝更加倾向对孝敬老人的视频进行互动。

## 7.5 粉丝互动研究结论

本章研究自媒体中粉丝不同互动行为的关联性，并从时间、人物、事件三个维度，分析对粉丝互动行为的影响。首先，根据现有文献研究与现实观察提出研究假设；其次，选定“布衣小童”作为研究样本；再次，爬取相关数据并具体化假设变量；最后，使用描述性统计、相关分析、回归分析、$t$ 检验等统计学方法对假设进行验证。

本章结合大众传媒与社会心理学的相关理论，研究充实可靠。在现有关于粉丝互动随时间动态变化的研究中，一般只考虑了粉丝互动与时间整体的趋势变化。本章将互动随时间整体的变化与特殊时间节点相结合，对于时间因素考察更加全面。在研究方法上，将文本挖掘等方法通过 Python 编程语言引入自媒体视频内容的分析研究中，在对数据充分理解的基础上，建立研究假设变量指标，结合相关统计学方法对假设进行验证。

研究结果表明以下几点。

第一，自媒体粉丝互动行为之间存在显著关联性，四种粉丝互动行为的互动强度存在明显差异。具体而言，播放行为与其他互动行为有较大相关性，点赞、收藏行为与评论行为具有较强相关性，不同粉丝互动行为对应不同的卷入度，其背后反映了粉丝结构与粉丝情感在时间上的变化规律。

第二，自媒体粉丝互动行为中点赞行为整体上随着时间动态增加，播放、收藏、评论动态减少。在视频发布后受粉丝回看行为与粉丝结构变化的双重影响，产生播放、收藏、评论互动行为随时间减少的现象，粉丝点赞行为受其影响较小。同时，时间中节假日等特殊节点会增加粉丝的互动行为，这主要因为节假日发布的视频如果切合节日主题，更加能够激发粉丝的情感共鸣，增加粉丝互动意愿。另外，节假日粉丝有更加充足的娱乐时间也是原因之一。

第三，视频人物对粉丝互动意愿有显著影响，视频中人物不同，粉丝产生的互动积极性也不同。粉丝对自媒体视频内容中经常出现的核心人物，具有更强的互动意愿；对于视频中较少出现的边缘人物，互动意愿会显著降低。这一发现由准社会交往理论得到解释，粉丝与视频中核心人物的真实关系体验更加强烈，更能引起互动行为。

第四，视频中不同的事件对粉丝的互动行为有显著影响，事件的社会话题热度越高，粉丝互动的积极性越高。具有一定人物冲突事件的视频内容相对人物娱乐事件，如父子矛盾事件相对父子互动事件更能够吸引粉丝互动，粉丝互动行为显著增加；当视频事件能够激起粉丝情感共鸣时，粉丝互动行为显著增加，如孝敬老人事件相对祖孙娱乐事件，粉丝更加倾向参与互动。

研究结果发现，粉丝不同互动行为表达了粉丝相应的互动感情，互动行为之间具有很大的关联性，并且呈现出了互动深度的层次性，不同投入度与忠诚度的粉丝倾向参与不同的互动，其中播放行为投入度最低，评论行为投入度最高；在自媒体的发展过程中，粉丝的播放、收藏、评论互动行为并不随着时间动态增加，粉丝互动行为有程度之分，并且互动行为之间相关性存在差异，对于自媒体博主而言，有着启示性的作用；粉丝的互动行为会因为视频内容的不同，而产生很大差异，博主应主动发现不同人物、事件与粉丝互动的积极性之间的关系，并选择合适的时间发布视频内容，以获得更高的关注度和粉丝互动；自媒体博主在视频创作中有意或无意均会将自身的价值观融入，视频会带有较鲜明的价值观，这会吸引相同价值观的粉丝聚集，也会在互动过程中对粉丝认知与思想产生影响。

针对本章研究发现，对“三农”自媒体博主提出以下几点现实建议。

第一，粉丝的播放、收藏、评论互动行为并不随着时间动态增加，因此在发展过程中不应只片面关注于整体上粉丝互动情况，而是应该精细化管理，更加注重不同时间段粉丝的构成结构与粉丝投入情感的变化。同时，对节假日发布的视频应重点设计内容，把握粉丝心理，打造爆款视频。

第二，粉丝不同参与行为的互动深度不同，并且互动行为之间的相关性存在差异，大量粉丝只观看视频，并没有参与更深度的互动。自媒体博主应关注如何将粉丝从低层次互动转化为深度互动。研究发现视频播放行为与点赞、收藏行为关联性大，而评论又与点赞、收藏行为相关性较大。因此，“三农”自媒体博主设计视频内容时应结合当前粉丝构成，提高不同阶段忠实粉丝的转化率。

第三，粉丝互动行为随着视频内容中的人物与事件的变化有显著变化，“三农”自媒体博主应精细化选择视频制作内容，建立视频内容设计人物库与事件库，并详细标注不同人物与事件对于粉丝互动的影响程度。在选择视频人物时，依据准社会交往理论，视频人物应选择已经与粉丝建立了较强的虚拟社会关系的人物。视频事件的选择原则为视频事件的话题应在社会具有一定的热度，能够引起粉丝情感共鸣。本章针对“布衣小童”视频内容的分析给自媒体博主提供了一个可行的参考。

第四，自媒体博主应明确自身作为传播媒体的功能与责任。一方面，自媒体博主需意识到自己身为传播媒体中的一员，应充分发挥价值传播的功能，给粉丝带来更加丰富与充实的内容，视频内容应能够引起粉丝一定程度上对社会话题的讨论。另一方面，更为重要的是自媒体博主应承担相应社会责任，树立正确价值观，传播传统美德，视频内容应能够反映新社会的优良风貌，为粉丝提供向上向善的文化产品。

在未来研究中，可选择更多的自媒体博主，进行对比分析研究，验证研究结论的普适性。获得大样本数据之后可探索应用文本挖掘与深度学习、机器学习等方法，来加强视频内容的获取与分析。并在此基础上，深入研究粉丝互动与商品销售之间的关系。

# 第 8 章　自媒体粉丝构成及演化

## 8.1　粉丝构成及演化研究背景和意义

如何能吸引更多的粉丝，是社会化商务发展的关键。为了吸引粉丝、构建粉丝基础，要了解粉丝的构成及演变过程的规律。粉丝的构成即不同类型的粉丝（路人、普通粉丝、忠实粉丝）的分布情况，而不同类型的粉丝所产生的客户价值不同。忠实粉丝的用户黏性最高，也更愿意参与和互动并付出情感及金钱的支持。通过探究粉丝的构成及动态演变过程，构建指标来定义不同层次的粉丝，可以了解如何增加用户的黏性，增加粉丝数量；定位用户黏性高的粉丝，以更小的成本实现精准营销。

越来越多的学者开始关注社会化商务，但是在目前的研究中，学者多是从社会关系方面对社会化商务的现象进行解读，而对于粉丝的构成及其演变过程的研究尚显不足。2019 年 7 月 15 日在中国知网上以“社会化商务”为主题进行检索，约有 522 篇文献，而以“粉丝演化”为主题检索期刊文献，只有 1 篇研究微博粉丝网络演化的论文（王晶等，2013）。目前对于社会化商务的研究，大多从技术接受的角度及社会关系的视角进行研究，至于对社会化商务的独特属性——交互性没有给予重视（严燕美，2016）。

本章基于粉丝互动行为研究粉丝构成及其演化规律，主要回答以下问题。

（1）社会化商务背景下粉丝的构成表现出何种规律和特征？

（2）随着时间的变化，粉丝构成演化有什么规律？

（3）从评论发布数量来看，忠实粉丝形成过程是否符合生命周期模型？

（4）粉丝的不同互动行为转化是否符合漏斗模型？

（5）随着时间的变化，上述漏斗模型形状变化有什么规律？

本章以今日头条平台上着重关注农村儿童成长的自媒体博主“布衣小童”为案例，深入研究粉丝的构成及其演化。“布衣小童”主要通过发布记录孩子的成长历程的视频来增加用户共情，产生用户黏性以此获得粉丝，进而销售农产品以达到营利的目的。截至 2019 年 7 月，该自媒体入驻今日头条 2 年，其粉丝数量为 133.8 万人，视频累计播放量超过 10 亿次，能够体现用户由路人演变成忠实粉丝的过程，其粉丝构成及演化规律具有一定的代表性。首先，按照发表评论数量的多少，将用户分为三类，即路人、普通粉丝和忠实粉丝。基于幂定律拟合评论数量与粉丝人数之间的关系，用定量的方法分析粉丝构成，并通过比较不同阶段粉丝构成的幂定律参数变化，找出粉丝结构的变化规律。其次，选择有代表性的忠实粉丝，逆向追踪用户在各阶段的评论发布行为，分析评论数量随时间变化的规律，验证忠实粉丝的形成过程符合生命周期模型。最后，基于播放、点赞、评论、收藏等互动行为，构建反映粉丝转化的复合评价指标，分析粉丝不同互动行为转化率的漏斗模型结构特征，发现其演化规律。

本章在社会化商务的大背景之下基于用户与商家的互动行为研究粉丝的结构层次及其演变过程，为社会化商务产业吸引用户由非粉丝转变为粉丝提供指导性建议。因此本章的创新之处就是关注社会化商务的“社会”属性，探究社会化商务背景下粉丝的构成及演变过程，本章的研究结果无论是对学术界，还是对现实中社会化商务的发展都具有一定意义。

## 8.2 基于互动行为的粉丝构成及演化研究假设

社会心理学的研究发现，人们能否成为朋友、产生亲密关系的重要预测源是接近性。其中人格特征的相似性会促使人们相互接近（Rushton and Bons，2005），而“易得性”，即心理距离或地理距离的相近，会诱发“喜欢”。随着网络的发展，人与人之间的心理距离逐渐缩短。

在社交媒体的背景下，名人使用社交媒体，分享个人生活，使得他们和粉丝间的关系更为真实：当粉丝觉得名人在社交场合时，粉丝倾向与名人建立想象中的人际关系，就好像他们是现实生活中的朋友一样（Kim and Song，2016）。准社会交往理论将这种关系描述为一种幻觉体验，人们自认为与人物角色（名人）之间存在着互惠关系，和他们有着直接的双向交谈（Labrecque，2014）。准社会交往理论解释了为什么粉丝会追随社交媒体上的名人并与之互动（Hargittai and Litt，2011）。社交媒体中的企业品牌互动相关研究证明，经历高沉浸互动的消费者，更容易为企业创造出客户影响者价值和客户知识价值（Hamilton et al.，2016）。这说明消费者互动水平与其在企业中的客户价值定位相关。

在现有的研究中，对于粉丝形成的研究基本是围绕着心理进行的定性分析，很少对于粉丝形成的结构层次和过程进行定量研究。本章主要对社会化商务背景下由陌生路人转为忠实粉丝的形成过程进行探究，并将互动水平作为评价粉丝结构层次的指标，基于幂定律分布、生命周期模型、漏斗模型对粉丝构成及演化过程进行研究。

### 8.2.1 基于幂定律分布的粉丝构成及其演化研究假设

幂定律分布就是学者通常提到的“长尾分布”。这种分布最早由 18 世纪经济学家帕累托研究个人收入统计时发现，研究表明大多数的财富掌握在极少数人的手中，并提出了著名的“帕累托定律”。幂定律分布即为以 $y$ 为因变量，以 $x$ 为自变量，以 $y = Cx^{-a}$ 为函数关系呈现出的一种分布。

统计物理学家通常把幂定律分布现象视为无标度现象，在自然界及日常生活中，这种无标度现象无处不在（胡海波和王林，2005）。幂定律分布广泛应用于物理学、地球与行星科学、计算机科学、生物学、生态学、人口统计学、经济学等方面，如大多数国家的姓氏分布符合幂定律分布（Zanette and Manrubia，2001）；具有随机折现因子的财富分布符合幂定律分布（Toda，2019）。

幂定律分布在管理领域的应用还相对较少。本章所研究的社会化商务是电子商务的一种形式，很多电子商务现象背后都符合幂定律分布，如中美两国 B2C 电子商务的竞争结构符合幂定律分布（李杰等，2015）。

本章研究不同类型粉丝的构成特征。粉丝的类型可以基于评论行为进行划分。根据评论发布的频次，可以将粉丝分为路人、普通粉丝和忠实粉丝。忠实粉丝的数量最少，其次是普通粉丝，而路人的数量最多。大量的路人发布的评论数量很少，而相对少量的粉丝却发布了大量的评论。这种粉丝构成特征与幂定律反映的结构相一致。因此，猜想评论发表数量与相应的粉丝数量之间符合幂定律，提出以下假设。

H8.1：社会化商务背景下，粉丝的构成符合幂定律。

### 8.2.2 基于生命周期模型的忠实粉丝形成过程研究假设

生命周期模型起源于生物的生命周期，本质是指生物从出生、成长、衰老再到死亡的过程。有学者提出生命周期方法的内涵在于，找出对象整个生命过程中的不同价值形态所对应的变化阶段，根据不同的特点采取不同的应对措施（朱晓峰，2004）。生命周期模型已被应用到企业管理、市场营销、图书情报学等多领域。

客户与企业之间的关系同样也符合生命周期模型（陈明亮，2002），可分为导入期、成长期、成熟期和衰退期。在社会化商务环境下，忠实粉丝的形成过程可以用不同阶段的评论发表频次来表示。用户在看到博主发布内容的初期，一般很少发布评论，此时的用户与博主之间还是路人关系。随着时间的推进，大部分路人不再关注博主发布的内容而逐渐离开，少数人对自媒体内容的兴趣逐渐增加而成为粉丝。他们会定期关注博主发布的内容而形成一定程度的感情寄托，随之也会越来越积极地进行互动，从而经常播放视频、点赞、收藏并发布评论。在互动的过程中，粉丝与视频中的人物逐渐产生情感共鸣，相应地，评论频次也会进一步增加而成为忠实粉丝。其中，部分忠实粉丝可能会产生审美疲劳而逐渐减少关注和互动，从而进入成熟甚至衰退阶段。因此，忠实粉丝在不同阶段发布评论的数量应该符合生命周期模型，提出以下假设。

H8.2：社会化商务背景下，忠实粉丝的动态形成过程符合生命周期模型。

### 8.2.3　基于漏斗模型的粉丝互动行为转化研究假设

漏斗模型被广泛应用于客户关系管理中，主要用于客户价值的评估、客户划分与识别、客户关系维护（蔡淑琴等，2005）。营销漏斗模型体现的就是非客户逐步转化为客户的过程，其价值在于量化了各个子环节，使整个转化过程看起来更加形象具体。如今的漏斗模型作为一种方法论，应用于多个不同领域，也广泛应用于电子商务领域。

在电子商务营销领域，消费者的浏览、收藏、加购物车、下单、确认收货、评论等这一完整的购物过程符合漏斗模型，而漏斗模型的形状代表了电子商务订单的转化率。

在社会化商务环境下，粉丝互动过程同样由播放、点赞、评论、收藏等行为构成。与电子商务消费者的浏览、收藏、加购物车、下单等行为相对应，粉丝互动行为之间存在着先后顺序及关联关系。显然，播放是后续点赞、评论、收藏等交互行为的前提和基础，而评论则是所有交互行为中投入度最高、黏性最大的互动方式。因此，社会化商务环境下的粉丝播放、点赞、评论、收藏等行为之间应该符合漏斗模型。相应地，可以将粉丝类型与互动行为相对应，路人往往只是偶尔地播放而较少进行评论，忠实粉丝则会积极地发布评论进行频繁互动。综合上述分析，提出以下假设。

H8.3：社会化商务背景下，粉丝的互动行为转化符合漏斗模型。

## 8.3　粉丝构成及演化研究设计

### 8.3.1　粉丝构成及演化研究对象

“布衣小童”是中国首个农村儿童成长专栏，凭借原生态农村生活、新农村人文风貌等内容，得到了众多网民的认可，被网友评选为“2019 今日头条最具人气创作者”。“布衣小童”还借助今日头条手机客户端的头条商城进行农产品的售卖。在这个过程中体现出了社会化商务的四要素——社会化媒体、人际互动行为、商业意图的融入和信息的流动（陶晓波等，2015），这符合消费者行为的研究主题，因此将“布衣小童”及参与其视频评论的用户作为研究的对象。

### 8.3.2　粉丝构成及演化研究技术路线

本章首先通过查阅新闻资料确定研究对象，接着利用“八爪鱼”软件爬取网站视频数据。在获取原始、真实的数据后，查阅大量期刊文献、行业统计报告，找到研究的切入点。继而对数据进行预处理、整理数据格式，基于幂定律应用回归分析的方法对现有数据进行拟合，研究发现粉丝构成的静态结构。最后应用生命周期模型和漏斗模型，发现忠实粉丝形成的生命周期和粉丝互动行为的动态转化规律。本章研究技术路线见图 8.1。

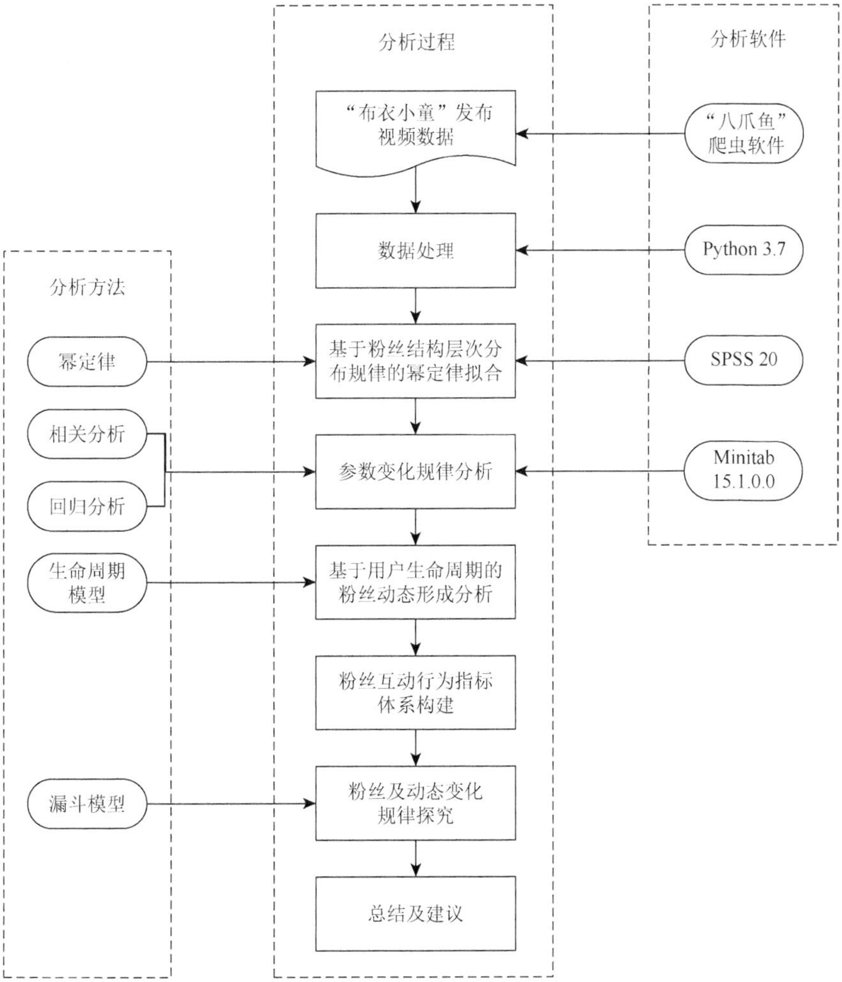


图 8.1　粉丝构成及演化研究技术路线

### 8.3.3　粉丝构成及演化数据收集及处理

利用“八爪鱼”爬虫软件，采集自媒体博主“布衣小童”所有视频数据及评论，使用 Excel 软件和 Python 语言处理数据。

该博主发布视频频率在两年间有所变化，因此为明确其发布的视频对粉丝构成及演化的影响，选取固定视频条数来划分阶段。本章共采集 2017 年 10 月 3 日到 2019 年 7 月 5 日近两年间视频 582 个，综合考虑视频个数及评论数量、视频内容的差异，将近两年内数据分为 6 个阶段，每个阶段选取 100 条左右视频，各阶段视频数据见表 8.1，从静态和动态角度分析博主在 6 个阶段的粉丝构成及演化过程。

**表 8.1　视频数据特征**

| 阶段 | 视频个数 | 视频评论个数 | 视频发布起止日期 | | 时间间隔/天 |
|---|---|---|---|---|---|
| 1 | 101 | 36 928 | 2017-10-3 | 2018-6-22 | 262 |
| 2 | 93 | 42 760 | 2018-6-23 | 2018-9-22 | 91 |
| 3 | 95 | 42 623 | 2018-9-23 | 2018-12-30 | 98 |
| 4 | 96 | 38 023 | 2018-12-31 | 2019-3-15 | 74 |
| 5 | 100 | 45 417 | 2019-3-16 | 2019-5-19 | 64 |
| 6 | 97 | 30 449 | 2019-5-20 | 2019-7-5 | 46 |

## 8.4　基于幂定律的粉丝构成及演化分析

根据收集到的数据，可以发现能够显著代表博主粉丝结构的数据主要是用户发布的评论数量。不同的评论数量代表了用户与博主的互动程度，也间接表示了用户对应的粉丝类型。

### 8.4.1　基于幂定律的粉丝构成分析

评论次数为横轴，评论次数对应的用户比例为纵轴，各阶段曲线代表的是不同评论数量对应的用户数占总参与评论用户的比例。可以看到随着时间的推进，各阶段评论 10 次及以上的用户比例逐步上升，见图 8.2。

利用 SPSS 软件对各阶段粉丝构成曲线进行幂定律拟合，将 6 个阶段粉丝构成数据基于幂定律拟合的分析结果进行整理，见表 8.2。

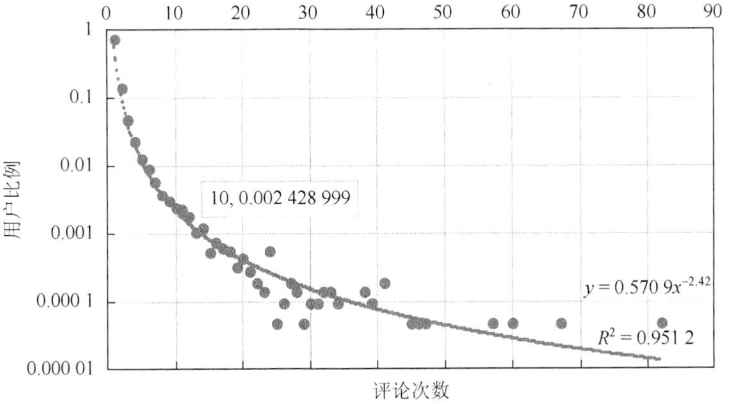


(a) 阶段1评论分布

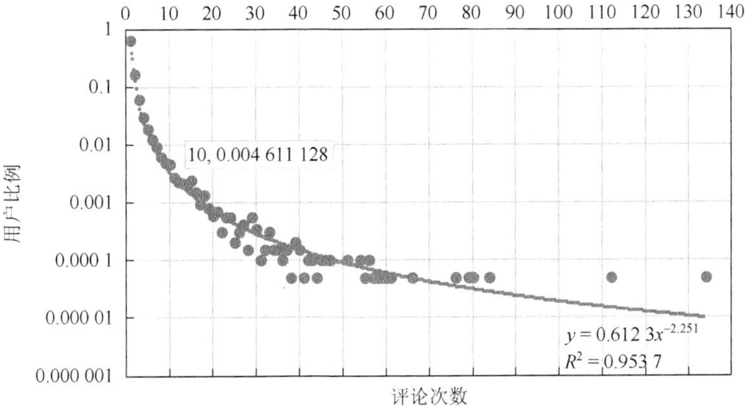


(b) 阶段2评论发布

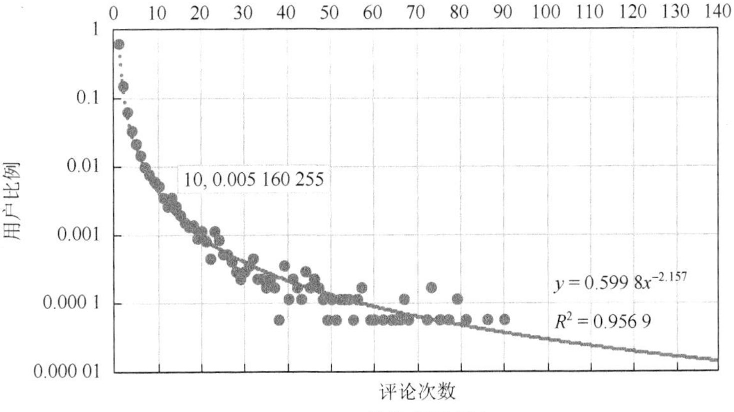


(c) 阶段3评论发布

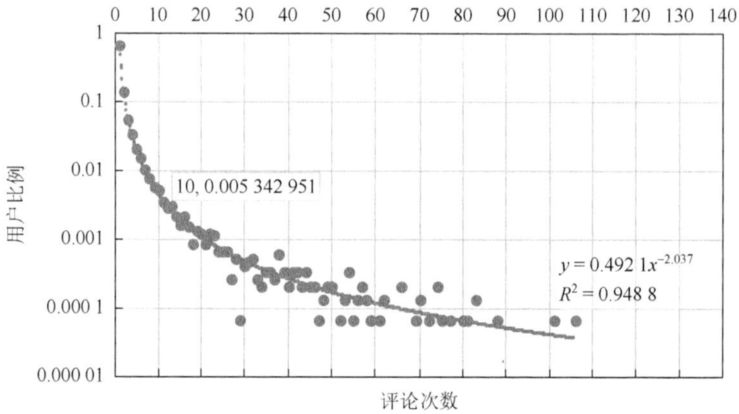


(d) 阶段4评论发布

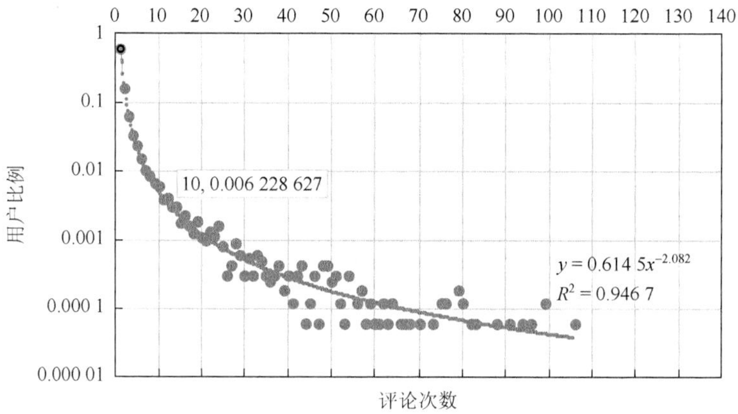


(e) 阶段5评论发布

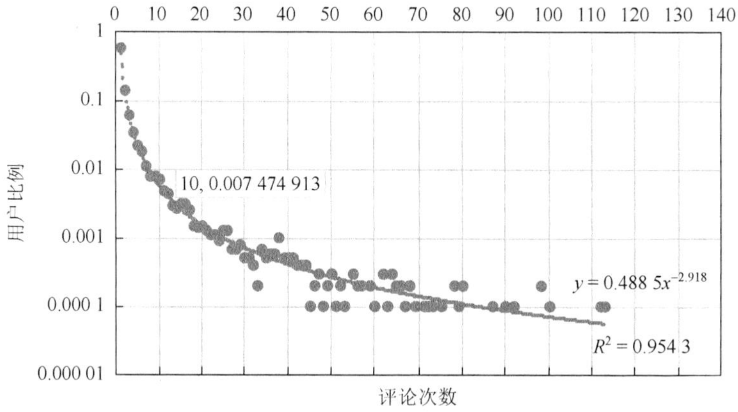


(f) 阶段6评论发布

图 8.2　不同阶段粉丝构成幂定律拟合曲线

**表 8.2　基于幂定律拟合的粉丝构成分析结果**

| 阶段 | $F$ 检验 | $a$ | | $C$ | | $R^2$ |
|---|---|---|---|---|---|---|
| | | 拟合值 | $t$ 检验 | 拟合值 | $t$ 检验 | |
| 1 | 0.000 | 2.420 | 0.000 | 0.5708 | 0.000 | 0.9512 |
| 2 | 0.000 | 2.250 | 0.000 | 0.6121 | 0.000 | 0.9537 |
| 3 | 0.000 | 2.157 | 0.000 | 0.5996 | 0.000 | 0.9569 |
| 4 | 0.000 | 2.037 | 0.000 | 0.4921 | 0.000 | 0.9488 |
| 5 | 0.000 | 2.082 | 0.000 | 0.6146 | 0.000 | 0.9467 |
| 6 | 0.000 | 1.918 | 0.000 | 0.4885 | 0.000 | 0.9543 |

由表 8.2 可知，除了第 5 阶段，系数 $a$ 随着时间的变化逐渐减小，系数 $C$ 在平均值上下波动。可决系数 $R^2$ 均大于 94%，利用幂定律拟合粉丝结构效果很好。

### 8.4.2　基于参数变化规律的粉丝构成演化分析

在 SPSS 软件中利用回归分析对系数 $a$ 进行曲线拟合，使用图中的幂指数。比较不同拟合效果可知幂指数模型拟合效果最好，见图 8.3。

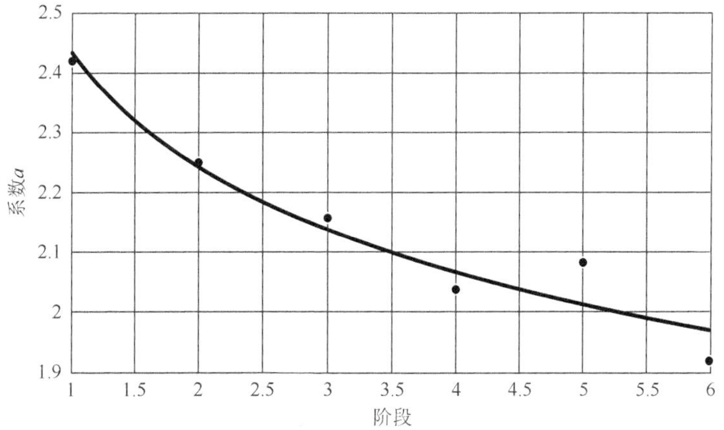


图 8.3　不同阶段粉丝构成幂定律系数变化拟合曲线

分析结果见表 8.3，模型的可决系数为 93.4%，表明幂指数模型对系数 $a$ 拟合效果很好。$F$ 检验和 $t$ 检验的 $p$ 值均小于 0.01，统计学意义显著，即系数 $a$ 随时间呈递减趋势，整体曲线越来越陡，说明粉丝结构呈集中垄断的趋势，见表 8.4 和表 8.5。

**表 8.3　粉丝构成幂方程系数变化曲线拟合优度**

| $R$ | $R^2$ | 调整后的 $R^2$ | 标准估算的错误 |
|---|---|---|---|
| 0.966 | 0.934 | 0.917 | 0.023 |

**表 8.4　粉丝构成幂方程系数方差分析**

| | 平方和 | 自由度 | 均方 | $F$ | $p$ |
|---|---|---|---|---|---|
| 回归 | 0.031 | 1 | 0.031 | 56.151 | 0.002 |
| 残差 | 0.002 | 4 | 0.001 | | |
| 总计 | 0.033 | 5 | | | |
| 自变量为阶段 | | | | | |

**表 8.5　粉丝构成幂方程系数 *a* 曲线方程及 *t* 检验**

| | 未标准化系数 | | 标准化系数 | $t$ | $p$ |
|---|---|---|---|---|---|
| | $B$ | 标准错误差 | Beta | | |
| ln（阶段） | −0.118 | 0.016 | −0.966 | −7.493 | 0.002 |
| （常量） | 2.434 | 0.048 | | 50.611 | 0.000 |
| 因变量为 ln（系数 $a$） | | | | | |

拟合粉丝构成的幂方程系数 $a$ 变化的指数回归方程为

$$a(t) = 2.434t^{-0.118} \tag{8.1}$$

随着时间的推进，评论数在 5 条以上的用户比例逐渐提升。见表 8.6，将评论条数对应的用户比例数据进行整理，进一步探究不同条数对应用户比例背后的意义，对各阶段的幂定律拟合的粉丝构成规律进行分析。

**表 8.6　各阶段评论条数对应用户比例**

| 条数 | 阶段 1 | 阶段 2 | 阶段 3 | 阶段 4 | 阶段 5 | 阶段 6 |
|---|---|---|---|---|---|---|
| 1 | 73.6173% | 65.5600% | 64.8759% | 66.5999% | 62.0359% | 61.7960% |
| 2 | 14.3358% | 16.7691% | 15.3260% | 14.4727% | 16.7318% | 15.1239% |
| 3 | 4.8533% | 6.1943% | 6.5593% | 5.5099% | 6.4546% | 6.4714% |
| 4 | 2.2702% | 3.1868% | 3.4803% | 3.3327% | 3.4685% | 3.6248% |
| 5 | 1.2892% | 1.9930% | 2.1788% | 2.0904% | 2.3693% | 2.2630% |
| 5 条以上 | 3.6342% | 6.2968% | 7.5798% | 7.9944% | 8.9399% | 10.7209% |

从表 8.6 中可以看到，随着时间变化，评论数量在 2 条以上的用户比例总体呈上升趋势，同样地，评论数量在 5 条以上的用户比例也在逐步上升。从总体上看，评论在 2 条及以下的用户比例约占 80%，符合幂定律。考

虑到粉丝类型和评论数量的关系，定义评论数量在 2 条及以下的用户为路人；评论数量在 2 条至 5 条的用户为普通粉丝；评论数量在 5 条以上的用户为忠实粉丝，见表 8.7。

**表 8.7　不同类型粉丝的构成**

| 粉丝类型 | 评论数量/条 | 约占总用户比例 |
| --- | --- | --- |
| 路人 | 0～2（含） | 80% |
| 普通粉丝 | 2～5（含） | 10% |
| 忠实粉丝 | 5 以上 | 10% |

从表 8.6 中可以看到，评论次数在 2 条以上和 5 条以上的用户比例，随时间的变化呈上升趋势。结合前文幂定律的拟合，粉丝结构的逐渐集中，粉丝不断固化，形成层次结构，即用户随着时间推移逐渐从路人转变为普通粉丝，且忠实度越来越高。

### 8.4.3　筛选评论后粉丝构成分析

值得注意的是，在处理数据时发现存在着部分粉丝回评、回看的现象，或是平台主动推送博主往期视频，即粉丝翻阅博主一段时间之前发布的视频并参与评论的行为。在本章研究中，将这种情况视为“时间的累积效应”。

为了消除时间的累积效应对于视频各数据的影响，根据评论发布时间对每条评论进行筛选，在之前划分的六个阶段内，根据评论发布时间，保留视频发布 10 天内的评论，将 10 天内无用户评论的视频剔除。筛选评论后数据结构见表 8.8。

**表 8.8　筛选评论后的视频数据特征**

| 数据 | 视频个数 | 视频评论条数 | 视频发布起止日期 | | 时间间隔/天 |
| --- | --- | --- | --- | --- | --- |
| 1 | 28 | 8 204 | 2018-5-31 | 2018-6-22 | 22 |
| 2 | 37 | 11 276 | 2018-6-30 | 2018-9-11 | 73 |
| 3 | 29 | 8 512 | 2018-10-2 | 2018-12-8 | 67 |
| 4 | 42 | 15 622 | 2018-12-31 | 2019-3-10 | 69 |
| 5 | 36 | 12 790 | 2019-3-31 | 2019-5-11 | 41 |
| 6 | 79 | 23 480 | 2019-5-31 | 2019-7-5 | 35 |

根据筛选得到 10 天内的评论，画出六个阶段不同评论数量对应的用户数占总参与评论用户的比例，见图 8.4。

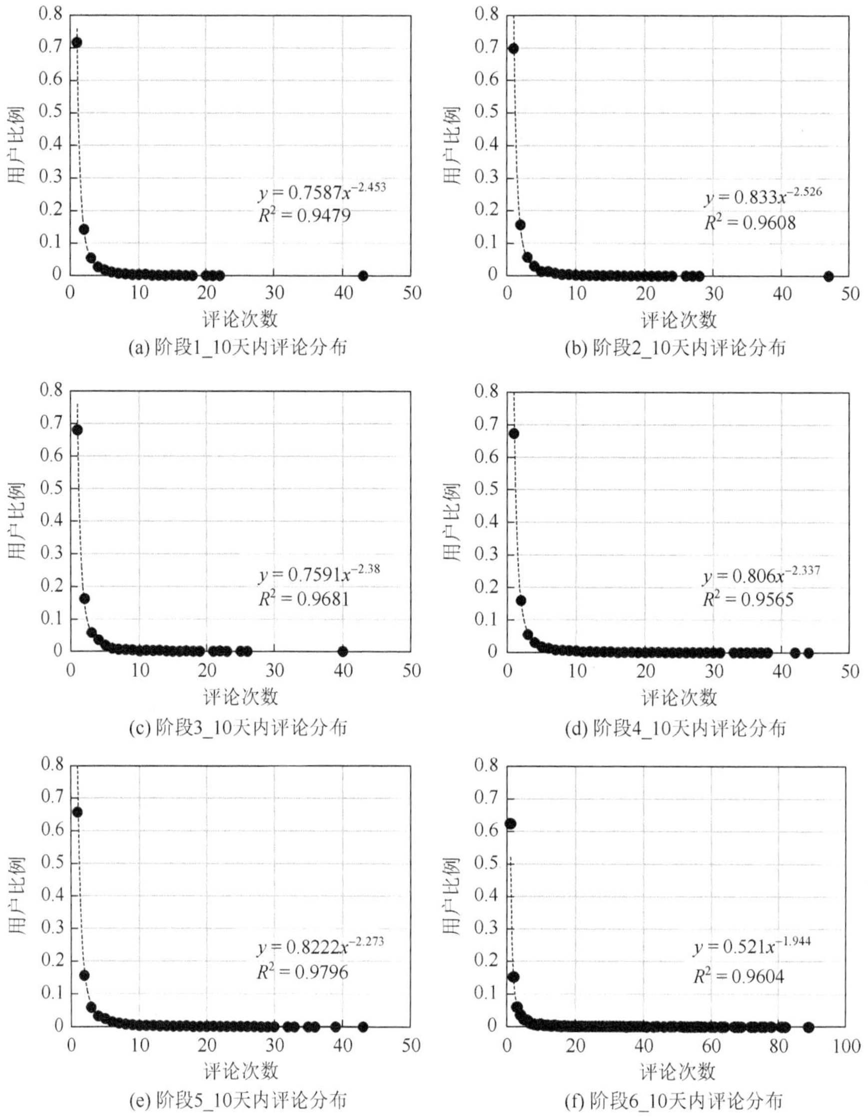


图 8.4　筛选评论后不同阶段粉丝构成幂定律拟合曲线

对筛选后的评论次数-用户比例曲线进行幂定律拟合，分析结果见表 8.9。

根据表 8.9 可以看到，系数 $a$ 下降趋势更加明显，系数 $C$ 在均值水平上下波动，可决系数 $R^2$ 均大于 0.94，说明利用幂定律拟合筛选评论后粉丝结构效果显著。综上，社会化商务背景下，粉丝的构成符合幂定律，假设 H8.1 成立。

表 8.9　基于筛选评论后的幂定律拟合分析结果

| 阶段 | $F$ 检验 | $a$ | | $C$ | | $R^2$ |
|---|---|---|---|---|---|---|
| | | 拟合值 | $t$ 检验 | 拟合值 | $t$ 检验 | |
| 1 | 0.000 | 2.453 | 0.000 | 0.7587 | 0.000 | 0.9479 |
| 2 | 0.000 | 2.526 | 0.000 | 0.8330 | 0.000 | 0.9608 |
| 3 | 0.000 | 2.380 | 0.000 | 0.7591 | 0.000 | 0.9681 |
| 4 | 0.000 | 2.337 | 0.000 | 0.8060 | 0.000 | 0.9565 |
| 5 | 0.000 | 2.273 | 0.000 | 0.8222 | 0.000 | 0.9796 |
| 6 | 0.000 | 1.944 | 0.000 | 0.5210 | 0.000 | 0.9604 |

## 8.5　基于生命周期模型的忠实粉丝形成过程分析

对于生命周期方法的应用，学术界一般通过收集具有一定时间跨度的数据来建立生命周期模型（张崇等，2017），并结合波浪形生命周期图（王菲，2013）、巴斯模型（李杰和陈家宁，2016）等方法对生命周期进行划分。

根据本章 8.4 节对粉丝构成的幂定律拟合，发现评论为 1 条和 2 条的用户约占 80%，评论为 2 条到 5 条的用户约占 10%，评论为 5 条以上的用户约占 10%。由幂定律的现实意义可以知道，20%的用户发布的评论数量约占总体评论数量的 80%，这 20%的用户不再是路人，而是与博主密切互动的粉丝（普通粉丝和忠实粉丝）。因此，选择部分忠实粉丝进行追踪，分析从路人到忠实粉丝的形成过程是否符合生命周期模型。

### 8.5.1　总体用户生命周期

首先对总体用户进行追溯研究，得到各阶段总体用户平均评论次数，发现用户大致在第 4 阶段后期从路人转变为普通粉丝，见图 8.5。

### 8.5.2　典型忠实粉丝生命周期

上面研究发现评论次数为 5 条以上的忠实粉丝约占用户的 10%。为了探究忠实粉丝形成过程，筛选评论后，在第 6 阶段评论次数大于 5 条的用户中，依据评论条数分层抽样挑选 5 位用户，跟踪他们在 6 个阶段的评论次数变化，见表 8.10。

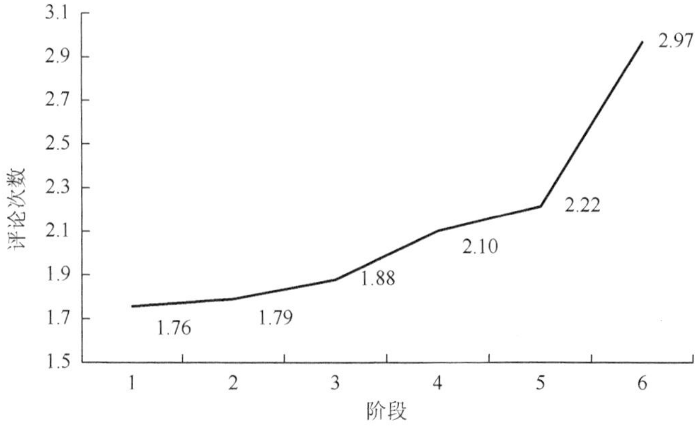


图 8.5　各阶段总体用户平均评论次数

**表 8.10　典型忠实粉丝各阶段评论次数**

| 阶段 | 用户 1 | 用户 2 | 用户 3 | 用户 4 | 用户 5 | 平均评论次数 |
|---|---|---|---|---|---|---|
| 1 | 0 | 0 | 0 | 0 | 0 | 0 |
| 2 | 0 | 0 | 0 | 0 | 0 | 0 |
| 3 | 0 | 0 | 0 | 14 | 2 | 3.2 |
| 4 | 0 | 0 | 0 | 35 | 19 | 10.8 |
| 5 | 13 | 13 | 17 | 25 | 33 | 20.2 |
| 6 | 29 | 39 | 49 | 58 | 69 | 48.8 |

随着时间的变化，这 5 个用户的评论次数不断提升，呈明显上升趋势，且大致在第 3 阶段后期开始由路人转变为普通粉丝，在第 4 阶段后期进一步转变为忠实粉丝，见表 8.10。

传统的生命周期理论一般将生命周期划分为导入期、成长期、成熟期和衰退期。从图中可以发现在路人转化为忠实粉丝的过程中存在着一定的生命周期。阶段 1 到阶段 3 为导入期，曲线呈逐步缓慢上升趋势；阶段 3 到阶段 5 为成长期，曲线渐陡，增速加快；阶段 5 到阶段 6，增速更快，但由于博主“布衣小童”尚处于粉丝快速增长的阶段，部分忠实粉丝的离开不明显，尚无法判断是否到达成熟期和衰退期，本章称这一阶段为快速成长期。尽管目前观察到的粉丝生命周期不完整，但忠实粉丝动态形成过程的前三个阶段符合生命周期模型，见图 8.6。

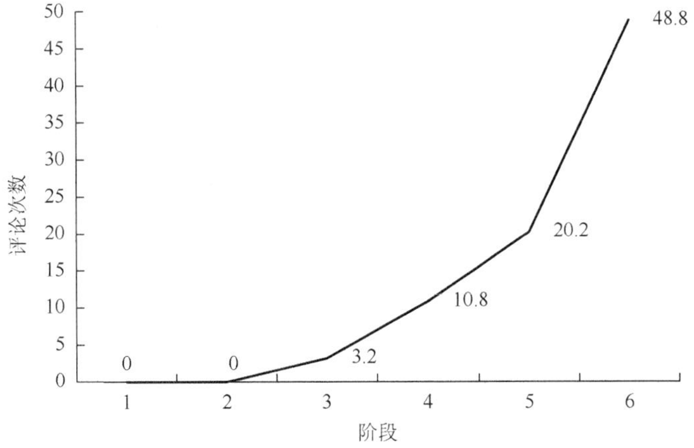


图 8.6　各阶段忠实粉丝平均评论次数

## 8.6　基于漏斗模型的粉丝互动行为转化分析

对于发布视频的博主而言，考量视频质量和博主人气的指标中比较重要的有视频播放量、视频点赞数、视频评论数、视频收藏数。视频播放量代表点击视频观看的人数，视频点赞数则代表进入观看视频并点击“点赞”按钮的人数，视频评论数代表进入观看视频并参与评论的人数，视频收藏数代表进入观看视频并将视频加入个人收藏夹中的人数。

为了消除时间的累积效应对于视频数据的影响，根据评论发布时间对每条评论进行筛选，选取视频发布 10 天内发布的评论进行指标构建。筛选后的视频为 246 个，评论总数为 79 884 条。对于视频播放量、视频点赞数、视频收藏数这三个指标，无法消除时间累积效应，因此数据的处理信息粒度较大，可能会造成一定误差，后续在 8.7 节中会针对这种情况进行讨论。

### 8.6.1　粉丝互动行为指标分析

首先，通过探究各指标与时间变化的关系来构建整体复合指标体系。由于时间的累积效应和视频内容对用户吸引程度不同，视频播放量、视频点赞数、视频评论数、视频收藏数、筛选后评论数等各指标的波动性均大于趋势性。因此需要进一步构建能够代表粉丝构成的指标。通过单个指标相除来消除波动性，凸显趋势性。将视频播放量作为基准，将视频点赞数等各指标与视频播放量的比值作为新的指标，并根据新指标随着时间的变化进行具体分析，探究指标对应用户行为背后的含义，具体指标见表 8.11。

**表 8.11　粉丝互动行为评价指标**

| 指标 | 含义 |
|---|---|
| 点赞率 | 视频点赞数/视频播放量 |
| 评论率 | 视频评论数/视频播放量 |
| 收藏率 | 视频收藏数/视频播放量 |
| 收藏/点赞率 | 视频收藏数/视频点赞数 |
| 筛选后评论率 | 10 天内视频评论数/视频播放量 |
| 10 天内评论率 | 10 天内视频评论数/视频评论数 |

1. 点赞率

将点赞率作为研究变量，按时间排序观察变化趋势，见图 8.7。

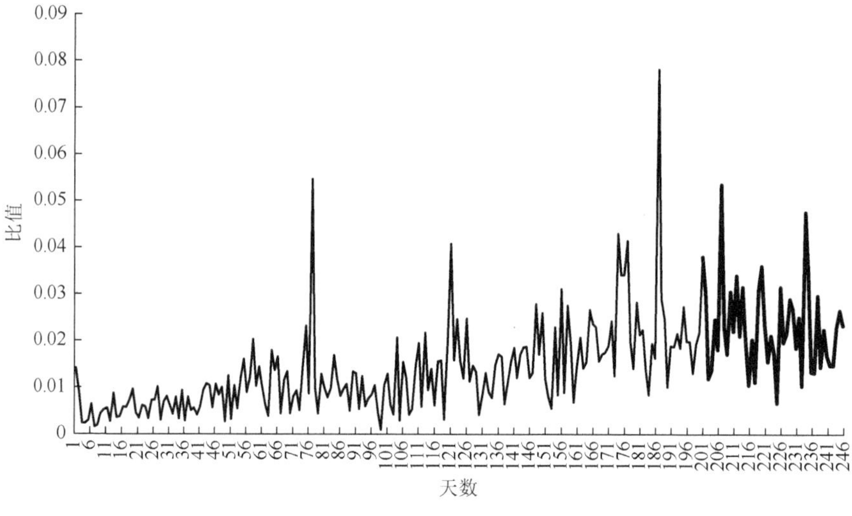


图 8.7　点赞率随时间变化曲线

将点赞率作为研究变量，进行回归分析，得到回归方程

$$点赞率 = 0.004\,300 + 0.000\,086\,25 \times 时间 \tag{8.2}$$

使用 Minitab 软件做点赞率与时间的回归分析，结果见表 8.12，可以看出，$t$ 检验的 $p$ 值小于 0.01，可决系数 $R^2$ 为 35.3%，统计学意义显著，点赞率随时间变化整体呈上升趋势。这说明点击观看视频的人群中选择点赞的粉丝比例在增加。

**表 8.12　点赞率与时间的回归分析结果**

| 自变量 | 系数 | 系数标准误差 | $t$ | $p$ | 方差膨胀因子 |
|---|---|---|---|---|---|
| 常量 | 0.004 300 | 0.001 066 | 4.03 | 0.000 | |
| 时间 | 0.000 086 25 | 0.000 007 48 | 11.53 | 0.000 | 1.000 |
| $S = 0.008\ 3$ | $R^2 = 35.3\%$ | $R^2$（调整）= 35.0% | PRESS = 0.017 2 | $R^2$（预测）= 34.25% | |

注：PRESS 为预测的误差平方和，下同

## 2. 评论率

将评论率作为研究变量，按时间排序观察变化趋势，见图 8.8。

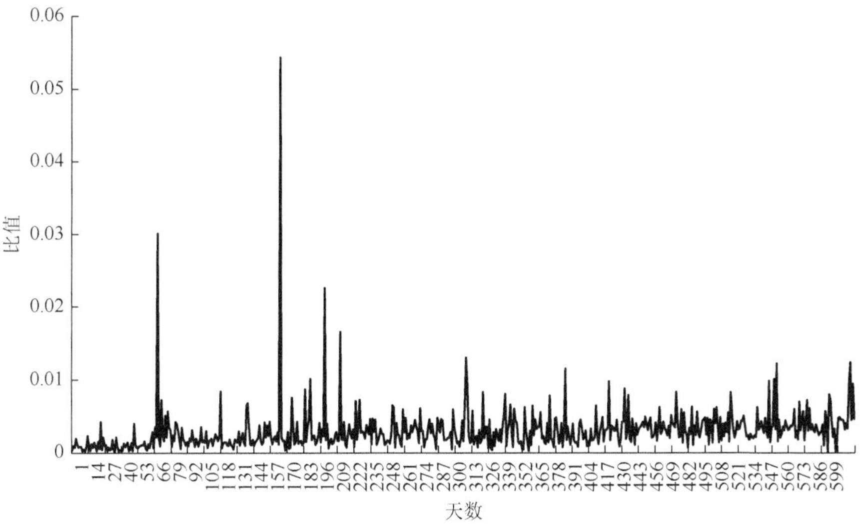


图 8.8　评论率随时间变化曲线

将评论率作为研究变量，进行回归分析，得到回归方程

$$评论率 = 0.001\ 82 + 0.000\ 004 \times 时间 \tag{8.3}$$

使用 Minitab 软件做评论率与时间的回归分析，结果见表 8.13，可以看出，可决系数 $R^2$ 为 4.2%，$t$ 检验和 $p$ 值小于 0.01。同时，利用 Minitab 对评论率与时间做相关分析得到的 Pearson 相关系数 = 0.205，$p$ 值 = 0.000，具有统计学意义。随着时间的变化，评论率整体水平缓慢上升，说明点击观看视频的人群中，进行评论的人数呈上升趋势。

**表 8.13　评论率与时间的回归分析结果**

| 自变量 | 系数 | 系数标准误差 | $t$ | $p$ | 方差膨胀因子 |
|---|---|---|---|---|---|
| 常量 | 0.001 818 5 | 0.000 261 3 | 6.96 | 0.000 | |
| 时间 | 0.000 003 86 | 0.000 000 75 | 5.13 | 0.000 | 1.000 |
| $S$ = 0.003 2 | $R^2$ = 4.2% | $R^2$（调整）= 4.0% | PRESS = 0.006 2 | $R^2$（预测）= 3.61% | |

3. 收藏率

将收藏率作为研究变量，按时间排序观察变化趋势，见图 8.9。

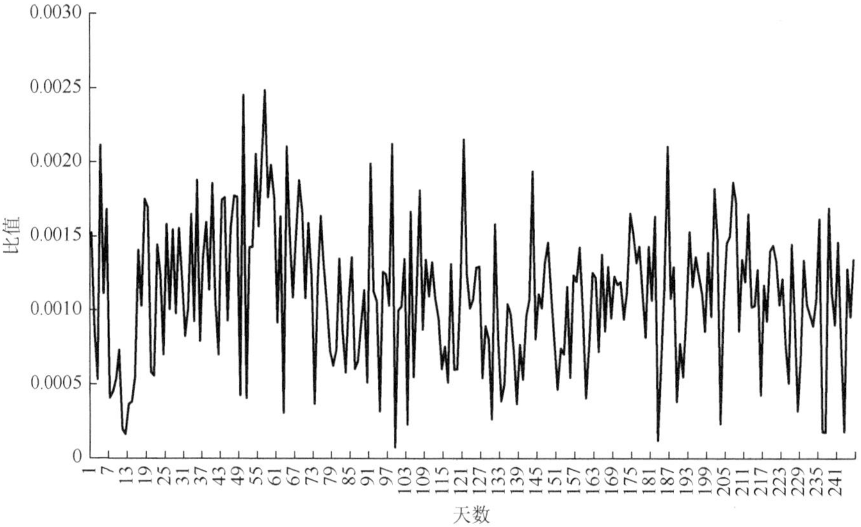


图 8.9　收藏率随时间变化曲线

使用 Minitab 做收藏率与时间的回归分析，时间和收藏率的相关分析得到的 Pearson 相关系数 = −0.086，$p$ 值 = 0.181，结果不显著，不具有统计学意义。从图 8.9 中可以看到，收藏率的波动性较大，从现实角度考虑，这可能是时间的累积效应或是视频内容、视频热度等其他因素导致的。在未来的研究中可深入探讨波动性和趋势性的形成原因。

4. 收藏/点赞率

将收藏/点赞率作为研究变量，按时间排序观察变化趋势，见图 8.10。

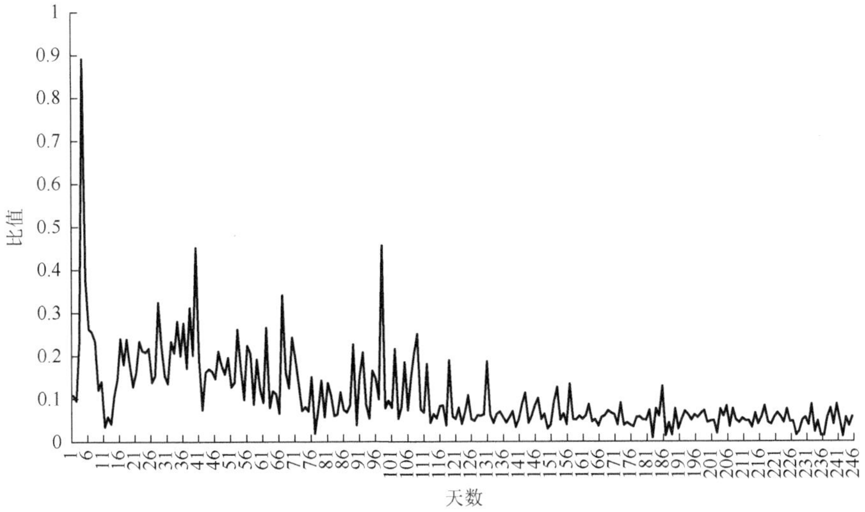


图 8.10　收藏/点赞率随时间变化曲线

将收藏/点赞率作为研究变量，进行回归分析，得到回归方程

$$收藏/点赞率 = 0.204 - 0.000\,781 \times 时间 \tag{8.4}$$

使用 Minitab 软件做收藏/点赞率与时间的回归分析，结果见表 8.14，可以看出，$t$ 检验的 $p$ 值小于 0.01，可决系数 $R^2$ 为 36.0%，统计学意义显著，收藏/点赞率随时间变化整体呈下降趋势。这表明随着时间的变化，观看视频的人群中，选择收藏视频的人群与选择点赞视频的人群比值呈下降趋势。

**表 8.14　收藏/点赞率与时间的回归分析结果**

| 自变量 | 系数 | 系数标准误差 | $t$ | $p$ | 方差膨胀因子 |
|---|---|---|---|---|---|
| 常量 | 0.203 651 | 0.009 486 | 21.47 | 0.000 | |
| 时间 | −0.000 780 74 | 0.000 066 58 | −11.73 | 0.000 | 1.000 |
| $S$ = 0.074 2 | $R^2$ = 36.0% | $R^2$（调整）= 35.8% | PRESS = 1.371 8 | $R^2$（预测）= 34.62% | |

5. 筛选后评论率

将筛选后评论率作为研究变量，按时间排序观察变化趋势，见图 8.11。将筛选后评论率作为研究变量，进行回归分析，得到回归方程

$$筛选后评论率 = 0.000\,650 + 0.000\,013 \times 时间 \tag{8.5}$$

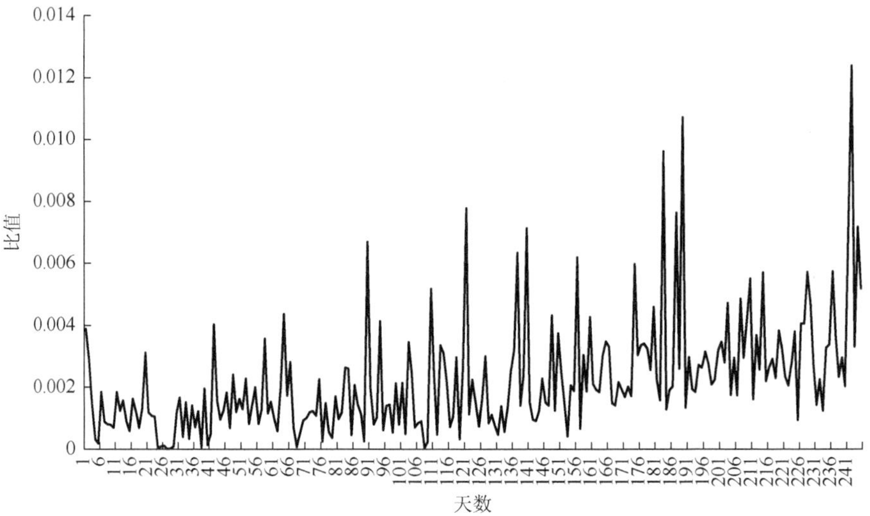


图 8.11　筛选后评论率随时间变化曲线

使用 Minitab 软件做筛选后评论率与时间的回归分析，结果见表 8.15，可以看出，$t$ 检验的 $p$ 值小于 0.01，可决系数 $R^2$ 为 24.3%，统计学意义显著，筛选后评论率随时间变化整体呈上升趋势。

**表 8.15　筛选后评论率与时间的回归分析结果**

| 自变量 | 系数 | 系数标准误差 | $t$ | $p$ | 方差膨胀因子 |
|---|---|---|---|---|---|
| 常量 | 0.000 649 7 | 0.000 205 3 | 3.16 | 0.002 | |
| 时间 | 0.000 012 77 | 0.000 001 45 | 8.82 | 0.000 | 1.000 |
| $S$ = 0.001 6 | $R^2$ = 24.3% | $R^2$（调整）= 24.0% | PRESS = 0.000 6 | $R^2$（预测）= 22.94% | |

这表明在点击视频播放的人群中，选择评论的人群数量随时间变化呈上升趋势，与评论率的变化趋势一致。同时因为选择的是筛选后的评论，消除了时间的累积效应，所以更能体现出博主粉丝互动的真实情况。

6. 10 天内评论率

筛选出 10 天内视频评论数的空值和大于 1 的值后，样本数量为 240，用“10 天内评论率”，即 10 天内视频评论数和视频播放量的比值构建新的指标，作为研究变量按时间排序观察变化趋势，见图 8.12。

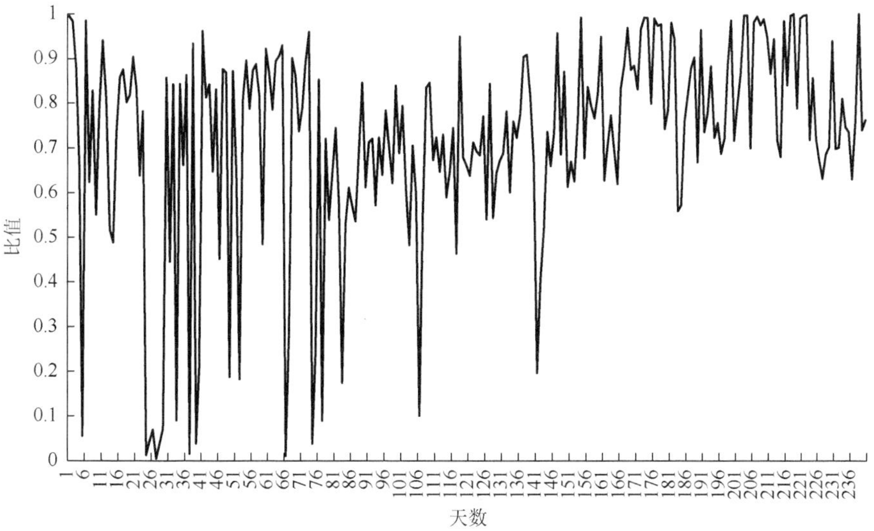


图 8.12　10 天内评论率随时间变化曲线

将 10 天内评论率作为研究变量，进行回归分析，得到回归方程

$$10\text{天内评论率} = 0.582 + 0.001\ 12 \times \text{时间} \tag{8.6}$$

使用 Minitab 软件做 10 天内评论率与时间的回归分析，结果如表 8.16，可以看出，$t$ 检验的 $p$ 值小于 0.01，可决系数 $R^2$ 为 11.0%。同时使用 Minitab 软件检验两个变量间相关关系，可以得到时间和 10 天内评论率的 Pearson 相关系数 = 0.332，$p$ 值 = 0.000，具有统计学意义，10 天内评论率随时间变化整体呈上升趋势。筛选后的评论数与现有累积的评论数比值总体缓慢上升，这一发展趋势直观地表明了时间的累积效应，也验证了“回评”现象的存在。

**表 8.16　10 天内评论率与时间的回归分析结果**

| 自变量 | 系数 | 系数标准误差 | $t$ | $p$ | 方差膨胀因子 |
|---|---|---|---|---|---|
| 常量 | 0.581 77 | 0.028 67 | 20.29 | 0.000 | |
| 时间 | 0.001 118 6 | 0.000 206 3 | 5.42 | 0.000 | 1.000 |
| $S$ = 0.221 4 | $R^2$ = 11.0% | $R^2$（调整）= 10.6% | PRESS = 11.886 8 | $R^2$（预测）= 9.30% | |

根据上文构建的五个指标——点赞率、评论率、收藏率、筛选后评论率、10 天内评论率，可直观刻画粉丝的互动行为转化过程。

### 8.6.2　基于漏斗模型的粉丝构成及演化分析

对 6 个阶段的不同指标进行整理、比较分析，见表 8.17。

**表 8.17 各阶段粉丝互动指标变化**

| 阶段 | 1 | 2 | 3 | 4 | 5 | 6 | 平均 |
|---|---|---|---|---|---|---|---|
| 点赞率 | 0.003 79 | 0.005 94 | 0.008 02 | 0.006 58 | 0.012 32 | 0.018 16 | 0.009 14 |
| 评论率 | 0.001 55 | 0.002 39 | 0.003 02 | 0.001 26 | 0.002 68 | 0.003 01 | 0.002 32 |
| 收藏率 | 0.000 86 | 0.001 30 | 0.001 04 | 0.000 95 | 0.000 89 | 0.001 03 | 0.001 01 |
| 筛选后评论率 | 0.000 85 | 0.000 65 | 0.000 86 | 0.000 81 | 0.001 81 | 0.002 52 | 0.001 25 |
| 10 天内评论率 | 0.546 72 | 0.273 64 | 0.283 54 | 0.641 47 | 0.675 00 | 0.835 91 | 0.542 71 |
| 最小值指标 | 筛选后评论率 | 筛选后评论率 | 筛选后评论率 | 筛选后评论率 | 收藏率 | 收藏率 | 收藏率 |

根据表 8.17 可以看到，评论率随着时间的变化在均值上下波动，而去除时间累积效应的指标筛选后的评论率，随时间变化有显著的上升趋势，这在一定程度上说明了数据处理的有效性，并表示观看视频的人群更加乐意参与评论，与博主进行互动。

可以看到，基本上每个阶段的播放量、点赞数、评论数、收藏数都是呈下降趋势，可以理解为用户在播放、点赞、评论、收藏的过程中不断地离开，而在不同阶段离开的用户则可以代表不同层次的粉丝。在播放视频和点赞视频后离开的用户，将其定义为路人粉，这一类人常常是由于“看热闹”的心理点开视频，并未产生用户黏性和定期观看视频的习惯；在评论和收藏视频后离开的用户，称为普通粉丝；在视频发布一段时间后，重新观看视频并评论，产生回看和回评行为的用户，定义为忠实粉丝，这一类人由于对博主的视频产生高度认同，从而对博主产生情感上的认同，形成了高强度的用户黏性，见图 8.13。

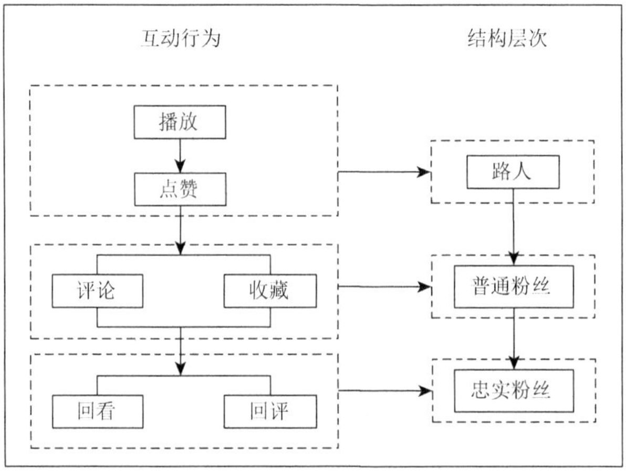


图 8.13 互动行为与粉丝类型对应关系

漏斗模型是一个线性流程，从开始到结束，用户在每一个环节，都会产生流失，就像漏斗一样。本章利用漏斗模型分析粉丝构成及演化。不同时期的漏斗模型形状和指标数值见图 8.14 与表 8.18，通过比较可以发现以下几点。

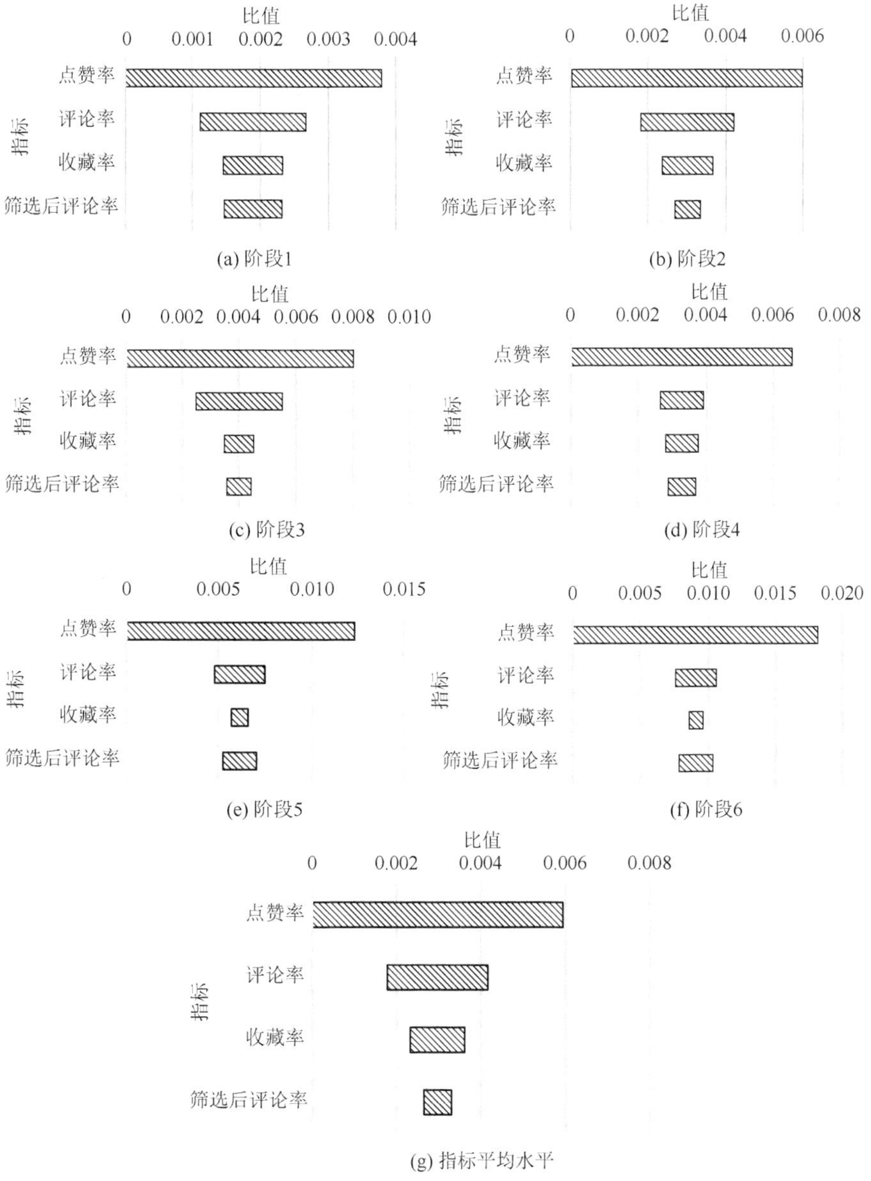


图 8.14　不同阶段互动行为漏斗模型

**表 8.18 粉丝互动行为转化率**

| 阶段 | 1 | 2 | 3 | 4 | 5 | 6 | 平均值 |
|---|---|---|---|---|---|---|---|
| 点赞/播放 | 0.38% | 0.59% | 0.80% | 0.66% | 1.23% | 18.16% | 0.59% |
| 评论/点赞 | 40.85% | 40.28% | 37.64% | 19.13% | 21.74% | 1.66% | 40.28% |
| 收藏/评论 | 55.87% | 54.28% | 34.30% | 75.29% | 33.29% | 34.22% | 54.28% |
| 筛选后评论/收藏 | 97.85% | 50.41% | 82.66% | 85.20% | 202.78% | 244.24% | 50.41% |
| 收藏/点赞 | 22.82% | 21.86% | 12.91% | 14.40% | 7.24% | 0.57% | 21.86% |

第一，随着时间的推进，漏斗的首端变宽，点赞率比例不断增大。这意味着路人类型的粉丝增多，该类型粉丝占比不断增加，粉丝结构产生变化。

第二，随着时间的推进，各指标间的差值呈上升趋势，评论/点赞、收藏/评论这两个环节的转化率呈下降趋势。收藏/播放和点赞/播放的比值，即收藏/点赞变化见表 8.18，呈下降的趋势。这说明了随着时间的变化，路人类型的粉丝增多的过程中，导致普通粉丝所占的比例减少，路人到普通粉丝的转化率逐渐降低。这说明观察对象的粉丝结构分布趋向于幂定律，路人类型粉丝占多数。

第三，收藏率与筛选后评论率的对比变化。互动行为转化率见表 8.18，第 5 阶段和第 6 阶段，收藏率取代筛选后评论率成为这两个阶段数值最小的指标，这更能体现真实的情况：相比于评论，收藏视频更能体现用户黏性高，更能代表用户属于忠实粉丝类型。

### 8.6.3 粉丝互动行为转化研究讨论

在本节中，通过数据分析及构建模型，发现反映粉丝转化最有价值的是点赞率、评论率、收藏率和筛选后评论率这四个指标。基于这四个指标来刻画粉丝的互动行为转化过程发现，点赞率不断提升，观看视频的用户对于观看视频的满意度有所提升，背后的原因可能是视频质量提升，粉丝引起共鸣，从而使得粉丝数量不断提升；评论率的升高，则体现的是观看视频的人群中，进行评论的人数增加，用户的互动意愿增大；收藏率的波动性较大，从现实角度考虑，这可能是时间的累积效应或是视频内容、视频热度等其他因素导致的；筛选后评论率随时间变化整体呈上升趋势，消除了时间的累积效应后更能体现出博主粉丝互动的真实情况。通过对比这四个指标的数量关系，发现粉丝的互动行为符合漏斗模型。

同时，从漏斗模型形状的变化上，最初由“观察性学习”（Wang and

Yu，2017）造成用户观看视频的行为，即观看视频后很少点赞、评论、收藏；到后期，部分“看热闹”的路人逐渐离开，开始有固定粉丝；固定粉丝不断沉淀，出现忠实粉丝，产生回看、回评现象。筛选之后的评论数更能反映真实的情况，因此可以间接代表用户所代表的粉丝结构层次。

可以看到“布衣小童”博主 2017～2019 年的粉丝构成变化：粉丝整体数量呈上升趋势，路人类型的粉丝数量迅速提升，普通粉丝和忠实粉丝的分布符合幂定律分布。根据漏斗模型的应用，越到漏斗的底部，客户的级别和价值就越高（蔡淑琴等，2005），在本章研究中构建的粉丝转化漏斗，越到漏斗底部，则说明粉丝的忠诚度越高，结构层次也越高。

综上，粉丝动态行为过程符合漏斗模型，假设 H8.3 得到验证。

## 8.7　粉丝构成及演化研究结论

本章从粉丝静态结构、忠实粉丝形成过程、粉丝互动行为转化三个方面研究了社会化商务背景下粉丝构成及演化，分析了粉丝结构层次的集中特征、忠实粉丝形成的生命周期划分及粉丝互动行为转化的具体过程。

研究结果表明以下几点。

第一，社会化商务背景下，粉丝的构成符合幂定律，且随着时间推进有更加集中的趋势。根据发布评论的次数，可以将用户划分成路人、普通粉丝和忠实粉丝。随着时间的推进，忠实粉丝的比例总体在攀升，粉丝的结构和层次趋向于更加集中。

第二，社会化商务背景下，忠实粉丝的动态形成过程符合生命周期模型。在用户从路人转化为忠实粉丝的过程中，在导入期发布评论的次数较少，但随着时间推进缓慢上升；在成长期评论发布次数增长速度加快；在快速成长期评论发布次数急速上升。博主“布衣小童”仍处于粉丝迅速增长的阶段，部分忠实粉丝的衰退不明显，因此未能观察到成熟期。

第三，社会化商务背景下，粉丝观看视频、点赞视频、评论视频、收藏视频等互动行为之间的转化存在一定层级关系，符合漏斗模型。通过构建四个指标，点赞率、评论率、收藏率、筛选后评论率，并对各个指标进行动态分析后发现，粉丝在观看视频—点赞—评论—收藏这个过程中不断地离开，这个过程基本符合漏斗模型。

本书聚焦于社会化商务的社交属性，创新性地研究社会化商务背景下粉丝的结构与交互，通过研究粉丝静态结构和互动行为的演变，为促进忠实粉丝的形成和客户细分的精准化营销提供理论基础，同时对自媒体在未来发展中做决策和构建发展规划具有重要意义。根据本章研究发现，对社会化商务背景下自媒体博主提出以下三点建议。

第一，从市场营销的角度看，可以对用户做粉丝类型的划分，从而实现精细化运营。结合本书的研究发现，社会化商务背景下，粉丝的构成符合幂定律。对于社交自媒体而言，可以根据粉丝类型来制定相应的交互策略，通过举办线上线下交流会、定期粉丝聚会等，来产生用户黏性，保证忠实粉丝占据一定比例。

第二，社会化商务可以基于人际信任关系来提高销售转化效率。对于社交自媒体博主而言，可以通过自我披露来增加粉丝情感的认同（Kim et al.，2016），引导路人转化为忠实粉丝；或是通过举办公益活动促进个人品牌形象的建立，来进行粉丝营销（魏婷和杨秋照，2015）。

第三，基于粉丝的动态行为演化过程，发现用户评论是关键的转化环节。自媒体博主可以从提高发布内容质量上考虑，来提升用户与博主进行交互的意愿，使得用户产生强烈的情感共鸣。

本章研究的不足之处在于数据的处理方法不够新颖，处理后数据的粒度较大，因而产生的误差难以避免，未来研究可以探寻新的方法；在结合生命周期模型的粉丝动态形成过程的研究中，由于数据选取的时间跨度不够大，未能观察到完整的生命周期，未来研究可继续追踪该博主的发展变化。

同时，在结合漏斗模型对粉丝结构层次的动态变化分析的研究中，未来可重点寻找新的互动行为指标，如转发次数、重复观看次数等；也可横向比较多个社会化商务背景下的带货自媒体，进一步验证本章结论的普适性。

# 第 9 章　自媒体粉丝情感及演化

## 9.1　粉丝情感研究背景和意义

社会化商务中的社交媒体用户通过分享兴趣、交流信息和知识、表达情感来建立与其他用户的联系（Grieve et al.，2013），并通过这种联系促进购买行为的产生。很多社交媒体用户以发布视频或者直播的方式来吸引众多粉丝，随着时间的增长，粉丝对这些用户的情感逐渐产生变化，最后形成其固定的粉丝群体。在这一过程中，粉丝表达情感的主要方式就是对博主发布的视频或直播进行播放、点赞、收藏、评论等，特别是在线评论的内容能够直接反映粉丝的情感。

当前比较受欢迎的社交平台有微博、快手、今日头条、抖音等。在这些社交平台上的用户通过发布自创性视频或者直播等方式来吸引其他用户，其他用户会通过播放、点赞、收藏、评论等途径来表达个人的情感。随着视频发布频率的增加及内容质量的改善，视频的受欢迎程度及热度不断增加，粉丝数量也随之增多。在这个过程中，粉丝是潜在的消费者，用户与其粉丝之间形成的情感会影响粉丝的消费行为。通过粉丝的在线评论来发现粉丝在社会化商务中的情感演化规律，对于研究粉丝的情感变化及其购买行为具有十分重要的现实意义。

在社会化商务环境下，社交媒体的广泛应用给用户提供了一个自由开放的平台。在该平台中，用户可以发表他们对所购买产品的个人评价，从而实现个体间多元化的交互并产生社会价值。其他消费者的评价可以为消费者的购物决策提供参考，这将使在线商务环境变得更加值得消费者信赖。其中，在线评论是消费者在购买某种商品或者服务后，对其进行评价的相关信息。通过阅读在线评论，可以帮助消费者了解到该商品或者服务的质量，进而影响消费行为。

在电子商务环境下，在线评论逐渐成为研究热点。当前关于用户在线评论情感分析的研究主要包含三个方面：提取用户情感的方法、情感极性或情感强度的分类方法和在线评论情感分析的应用。总体而言，对于在线评论情感分析的研究越来越多，相关领域的研究成果都可以借鉴，研究方法包括文本挖掘、自然语言处理、机器学习等。但是，社会化商务环境下的粉丝评论与电子商务环境下网购平台的在线产品评论在评价目的、内容和情感上存在很大差异。前者以社交属性为主要特征，而后者以交易属性为主要特征。目前，针对社会化商务环境下的粉丝评论及情感研究很少，与社会化商务蓬勃发展的现实不相匹配。

本章重点研究粉丝评论情感及其随时间的演化规律，主要回答以下问题。

（1）在社会化商务中粉丝对于博主的主要情感是什么？

（2）在社会化商务中粉丝的情感如何随着时间而演化？

本章以一个典型的“三农”自媒体博主“布衣小童”为研究对象，用文本挖掘的方法，重点研究粉丝对该自媒体核心人物小欧的情感演化，探究粉丝情感强度从低到高的发展过程。该过程表现为粉丝情感从评价性的夸奖到带有感情投入的喜欢，再到从情感上把小欧当作自己孩子（虚拟关系）的共情阶段，同时也由路人发展为普通粉丝，最后成为忠实粉丝。将三种情感词的频数、普通粉丝转化率和忠实粉丝转化率与“时间”这一变量做回归分析，得出各个指标随时间的变化情况，最后总结出社会化商务中粉丝的情感及演化规律。

## 9.2 基于评论文本的粉丝情感及演化研究假设

在日常生活中，人们的情感影响着人们的行为，人与人之间主要通过语言来进行交流，从而表达自己的情感。然而在社会化商务环境下，粉丝主要是通过文本评论来表达自己的情感，并且粉丝的情感影响了其评价行为。通过第 8 章的研究发现，文本评论是粉丝表达其情感行为中投入度最高、黏性最强的一种表达方式，评论最能反映出粉丝对博主的情感。因此可以通过文本评论来发现粉丝对视频中人物的情感极性及强度。

上述观点可以由情绪认知评价理论加以解释。情绪认知评价理论是消费者情感研究的核心理论，由美国心理学家 M. B. Arnold 提出，并由心理学家 Lazarus 对其进行了改进（王玉友，2012）。该理论认为，情绪与态度是人和外界环境相互作用的产物，在情绪活动中，人们不仅接受外界环境中事件对自己的刺激，同时还要调节自己对于刺激的反应，以评价的形式将态度表达出来（毛现桩，2017）。根据这一理论可以得出，在社会化商务环境下，粉丝评价会经历外界条件的诱发、内心情绪与态度的形成及外在行为的表达这三个过程。其中，外界条件的诱发主要是指社交媒体平台上博主发表的自创性视频或直播的媒介宣传，而消费者内心情绪与态度的形成可以通过其外在行为，如在线评论等表达出来。

在心理学中，心理学家 Plutchik 提出的三维环形模型认为情感是三维的，分别是强度、相似性和两级性。Plutchik 的三维环形模型将情感分别按照其强度变化、相似性变化及两极性变化进行了分类（Plutchik，2001）。其中，按照情感的强度变化，各种情感由浅及深被分为三个等级。比如，模型中将表示顺从的情感分为接受—相信—钦佩，将表示攻击的情感分为烦恼—愤怒—狂怒。由于描述情感强度的词语多种多样，各种情感强度等级划分的标准不甚相同。所以在本书中，将在线评论表达的情感强度分为三个等级，分别是普通夸奖—表达喜爱—形成共情，并以此作为情感演化分析的基础。

除此之外，美国社会心理学家 Mackie 和 E. R. Smith 提出的群体情感理论认为，当社会认同显著时，基于群体的评价会引发特定的情绪和对外部群体的行为倾向（Mackie et al.，2000）。而且情感具有群体属性，是群体和群际间的一种现象（聂文娟，2011）。不同的群体间的情感是不同的，而群体中的个体会将其所属群体的情感作为其个体的情感，并通过所在群体表达出来。在线评论也是一种群体活动，在本次研究中，基于群体情感理论，将具有相似情感倾向或行为倾向的用户分为一个群体，并按情感强度将其划分为三类人群，分别是路人—普通粉丝—忠实粉丝。

对于自媒体平台来说，粉丝的形成是用户从路人到普通粉丝再到忠实粉丝的一个过程，在这个过程中，用户对博主的情感强度从低到高逐渐加深。粉丝的情感强度反映在评论用词上，路人一般偶尔观看视频，对视频的评价是站在第三方的角度进行普通的夸奖或发表自己的意见；而普通粉丝开始有了主观情感的投入，开始表现出喜欢的情绪；忠实粉丝投入了更多的情感，甚至建立了与视频人物虚拟的社会关系，如忠实粉丝中的中老年女性会使用“很心疼”等词，表明她们与小欧建立了共情的虚拟关系。因此本章通过研究用户的文本评论用词来挖掘社会化商务中用户对自媒体核心人物的情感，并总结出情感演化规律。

本章将情感变化过程按情感强度分为三个等级，分别是低情感强度的普通夸奖、中情感强度的表达喜爱及高情感强度的形成共情。同时依据情感强度，对表达这些情感强度的粉丝人群进行了分类，分别是表达低情感强度的路人、表达中情感强度的普通粉丝和表达高情感强度的忠实粉丝。基于以上的分析，粉丝评论的情感演化模型见图 9.1。

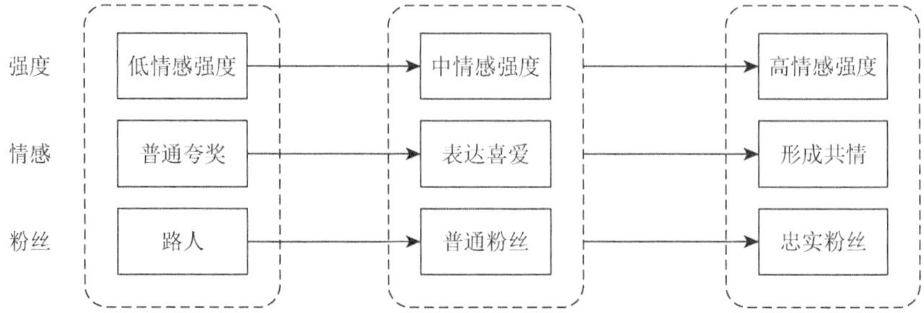


图 9.1　粉丝评论情感演化

消费者在发表评论时必然会带有个人情感，而不同的人对同一种事物或者视频内容产生的情感是不同的。由生命周期理论可知，当一个产品刚进入市场时，会经历导入期、成长期、成熟期与衰退期。在产品刚引入市场的阶段，消费者购买的热情较高（Zhang et al.，2012）。因为此时消费者对产品的属性和视频内容还不是很了解，所以此时消费者的情感强度在整个生命周期过程中处于从无到有的上升阶段，消费者的评论内容会带有较强的主观性。所以在此时的消费者评论中，更多的是社会化商务中对视频内容的低情感强度的普通夸奖和中情感强度的表达喜爱的评论，而且这些评论处于不断增长的趋势中。与之相比，高情感强度的与视频博主形成共情关系的评价数量很少，增长也比较缓慢。但随着进入产品生命周期的成熟期，消费者对产品和视频内容不断熟悉，评价更倾向客观理性（Wu and Huberman，2008）。所以，之前发出普通夸奖与表达喜爱评论的用户在后期继续发表普通夸奖与表达喜爱评论的数量会有所减少，但同时由于新用户的加入，普通夸奖与表达喜爱的评论数量会有所补充，因此表达这两种情感的评论数量会趋于稳定。但由于形成共情关系的用户具有不易流失性，形成共情的评论数量随着时间的增长会不断累积，并呈现上升的趋势。

基于此，提出以下假设。

H9.1：评论内容中低情感强度的普通夸奖的评论数量与时间呈正相关关系。

H9.2：评论内容中中情感强度的表达喜爱的评论数量与时间呈正相关关系。

H9.3：评论内容中高情感强度的形成共情的评论数量与时间呈正相关关系。

H9.4：粉丝的情感是从普通夸奖到表达喜爱再到形成共情的动态演化过程。

## 9.3　粉丝情感研究设计

### 9.3.1　粉丝情感研究过程设计

文本情感分析也称为意见挖掘，是指利用自然语言处理或机器学习的技术和手段来判别文本的情感倾向或情感程度（Pekar and Ou，2008）。文本情感强度是指评论者表达对产品或服务的喜爱或厌恶的强烈程度，一般通过带有强烈感情色彩的形容词或者副词来表现（邵景波等，2016）。本章通过提取用户在线评论中表达情感倾向或者情感程度的词汇，来对用户的在线评论进行文本情感分析。

本章首先基于文献综述构建了社会化商务背景下消费者在线评论的情感演化模型，并基于之前构建的理论模型提出相应的假设。然后以今日头条的“三农”自媒体博主“布衣小童”为研究对象，利用网络爬虫软件“八爪鱼”来爬取其视频下的评论内容，以完成数据收集工作。最后进行数据分析，先对数据进行预处理，之后分别使用分词及词频统计、相关性检验、回归分析等方法对爬取的数据进行处理和分析。

在上述研究过程中，分词及词频统计过程需要人工标注及划分情感词的情感强度。然后对结果与时间进行相关性检验，以验证不同情感强度与时间的相关性关系。最后将相关性比较显著的变量与时间做回归分析，以确定情感强度与时间之间的变化规律。具体研究技术路线见图 9.2。

### 9.3.2　粉丝情感研究数据收集与数据预处理

1. 数据收集

本章以今日头条上的“三农”自媒体博主“布衣小童”为研究对象。该自媒体博主在 2017 年 10 月 3 日发布了他的第一个视频，本章利用爬虫软件“八爪鱼”，爬取了该博主从 2017 年 10 月 3 日至 2019 年 7 月 7 日发布的所有视频的评论内容，共 603 个视频的 236 201 条评论数据。

2. 数据预处理

数据预处理的过程主要分为三个部分，分别是缺失值处理、数据阶段划分和去除评论内容中的时间累积影响。

本次研究所用数据的爬取过程是先在今日头条“布衣小童”的主页爬取视频的标题和发布时间，再以视频发布时间顺序爬取每个视频中的

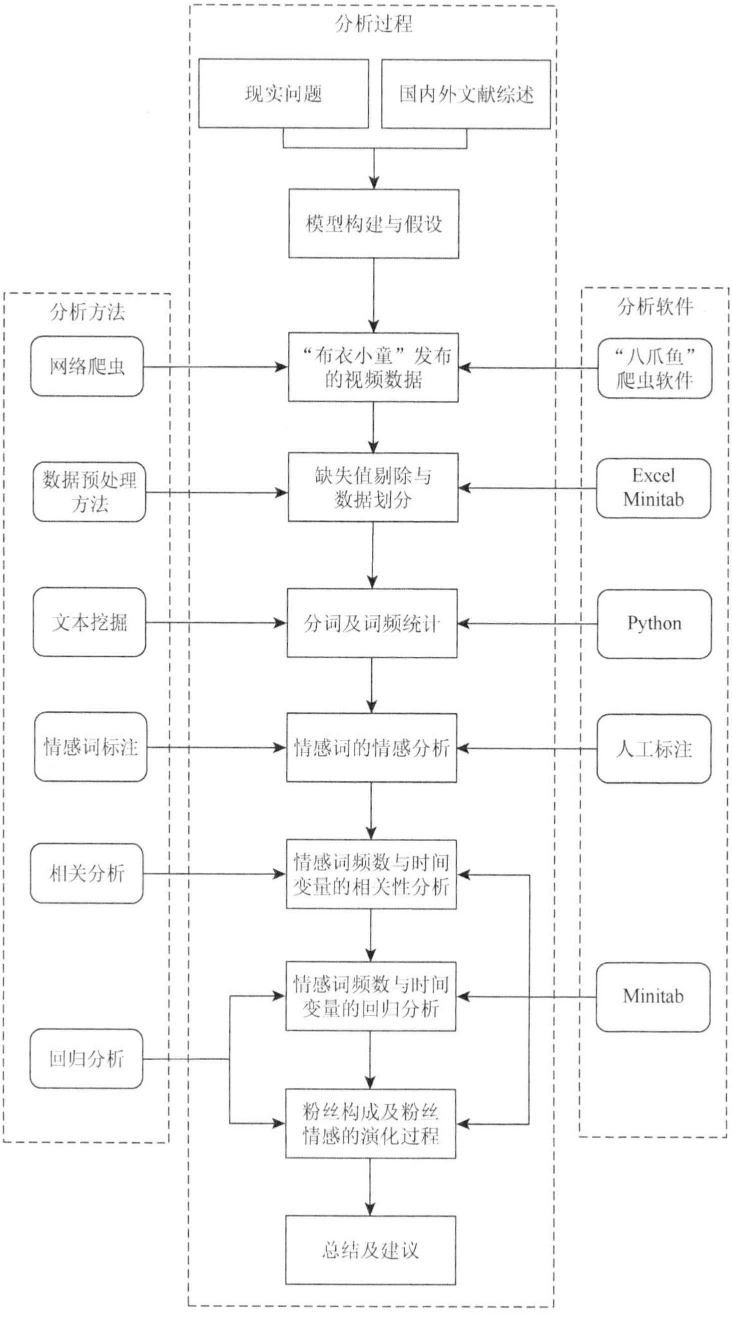


图 9.2　粉丝情感演化研究技术路线

所有评论内容，此时主要爬取每个评论的评论内容与评论时间。数据爬取过程中不可避免地有少量缺失值，本章中将包含缺失值的评论数据做删除处理。

本章的目标是探究社会化商务中用户在线评论的情感演化规律，所以需要分析评论内容中情感词与时间变化之间的关系。基于该研究目标，本章将爬取的评论内容按时间分为不同阶段。由于在发布时间距离爬取时间较远的评论中，其“评论时间”显示较为模糊，发布时间超过一个月的评论，其“评论时间”会显示“*X* 个月前”（*X* 为发布时间与爬取时间的时间差）。因此根据“评论时间”将所有的数据按时间距离划分为 19 个阶段。

今日头条上对视频的评论可以是在视频发布短期内的评论，也可以是视频发布一段时间后用户的回评。因此通常发布时间越早的视频，随着时间的不断累积，评论数量会越来越多，而对于新发布的视频来说，“时间累积”效果对其影响的程度很小，所以在进行数据预处理时要尽量消除这些数据中的“时间累积”影响。本章将爬取的文本数据按时间划分成 19 个阶段，在每个阶段中筛选出视频发布初期的用户评论，这样得到的评论在时间上处于同一阶段，具有统一的时间跨度，这在一定程度上消除了“时间累积”的影响。

### 9.3.3　粉丝情感研究分词及词频统计

分词是指将文本内容的特征粒度划分为词粒度，本章首先采用 Python 中的 jieba 分词对预处理之后的文本数据进行分词及词频统计。然后使用哈工大停用词表对分词之后的结果进行去停止词处理，去停止词即去除文本中一些高频的对文本情感分析无意义的代词、连词、介词等。最后将分词的结果和词频的统计结果汇总。

随机选取某个时间段内的分词结果，使用 jieba 分词之后的评论中前十位关于人物及情感词的分词和词频统计结果见表 9.1 和表 9.2。

**表 9.1　前十位人物词频统计结果**

| 词语 | 词频 |
|---|---|
| 小欧 | 3612 |
| 欧宝 | 2362 |
| 爷爷 | 1107 |
| 欧爸 | 1019 |
| 孩子 | 798 |
| 欧叔 | 572 |
| 爸爸 | 483 |
| 叔叔 | 328 |
| 宝宝 | 318 |
| 宝贝 | 256 |

表 9.2　前十位情感词词频统计结果

| 情感词 | 词频 |
|---|---|
| 可爱 | 903 |
| 喜欢 | 643 |
| 懂事 | 631 |
| 聪明 | 525 |
| 快乐 | 367 |
| 幸福 | 251 |
| 孝顺 | 174 |
| 心疼 | 169 |
| 善良 | 139 |
| 搞笑 | 127 |

通过表 9.1 可知，评论中人物出现频次最高的是“小欧”和“欧宝”，所以主要围绕关于“小欧”的评论来研究其粉丝的情感演化情况。

在文本情感分析中，在线评论的句子或者词语的情感识别通常采用的是 SnowNLP 情感分析方法。但由于中文表达与英文相比更加复杂，而且 SnowNLP 的情感分析语料库是专门基于购物评论训练而成的，经过测试发现 SnowNLP 对于在线评论情感强度词的识别效果很难达到预期，严重影响了情感词分类的准确率。相比而言，人工识别标注的方式能够更准确和灵活地识别中文在线评论的情感属性。因此，本章采用人工识别标注的方式进行文本情感识别。

通过对大多数视频的情感词进行标注统计，发现某几个表达情感强度的观点词占据了全部情感词的大多数，所以在统计表达情感强度的情感词数量时，对这些占据大多数的情感词进行了专门统计。之后将标注统计出来的情感词按情感强度分类，分别是情感强度较低的普通夸奖词、情感强度中等的表达喜爱词及情感强度较高的形成共情词。根据以上原则对情感词进行提取，结果见表 9.3。

表 9.3　情感强度等级划分及对应观点词

| 情感强度 | 情感词 |
|---|---|
| 普通夸奖 | 聪明，伶俐，可爱，懂事，孝顺 |
| 表达喜爱 | 喜欢，好孩子 |
| 形成共情 | 心疼，担心 |

在统计上述情感词的频数的基础上，本章还提出了以下三个指标来表达三种情感关系中粉丝的转化关系，结果见表 9.4。

**表 9.4　情感演化指标名称及含义**

| 序号 | 指标名称 | 指标含义 |
|---|---|---|
| 1 | 普通粉丝转化率 | 表达喜爱词频数/普通夸奖词频数 |
| 2 | 忠实粉丝转化率 | 形成共情词频数/表达喜爱词频数 |
| 3 | 粉丝比率 | （表达喜爱词频数＋形成共情词频数）/普通夸奖词频数 |

第一个指标是普通粉丝转化率。该指标是表达喜爱的词频数与普通夸奖的词频数之比。因为在一般意义上，当用户对类似“布衣小童”的社会化商务自媒体发出普通的夸奖时，他们只是普通的路人，并不是真正的粉丝。当其对研究对象发出表达喜爱的情感时，可以认为其已经对研究对象产生情感，成为粉丝。所以在本章中，用普通粉丝转化率反映由路人转化为粉丝的比率。

第二个指标是忠实粉丝转化率。该指标是形成共情的词频数与表达喜爱的词频数之比。同理，当某个用户对研究对象表达出形成共情关系的情感时，可以认为其在情感上与研究对象产生了情感共鸣，已经成了忠实粉丝。所以在本章中，用忠实粉丝转化率反映由普通粉丝转化为忠实粉丝的比率。

第三个指标是粉丝比率。该指标是表达喜爱与形成共情词频数之和与普通夸奖的词频数之比。当用户发出表达喜爱或形成共情的情感时，可以认为其均是粉丝。所以在本章中，用粉丝比率反映在发布评论的用户中粉丝的占比。

基于上述指标的构建，也可以通过评论内容来挖掘评论人群的构成，进而从评论人群变化的角度来分析社会化商务中的情感演化规律。由生命周期理论可知，当处于“导入期”与“成长期”时，消费者对新事物并不熟悉，具有好奇感，所以评论更倾向主观描述（Li and Hitt，2008）。随着时间的增长，路人和普通粉丝会逐渐增长，但形成共情比前两种情感更难建立，所以在这段时期，表达深层次情感的忠实粉丝的人数会比较少。但随着时间的持续增长，消费者对新事物的了解不断加深，热情逐渐降低（Zhu and Zhang，2010），对于一般性的路人及普通粉丝，由于每个人偏好不同，这些粉丝会逐步流失，但同时新的路人及普通粉丝的加入又会弥补之前粉丝的流失，所以总体上路人及普通粉丝数量保持不变。但形成共情的忠实粉丝用户具有不易流失的特点，因此随着时间的积累会不断增长，并处于一直上升的趋势。

### 9.3.4　粉丝情感研究相关性分析与回归分析

相关性分析是指对两个或多个具备相关性的变量进行分析，从而衡量这些变量的相关密切程度，元素之间需要存在一定的联系才可以进行相关性分析。本章使用相关分析，通过观察各个变量间相关分析的 $p$ 值大小来检验其相关性是否显著。各个变量的解释说明见表 9.5。

**表 9.5　情感词及粉丝转化率等变量的解释说明**

| 变量名称 | 解释说明 |
|---|---|
| 普通夸奖 | 普通夸奖类词的词频数 |
| 表达喜爱 | 表达喜爱类词的词频数 |
| 形成共情 | 形成共情类词的词频数 |
| 普通粉丝转化率 | 表达喜爱与普通夸奖的词频数之比 |
| 忠实粉丝转化率 | 形成共情与表达喜爱的词频数之比 |
| 粉丝比率 | 形成共情与表达喜爱词频数之和与普通夸奖词频数之比 |

在本章中，要研究的是在线评论的情感演化过程，即各个变量与时间之间的关系，因此除了情感强度与评论人群两类变量，此次的变量中还有时间这一变量。时间变量由远及近排列，因此在对时间赋值时把“布衣小童”发布第一个视频的时间 2017 年 10 月 3 日作为基准点，取每一个阶段内所有视频评论的发布时间与基准点之间天数跨度的平均值，并用该数值给各个阶段的时间变量赋值，采用一元线性回归进行分析。

## 9.4　粉丝情感研究结果分析与讨论

### 9.4.1　粉丝情感研究词频统计结果分析

1. 词频统计结果汇总

本章是以情感强度词作为分析单元，经过 9.3.4 中的分词及词频的统计，汇总结果见表 9.6，表 9.6 给出了在 19 个阶段中代表各个情感强度的情感词的频数及其占比，表中时间以 2019 年 7 月 7 日作为参照基准。

**表 9.6　各阶段评论情感强度频次统计**

| 序号 | 时间 | 普通夸奖 | 占比 | 表达喜爱 | 占比 | 形成共情 | 占比 |
|---|---|---|---|---|---|---|---|
| 1 | 18 个月及之前 | 1110 | 3.17% | 313 | 2.42% | 0 | 0.00% |
| 2 | 17 个月前 | 849 | 2.42% | 194 | 1.50% | 4 | 0.19% |
| 3 | 16 个月前 | 1148 | 3.28% | 291 | 2.25% | 18 | 0.85% |
| 4 | 15 个月前 | 883 | 2.52% | 290 | 2.24% | 7 | 0.33% |
| 5 | 14 个月前 | 1094 | 3.12% | 423 | 3.27% | 26 | 1.22% |
| 6 | 13 个月前 | 1452 | 4.15% | 666 | 5.15% | 66 | 3.10% |
| 7 | 12 个月前 | 2094 | 5.98% | 930 | 7.20% | 63 | 2.96% |
| 8 | 11 个月前 | 2358 | 6.73% | 904 | 6.99% | 50 | 2.35% |
| 9 | 10 个月前 | 2229 | 6.36% | 960 | 7.43% | 80 | 3.76% |
| 10 | 9 个月前 | 1488 | 4.25% | 539 | 4.17% | 59 | 2.78% |
| 11 | 8 个月前 | 1740 | 4.97% | 816 | 6.31% | 109 | 5.13% |
| 12 | 7 个月前 | 2036 | 5.81% | 726 | 5.62% | 99 | 4.66% |
| 13 | 6 个月前 | 2421 | 6.91% | 659 | 5.10% | 67 | 3.15% |
| 14 | 5 个月前 | 2491 | 7.11% | 834 | 6.45% | 86 | 4.05% |
| 15 | 4 个月前 | 2268 | 6.47% | 775 | 6.00% | 202 | 9.50% |
| 16 | 3 个月前 | 2621 | 7.48% | 844 | 6.53% | 318 | 14.96% |
| 17 | 2 个月前 | 3247 | 9.27% | 1287 | 9.96% | 281 | 13.22% |
| 18 | 1 个月前 | 1819 | 5.19% | 722 | 5.59% | 272 | 12.79% |
| 19 | 1 个月内 | 1682 | 4.80% | 751 | 5.81% | 319 | 15.00% |
| 总和 | | 35 030 | 100.00% | 12 924 | 100.00% | 2126 | 100.00% |

2. 词频统计结果讨论

本章使用 Excel 画出了不同情感强度词频数随时间变化的折线图，以便更直观地观察其变化规律，其结果见图 9.3 至图 9.5。

通过观察图 9.3 与图 9.4 可以看出，低情感强度的普通夸奖及中情感强度的表达喜爱随着时间的积累，在开始的一段时期内频数波动增长且处于上升趋势。这符合产品生命周期理论中新产品刚引入市场时所要经历的“导入期”与“成长期”的变化规律。在随后的时间中，这两种情感词的数量不再随着时间显著增长，而是随着时间不断波动并逐渐趋于稳定。这同样符合产品生命周期理论中产品所要经历的“成熟期”的变化规律。由于研究对象还处于整体业务的成熟阶段并未经历“衰退期”，从折线图中并不能见到其衰退的迹象。

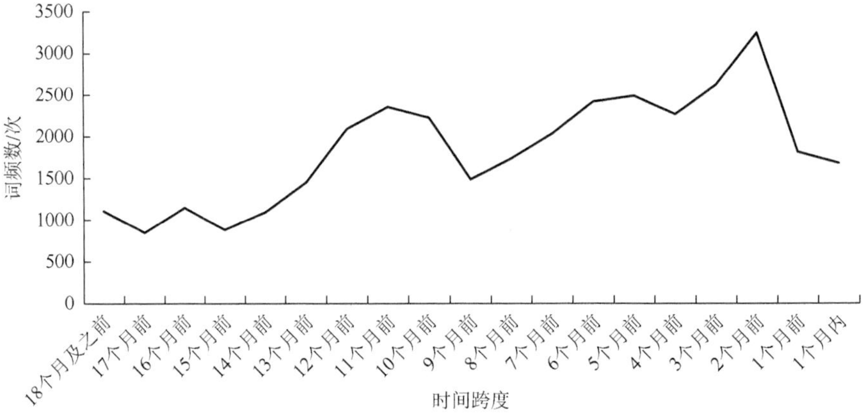


图 9.3　普通夸奖词频数

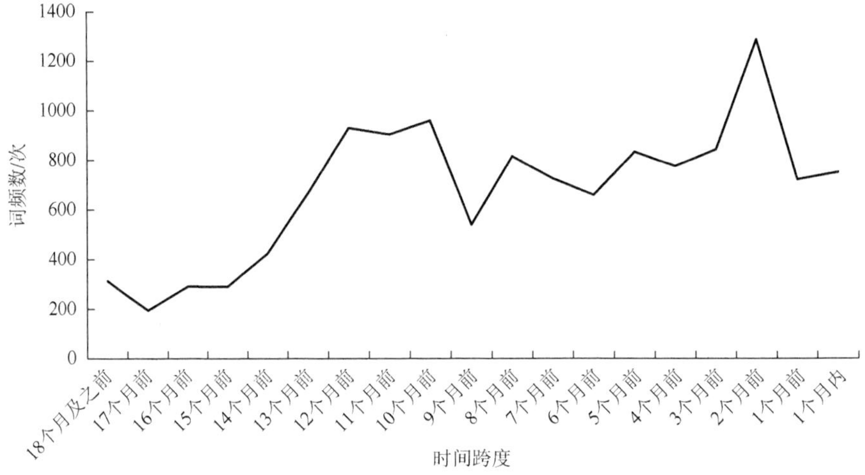


图 9.4　表达喜爱词频数

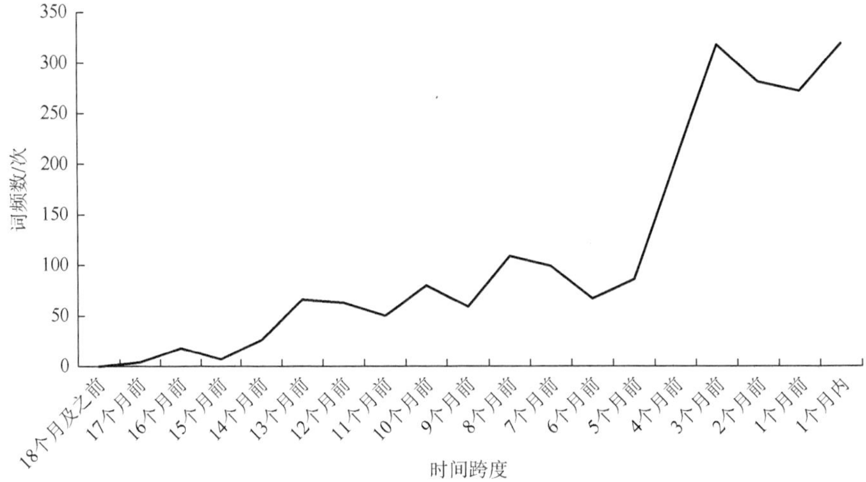


图 9.5　形成共情词频数

从图 9.5 中可以看出，表达与博主形成共情关系的情感词频数随着时间的增长呈上升趋势。这表明随着时间的增长，对研究对象产生深层次情感的人数不断增加，说明大众对研究对象是越来越喜爱的。而且，由于马太效应的影响，随着这种表达深层次情感的人数越来越多，研究对象的知名度及大众对其的喜爱程度会越来越高。但通过产品生命周期理论，可以预测形成共情的频数会与普通夸奖及表达喜爱一样随着时间的增长逐渐趋于稳定，并随着时间变化有小规模波动。

图 9.3 与图 9.4 说明了在社会化商务中，相比高强度的情感，用户更容易产生中低情感强度的情感，所以在短期内会先快速增长，然后趋于稳定；而图 9.5 说明了高强度的情感更难建立，但在一定时期内会处于上升的趋势。

除此之外，本章还对各个阶段的普通粉丝转化率、忠实粉丝转化率及粉丝比率做了统计，并画出了其随时间变化的折线图，其结果见图 9.6 至图 9.8。

由图 9.6 可知，普通粉丝转化率在开始的一段时期呈上升趋势，普通粉丝转化率反映了用户由路人转化为普通粉丝的比率，这表明在这一阶段由路人转为普通粉丝的用户数量呈上升趋势，符合产品生命周期理论的“导入期”与“成长期”的变化规律。在随后的一段时间，普通粉丝转化率不再增长，而是随着时间不断波动，整体趋于稳定。再结合之前普通夸奖与表达喜爱这两种情感词的折线图变化情况，可以看出，该阶段路人与粉丝的数量都趋于稳定，这同样符合产品生命周期理论“成熟期”的变化规律。由于两种词频数指标未能显现衰退，普通粉丝转化率也没有进入“衰退期”的迹象。

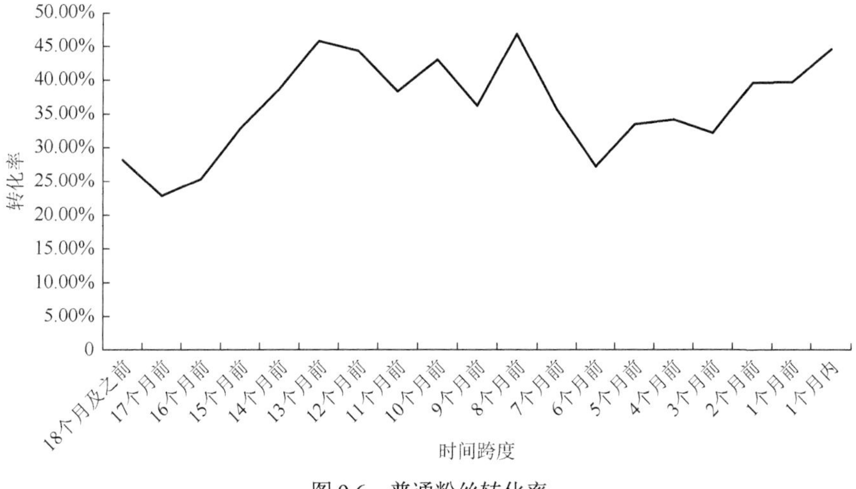


图 9.6　普通粉丝转化率

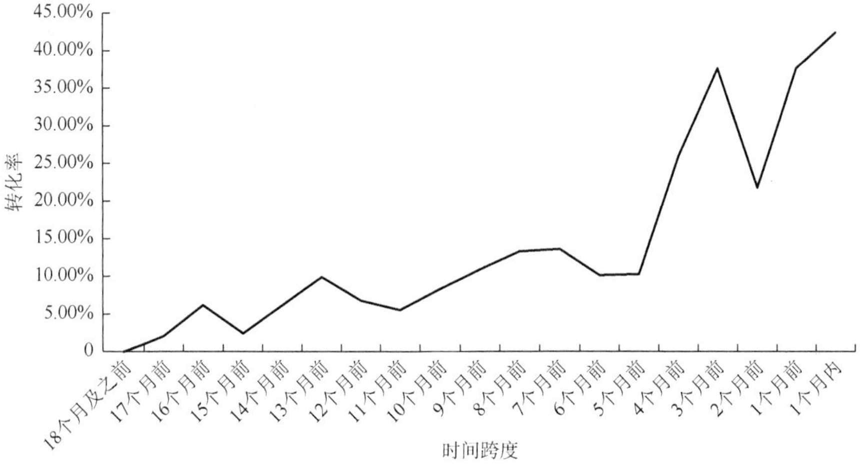


图 9.7　忠实粉丝转化率

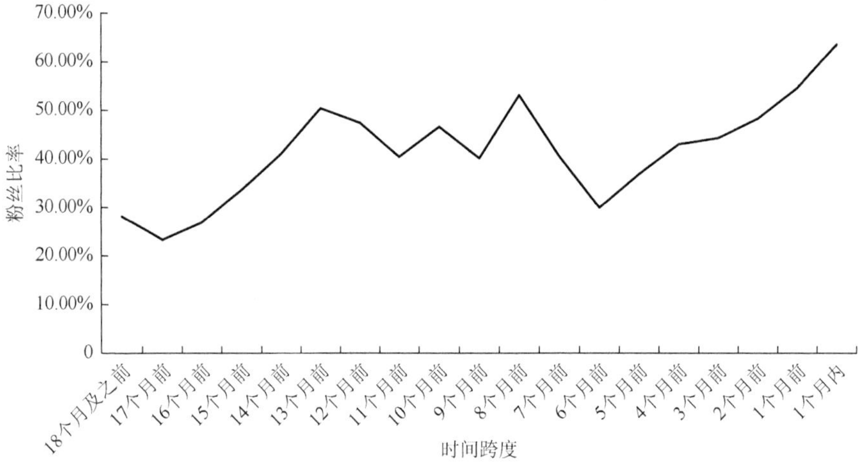


图 9.8　粉丝比率

从图 9.7 可以看出，忠实粉丝转化率具有明显的增长趋势。忠实粉丝转化率反映了用户由普通粉丝转化为忠实粉丝的比率，这表明普通粉丝转化为忠实粉丝的比率呈上升趋势，说明用户对研究对象的情感不断加深，而且这一人群比另外两种人群更加不易流失。因此随着时间的积累，拥有这种深层次情感的人会越来越多。

图 9.8 表明，粉丝比率在开始的阶段不断增长，根据前面的分析，这是由于拥有三种情感强度的人群正处于“导入期”和“成长期”。随后的一段时期粉丝比率逐渐趋于稳定，并随着时间变化不断波动。此时忠实粉丝的数量依旧很少，表达喜爱与普通夸奖用户不断增长，使得这段时期粉

丝比率的趋势与同一时期的普通粉丝转化率类似，均趋于稳定。但与普通粉丝转化率不同的是，在最后的一段时期内，粉丝比率有较大的增长趋势，而普通粉丝转化率虽然有增长迹象，但并没有粉丝比率的趋势明显。这是由于忠实粉丝的数量在后期增长较为明显，而且数量已经达到一定规模，由此可见最后出现增长趋势的主要原因是忠实粉丝用户数量的增长。

### 9.4.2　粉丝情感研究相关分析结果

本节使用 Minitab 对各个变量做相关分析，以检验各个变量间的相关关系，然后通过相关分析得到各个变量间的相关系数与反应显著水平的 $p$ 值，其结果汇总见表 9.7。

**表 9.7　情感词及粉丝转化率相关系数与 $p$ 值汇总**

| 模型变量 | 时间 | 普通夸奖 | 表达喜爱 | 形成共情 | 普通粉丝转化率 | 忠实粉丝转化率 |
|---|---|---|---|---|---|---|
| 普通夸奖词频 | 0.717<br>（0.001***） | | | | | |
| 表达喜爱词频 | 0.691<br>（0.001***） | 0.910<br>（0.000***） | | | | |
| 形成共情词频 | 0.889<br>（0.000***） | 0.582<br>（0.009***） | 0.598<br>（0.007***） | | | |
| 普通粉丝转化率 | 0.353<br>（0.138） | 0.253<br>（0.296） | 0.610<br>（0.006***） | 0.332<br>（0.165） | | |
| 忠实粉丝转化率 | 0.865<br>（0.000***） | 0.419<br>（0.074*） | 0.434<br>（0.064*） | 0.962<br>（0.000***） | 0.299<br>（0.214） | |
| 粉丝比率 | 0.661<br>（0.002***） | 0.352<br>（0.140） | 0.638<br>（0.003***） | 0.694<br>（0.001***） | 0.893<br>（0.000***） | 0.691<br>（0.001***） |

*表示 $p<0.1$，***表示 $p<0.01$

通过相关分析的结果可得到以下结论。

1. 具有相关性的结果

夸奖词频与时间的 $p$ 值为 $0.001<0.05$，两者相关性显著，且相关系数为 0.717，两者之间具有较强的相关性。这证明时间能很大程度上影响夸奖词频，且夸奖词频随时间的变化情况很明显。

喜爱词频与时间的 $p$ 值为 $0.001<0.05$，两者相关性显著，且相关系数为 0.691，两者之间具有较强的相关性。这证明时间能很大程度上影响喜爱词频，且喜爱词频随时间的变化情况很明显。

共情词频与时间的 $p$ 值为 $0.000<0.05$，两者相关性显著，且相关系数

为 0.889，两者之间具有较强的相关性。这证明时间能很大程度上影响共情词频，且共情词频随时间的变化情况很明显。

忠实粉丝转化率与时间的 $p$ 值为 $0.000<0.05$，两者相关性显著，且相关系数为 0.865，两者之间具有较强的相关性。这证明时间能很大程度上影响忠实粉丝转化率，且忠实粉丝转化率随时间的变化情况很明显。

粉丝比率与时间的 $p$ 值为 $0.002<0.05$，两者相关性显著，且相关系数为 0.661，两者之间具有较强的相关性。这证明时间能很大程度上影响粉丝比率，且粉丝比率随时间的变化情况很明显。

2. 不具有相关性的结果

普通粉丝转化率与时间的 $p$ 值为 $0.138>0.05$，两者之间关系不显著，统计学上的假设性检验不通过，这说明两者之间不存在相关关系，即普通粉丝转化率不随时间的变化而变化。

### 9.4.3　粉丝情感研究回归分析结果与讨论

本节使用 Minitab 对各个变量与时间序列做了回归分析，以求得各个变量与时间序列之间的回归方程，进而验证之前的假设，并分析各变量随时间变化的规律。在相关分析中，普通粉丝转化率与时间的相关性不显著，因此不再对其进行回归分析。在回归分析中，分别以普通夸奖词频数、表达喜爱词频数、形成共情词频数、忠实粉丝转化率及粉丝比率等指标为因变量，以时间的天数为自变量，求得各个变量与时间的回归方程。通过回归分析得到各变量与时间的回归方程，其汇总结果见表 9.8。

**表 9.8　情感词及粉丝转化率与时间的回归分析结果**

| 模型变量 | $R^2$ | 调整后的 $R^2$ | $p$ | 常量 | 自变量系数 | 常量标准误差 | 自变量标准误差 |
|---|---|---|---|---|---|---|---|
| 普通夸奖词频 | 51.4% | 48.5% | 0.001 | 1045.30 | 2.8013 | 217.3000 | 0.6607 |
| 表达喜爱词频 | 47.8% | 44.7% | 0.001 | 353.86 | 1.1451 | 95.4900 | 0.2903 |
| 形成共情词频 | 79.0% | 77.8% | 0.000 | −51.79 | 0.5743 | 23.6000 | 0.0717 |
| 忠实粉丝转化率 | 74.9% | 73.4% | 0.000 | −0.04 | 0.0007 | 0.0303 | 0.0000 |
| 粉丝比率 | 43.7% | 40.3% | 0.002 | 0.30 | 0.0004 | 0.0368 | 0.0001 |

在表 9.8 中，可以得到各个变量与时间的回归方程：

$$\text{普通夸奖词频} = 1045.30 + 2.8013 \times \text{时间} \tag{9.1}$$

$$\text{表达喜爱词频} = 353.86 + 1.1451 \times \text{时间} \tag{9.2}$$

$$形成共情词频 = -51.79 + 0.5743 \times 时间 \tag{9.3}$$

$$忠实粉丝转化率 = -0.04 + 0.0007 \times 时间 \tag{9.4}$$

$$粉丝比率 = 0.30 + 0.0004 \times 时间 \tag{9.5}$$

通过以上各个变量与时间的回归方程得到以下结论。

自变量普通夸奖词频的 $p$ 值为 0.001＜0.05，关系显著。而且其调整后的 $R^2$ 为 48.5%，可以认为效果显著，即回归方程通过假设性检验。普通夸奖词频的数量与时间之间的系数为 2.8013＞0，所以普通夸奖词频与时间之间为正相关关系，即普通夸奖的词频随着时间的推移而逐步增加，表明用户表达低强度情感的评论数量随着时间不断增长，所以 H9.1 假设通过。

自变量表达喜爱词频的 $p$ 值为 0.001＜0.05，关系显著。而且其调整后的 $R^2$ 为 44.7%，可以认为效果显著，即回归方程通过假设性检验。表达喜爱词频的数量与时间之间的系数为 1.1451＞0，所以表达喜爱词频与时间之间为正相关关系，即表达喜爱的词频随着时间的推移而逐步增加，表明用户表达中强度情感的评论数量随着时间不断增长，所以 H9.2 假设通过。

自变量形成共情词频的 $p$ 值为 0.000＜0.05，关系显著。而且其调整后的 $R^2$ 为 77.8%，可以认为效果显著，即回归方程通过假设性检验。形成共情词频的数量与时间之间的系数为 0.5743＞0，所以共情词频与时间之间为正相关关系，即形成共情的词频随着时间的推移而逐步增加，表明用户表达高强度情感的评论数量随着时间不断增长，所以 H9.3 假设通过。

结合图 9.6、图 9.7 与图 9.8 可知，粉丝由路人变为忠实粉丝所经过的情感是一个强度由低到高的过程，即从路人的普通夸奖变为普通粉丝的表达喜爱，再深入为忠实粉丝的形成共情关系，表明粉丝的情感是由普通夸奖到表达喜爱再到形成共情的动态演化过程，所以 H9.4 假设通过。

自变量忠实粉丝转化率的 $p$ 值为 0.000＜0.05，关系显著。而且其调整后的 $R^2$ 为 73.4%，可以认为效果显著，即回归方程通过假设性检验。忠实粉丝转化率与时间之间的系数为 0.0007＞0，所以忠实粉丝转化率与时间之间为正相关关系，即忠实粉丝数量随着时间的推移而逐步增加。

自变量粉丝比率的 $p$ 值为 0.002＜0.05，关系显著。而且其调整后的 $R^2$ 为 40.3%，可以认为效果显著，即回归方程通过假设性检验。粉丝比率与时间之间的系数为 0.0004＞0，所以粉丝比率与时间之间为正相关关系，即粉丝总体数量随着时间的推移而逐步增加。

由于普通粉丝转化率这一变量没有通过相关分析，普通粉丝转化率不随时间的变化而改变。

由表 9.8 得到的回归方程结果可以得出以下结论。

H9.1 假设通过，即表明普通夸奖词的数量与时间呈正相关关系。再结合 9.4.1 中图 9.3 中的趋势变化曲线与产品生命周期理论，可以说明在社会化商务中，随着时间推移，用户表达的低强度情感先是快速增长然后趋于稳定，但整体呈缓慢增长的趋势。产生这种趋势的原因是相比高强度的情感，用户更容易产生和表达出低强度的情感，而这就导致在开始的一段时期，低强度的情感不断增长，经过一段时间之后，路人开始建立深层次情感，但由于个人喜好的不同，一些用户不愿意建立更深层次的情感，会选择离开，但同时新的路人的加入会弥补之前流失的用户，因此使得整体表达的情感数量保持稳定，并有缓慢增长的趋势。可以预测，这种稳定的趋势会一直持续下去，直到产品走向衰退期。

H9.2 假设通过，即表明表达喜爱词的数量与时间呈正相关关系。与普通夸奖同理，结合图 9.4 的趋势变化曲线与产品生命周期理论，可以看出随着时间推移，用户表达的中强度情感先是快速增长然后趋于稳定，整体也呈现出缓慢增长的趋势。分析其原因与低强度情感类似，此处不再过多表述。

H9.3 假设通过，即表明形成共情词的数量与时间呈正相关关系。结合图 9.5 的趋势变化曲线与产品生命周期理论，可以看出在社会化商务中，用户表达高强度的情感是随着时间逐步增加的，而且由于这种深层次的情感比前两种更难产生，具有不易流失性，因此随着时间的积累，有关这种情感的评论数量会越来越多。但由于观众总人数的限制，可以预测到这种情感在长时间的积累之后同样会趋于稳定直到产品进入衰退期。

H9.4 假设通过，即表明粉丝的情感会经历从普通夸奖到表达喜爱再到形成共情的动态演化过程。结合图 9.6、图 9.7 与图 9.8 中的普通粉丝转化率、忠实粉丝转化率与粉丝比率的变化趋势可以看出，路人的情感是低强度的情感，普通粉丝的情感是中强度的情感，忠实粉丝的情感是高强度的情感，随着时间的推移，从路人到忠实粉丝的情感强度是逐渐增强的。

忠实粉丝转化率与时间呈正相关关系。结合图 9.7 中忠实粉丝转化率的变化趋势可以看出，普通粉丝转化为忠实粉丝的比率是波动上升的，这表明总体上有更多的人成为忠实粉丝。与形成共情的分析类似，成为忠实粉丝需要建立深层次的高强度情感，而这种关系的建立需要时间的积累，所以在产品进入市场的初期，其比率很低，也表明忠实粉丝的数量不高。但经过一段时间的积累，由于“忠实粉丝”的不易流失性，忠实粉丝不断积累，所以忠实粉丝转化率不断增长，由普通粉丝变为忠实粉丝的粉丝数量不断增加。与形成共情类似，可以预测到忠实粉丝的数量会趋于稳定，忠实粉丝转化率也会趋于稳定，直到产品进入衰退期。

粉丝比率与时间呈正相关关系。结合图 9.8 中的趋势变化曲线与生命周期理论可以看出，在社会化商务中，表达情感的用户成为粉丝的比率在开始的阶段不断增长，这是因为在进入市场的初期，研究对象吸引了大量的普通粉丝，所以造成粉丝比率在这一阶段不断增长。经过一段时间，普通粉丝与路人的增长基本持平，但忠实粉丝的数量很少，所以造成粉丝比率趋于稳定。但当产品进入成熟期时，忠实粉丝的数量已经初具规模，而且处于不断增长的趋势，因此粉丝比率在后期有增长的趋势。可以预测，由于忠实粉丝数量在增多，粉丝比率会升高，所以粉丝比率在后期会出现持续增长的趋势，直到产品进入衰退期。

由于普通粉丝转化率没有通过相关性检验，即普通粉丝转化率与时间的相关关系不显著，其不随时间的推移而改变，所以这里不再对其进行赘述。

## 9.5　粉丝情感研究结论

通过对社会化商务自媒体用户大量的文本评论进行分析，挖掘出社会化商务中用户群体的情感演化规律，同时通过所构建相关指标的变化规律来分析其背后的人群组成变化。这对社会化商务平台了解用户的情感变化并采取相应的措施具有一定的借鉴意义。

本章依据情绪认知评价理论和群体情感理论，在结合国内外大量文献的基础上，提出了概念模型与假设。然后选定研究对象，并使用爬虫软件在社会化商务自媒体上爬取了大量的评论文本数据。经过对文本的数据预处理，使用 Python 中的 jieba 分词包对预处理后的评论文本数据进行分词处理，根据情感强度对分离出的情感词进行了词频统计，并人工标注了情感强度。随后对标注出来的情感词进行了相关分析，以探索各变量间的相关性。最后使用 Minitab 分别做了各个变量与时间的回归分析，验证了之前的假设，得出了回归方程，并总结出了社会化商务中粉丝文本评论的情感演化规律。

研究得出以下几个结果。

第一，社会化商务中粉丝的文本评论在社会化商务中的情感具有层次性。从分词及词频统计的结果来看，文本评论中的情感词大致可以分为三个层次。普通夸奖的情感词包括可爱、聪明、懂事等词；表达喜爱的情感词包括喜欢、好孩子等词；形成共情的情感词包括心疼、担心等词。由以上情感词的统计及划分，可以看出粉丝文本评论的情感属性具有明显的层次性，并可以按照其情感强度划分为低情感强度、中情感强度和高情感强度。

第二，社会化商务中粉丝的中低情感强度的文本评论随着时间呈上升趋势，然后趋于稳定。从回归方程的结果来看，随着时间的推移，表达中低情感强度的文本评论会先小规模增长，然后逐渐趋于稳定。用户更容易产生和表达出中低强度的情感，因此在开始的一段时期，表达中低情感强度的普通夸奖与表达喜爱的评论数量不断增长。但随着时间的推移，其中的一些路人及普通粉丝用户由于个人偏好等因素，其很难建立更深层次的情感，因此会选择减少或放弃对博主的关注。但同时新的路人及普通粉丝的加入又会弥补之前用户的流失，所以使得整体表达中低情感强度的文本评论数量保持稳定。

第三，社会化商务中粉丝的高情感强度的文本评论随着时间呈上升趋势。从回归方程的结果来看，随着时间的推移，表达高情感强度的文本评论会持续增长。与之前不同的是，深层次的高强度的情感很难建立，使得高情感强度具有很高的黏性，所以相比前两种情感，这种情感一旦建立更不容易流失。因此随着时间的推移，表达高情感强度的文本评论数量会出现前期增长缓慢，后期增长加快的持续增长趋势。

第四，社会化商务中粉丝的数量同样具有动态变化特征。首先在参与评论的用户中，路人及普通粉丝的数量会随着时间的推移呈现上升趋势，之后趋于稳定。由于中低强度的情感容易在短时间内建立，同时也容易在短时间内流失，反映在用户上，表达中低情感强度的路人及普通粉丝的数量会出现与情感变化相同的趋势。对于具有高情感强度的忠实粉丝来说，其数量会随着时间持续增长。由于深层次的高强度的情感关系不容易在短期内建立，而且具有这种情感的忠实粉丝情感更加稳定，忠实粉丝的数量会出现前期增长缓慢，后期增长加快的持续增长趋势。

以上结论为社会化商务中的文本评论研究开拓了新的视角，同时丰富和完善了文本评论的情感分析理论。由以上结果总结粉丝情感演化及粉丝构成与时间变量之间的关系，见图 9.9。

从管理实践的角度出发，本章的研究结论将有利于社会化商务企业高效地管理和分析在线评论，并为企业制定相应的发展策略提供一定的参考借鉴。

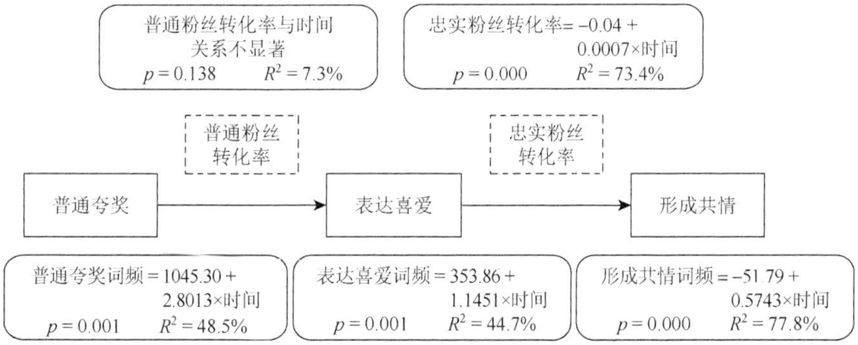


图 9.9　粉丝情感演化路径

第一，企业可以根据不同阶段用户的评论规律来调整自己的销售策略。比如，当进入产品生命周期的成熟期时，评论中的普通夸奖和表达喜爱会趋于稳定，反映在用户中就是路人及普通粉丝的部分流失，企业可以据此采取一定的激励措施，来增强用户的评论热情。例如，可以采取类似微博中评论抽奖的方法，鼓励用户参与评论，通过这种措施，一方面可以增强自己的口碑传播，另一方面可以通过用户的评论来发现自己产品及内容的优点和不足。

第二，企业可以根据在线评论的情感演化规律调整自己的评论页面。比如，在成长期与导入期，忠实粉丝的比率和数量较少，所以企业可以在这一时期将具有形成共情的评论进行统计，并将其放在显著位置。这样一方面可以使更多的用户产生共情，并吸引其变为忠实粉丝；另一方面可以让更多的用户快速看到其优点，进而方便用户做出决策。

第三，企业可以根据情感演化规律调整自己在自媒体平台上发布的内容。比如，在导入期和成长期，用户中的忠实粉丝较少，企业可以发布更能产生内心共鸣的内容，进而促使普通粉丝变为忠实粉丝。

本章研究虽然发现了一些具有借鉴意义的关于文本评论中的情感演化的规律，但是仍存在诸多局限。首先，本章的研究对象是今日头条上的“布衣小童”，其所属类型是“三农”自媒体平台，由于仅以其为研究对象做了实证分析，研究结果是否适用于其他类型的社会化商务平台或者其他领域，还需要进一步的验证。其次，本章仅仅关注了文本评论中情感属性及背后的粉丝构成与时间的动态变化过程，其他变量是否也存在类似的动态变化规律还有待验证，未来将继续深入研究。

# 第 10 章　总结与展望

## 10.1　电子商务环境下消费价值观与消费者行为

### 10.1.1　消费价值观与消费者行为研究结论

消费价值观是消费者针对购买对象所表现出的价值评估偏好，在消费体验中具有互动性、相对性、情感性和基础性的特征，也是影响消费者购买决策的关键。在电子商务环境下，研究消费价值观对消费者行为的影响，揭示不同价值观的消费者在消费行为上的规律性，为企业挖掘消费者的行为动机提供理论和现实依据。

第一篇以 SOR 理论、动机理论、口碑理论、使用与满足理论等为理论基础，重点针对电子商务环境下消费者行为模型中三个阶段——购买前信息评估、购买中决策行为、购买后信息反馈环节的四大热点主题——冲动购物、电商购物节购买、在线评论和网购投诉开展了研究，主要探讨了功利主义和实用主义消费价值观、消费者人口统计学特征、营销刺激、社会影响等因素对上述消费认知和行为的影响，丰富在线消费者行为理论，为电子商务企业和政府主管部门提供决策参考。

研究结论主要包括以下几个方面。

#### 1. 消费价值观与冲动购买

在线消费者冲动购买行为受到消费价值观、消费者人口统计学特征、营销因素和社会因素的影响。从消费价值观来看，享乐主义价值观对冲动购买有显著的促进作用，而功利主义价值观对冲动购买有显著的抑制作用。也就是说，享乐主义程度越高的消费者，越容易冲动购买；反之，功利主义程度越高的消费者，越不容易冲动购买。

从人口统计学特征来看，女性比男性更容易冲动购买，大学以下的低学历者和低收入者更容易冲动购买，18～25 岁的年轻人最容易冲动购买，46～60 岁之间的中年人最不容易冲动购买。从职业上来看，学生、服务人员和办事人员更容易冲动购买，而专业人员不容易冲动购买。从居住情况来看，三口之家的消费者较不容易冲动购买，而独居或与老人同住家庭更倾向冲动购买。

从营销因素和社会因素来看，两者对消费者的冲动购买行为均有促进作用，其中营销因素的作用大于社会因素。在营销因素中，促销的作用大于饥饿营销；在社会因素中，熟人推荐的作用大于网红商品的影响。

### 2. 消费价值观与购物节购买

在线消费者购物节购买行为受消费价值观、消费者人口统计学特征、促销和社会因素等的影响。从消费价值观来看，功利主义价值观对消费者购物节购买行为有显著的正面影响，而享乐主义价值观对购物节购买行为没有显著影响。功利主义程度越高的消费者，越容易在购物节购买。

从人口统计学特征来看，女性比男性更容易在购物节购买，且女性对折扣促销更为关注。年龄较小和未婚的消费者，较喜欢在购物节购买商品。另外，相较于其他消费者，三口之家和四口及以上家庭对购物节中的折扣因素最不敏感。

从营销因素和社会因素来看，价格折扣促销作为购物节最重要的促销手段对于消费者购买具有显著的促进作用。社会因素方面，促进购物节购买的主要因素是从众心理和不买吃亏的心理。

另外，购物节大量消费者集中购物造成的产品和服务问题对购物节带来了负面影响。其中，最重要的负面因素是物流延误，其次是消费者怀疑购物节促销的商品存在质量瑕疵。人们对虚假折扣的怀疑没有显著地影响消费者的购物节购买行为。

### 3. 消费价值观与在线评论

功利主义和享乐主义两种不同的消费价值观对在线评论的影响虽都呈现正向显著性，但在具体影响程度上存在差异。消费者功利主义和享乐主义程度越高，越倾向关注评论，越偏好追加评论。功利主义和享乐主义消费者均喜欢图片类型的评论，功利主义较享乐主义更为关注在线评论内容，而享乐主义较功利主义更愿意发布追加评论。

从人口统计学特征来看，女性和高学历的消费者对在线评论更为关注；年龄在 26～45 岁的消费者对在线评论的关注度最高；职业为办事人员的消费者对在线评论的关注度最高，管理人员的关注度最低；收入水平在 2000 元和 8000 元左右的消费者对在线评论的关注度最高。学历在大学以下和年龄较大的消费者更喜欢在购物满意后发布追加评论；学生和收入高的消费者更倾向在购物不满意后发布追加评论；生产人员、已婚和四口及以上家庭类型的消费者无论在购物满意时还是不满意时都喜欢发布追加评论。

4. 消费价值观与网购投诉

从消费价值观来看，享乐主义和功利主义价值观均显著影响网购投诉行为。无论是功利主义还是享乐主义价值观，等级越高的消费者越容易投诉，对商家处理投诉的期望越高。其中功利主义价值观的消费者对投诉行为和商家处理投诉的期望影响更大，在一定程度上也说明在线投诉重点仍然在于对于商品功能需求的解决。

男性比女性更倾向进行网购投诉，但女性比男性更期待商家对投诉的反馈和解决。学历不影响投诉行为，但学历越高的消费者对商家处理投诉的期望也越高。收入越高，越容易投诉，对投诉后的期望也越高。在个别年龄段的消费者，也有其显著的特点，比如 46～60 岁的消费者更容易因商家退换货不及时而投诉，18 岁以下的消费者对投诉后服务的友好性和及时性并不敏感。已婚消费者相比未婚和离异消费者，对投诉发生后商家的期望更高。二人家庭的消费者更容易再次投诉，四口及以上家庭的消费者投诉后对商家处理投诉的期望最低。

综上所述，消费价值观对在线消费者认知与行为具有显著的影响，但对不同行为的影响存在差异。首先，消费价值观对消费者冲动购买和购物节购买行为的影响存在不同。享乐主义价值观促进冲动购买，而功利主义价值观降低冲动购买意愿。其次，与之相反，功利主义价值观程度越高，越容易在购物节购买。享乐主义价值观对购物节购买行为没有显著影响。综合比较两种消费价值观与两种场景的购物行为的关系，在某种程度上，可以认为：冲动购买在一定程度上属于享乐主义倾向的行为，购物节购买则更倾向功利主义行为。冲动购买更多的是满足心理和情感上的享受，而购物节购买的功利目的更强。

### 10.1.2　消费价值观与消费者行为研究建议和展望

上述发现对于电子商务商家在目标市场定位、商品设计和营销策略改进方面具有重要的指导价值。对于具有独特个性和文化内涵的创意型商品，如文化创意类商品，目标市场应该以享乐主义消费者为主，应该更多地采取能够激发消费者冲动购买的促销方式，如讲述品牌故事、强调商品文化内涵及请文化演艺名人代言，吸引消费者兴趣，引发情感共鸣，建立消费者对商品和品牌的情感认同，促进消费者冲动购买。对于满足消费者实际使用需求的功能型商品，如家电、日用百货等，主要提供的是功利主义价值，主要考虑商品的实用性、易用性、功能和质量，购物节是这种类型商品的销售良机，主要的促销手段也要以折扣、赠品、包邮等为主。

在评论关注、追加评论和网购投诉方面，功利主义价值观和享乐主义价值观均有显著的正向影响。因此，评论管理和投诉管理是商家必须要特别重视的问题。在具体管理方式上，要根据商品特点和目标用户群的特征，采取针对性的措施。若所售商品为实用性、易用性等功能型商品，商家应努力提高商品质量，避免消费者因质量问题产生不好的购物体验发布负面评论和投诉的行为。同时，为使功利主义消费者能够快速获取到其更加关注的评论内容，商家可以根据商品的特性提供相应的评论模板，使得商品评价向潜在消费者传递更多准确和高效的信息。若所售商品为有趣、个性等创意型商品，商家应着重关注商品的外观、设计，满足消费者的情感需求，采取激励措施促使消费者发布带图评论和追加评论，满足享乐主义消费者的购物体验，减少负面评论和投诉行为。

从人口统计学特征来看，性别是最重要的影响因素。女性比男性更容易冲动购买，更容易在购物节购买，也更关注在线评论。原因可能是女性比男性更喜欢购物，并往往能从购物中获得情感满足。因此，电子商务商家要特别重视女性消费者，认真研究女性的消费心理，为女性顾客提供满意的服务。

在网购投诉方面的结果则与上面的结果不同。研究发现，男性比女性更倾向网上投诉，也就是说不满意时女性比男性更倾向默默离开而不是采取投诉措施。但在对商家投诉处理的期望方面，女性更期望得到及时友好的回应和解决。因此，商家应该提供更优质的产品和服务减少用户的不满，而一旦发生问题要及时友好地快速解决。对于不同的商品和不同性别的消费者，要根据消费者需求特征采取针对性措施，对于女性消费者要格外注意沟通时的情感和态度，对于男性消费者要特别关注处理结果。

除了性别之外，年龄、学历、职业、收入水平等对消费者行为均有显著的影响。低学历、低收入、低年龄的学生、服务人员、办事人员更加倾向冲动购买和购物节购买；而高学历消费者更加关注在线评论；专业人员的购买行为也更加理性。因此，商家要全面考虑消费者的个人特征，建立用户画像，对商品的目标用户进行市场细分，对不同的细分市场采用不同的营销策略。

另外，营销因素和社会因素对消费者购买行为有显著影响，价格折扣等促销手段的作用大于饥饿营销的作用。因此，对商家来说，最有效的促销手段就是为消费者提供实实在在的让利优惠，让消费者买到高性价比的商品。从社会因素来看，熟人的作用大于网红商品，主要是熟人之间的信任起着关键作用，这种信任也是当前社会化商务发展的基础。商家要通过高质量的产品和服务建立与消费者的信任关系，从而减少营销和运作成本，提高销售业绩。

总之，本篇结论为电子商务企业区分消费价值观在购物行为模型各环节的作用重点、有效地管理和分析消费者、开展精准化营销提供一定的参考。但是，本篇没有对享乐主义与功利主义消费价值观背后的人格特征进行更深一步的研究。本篇在问卷设计时已经考虑了人格特征对消费价值观的影响，收集的数据中包括了人格方面的内容，后续可继续就此进行深入研究。另外，在人口统计学特征对购买行为的影响方面，对于存在差异的原因挖掘不够深入，未来希望从社会文化、消费者心理、群体影响等角度进行深入研究和分析。

## 10.2　社会化商务背景下的粉丝互动与情感演化

### 10.2.1　粉丝互动与情感演化研究结论

粉丝是社会化商务的核心主题，粉丝情感与行为决定社会化商务的成败。本篇以“三农”自媒体博主“布衣小童”为研究对象，利用粉丝和自媒体博主之间的互动行为研究自媒体粉丝互动及影响因素、粉丝构成及演化、粉丝情感及演化，揭示社会化商务环境下粉丝情感及互动行为的本质特征和规律。

首先，利用基于自媒体平台收集的大量粉丝评论和互动数据研究了播放、点赞、收藏、评论等不同互动行为之间的关系。研究发现，粉丝互动行为之间存在着高度相关性，说明不同互动行为之间存在着关联关系。节假日对互动频次也有显著影响，节假日发布的视频互动频次显著增加。另外，研究发现，视频中的人物和事件对视频播放、点赞、收藏、评论的频次也有显著影响：不同人物的出现对不同互动行为有不同的影响；视频事件对互动行为的研究发现，父子矛盾冲突比父子友好互动的情节更能引发粉丝的关注和互动，孙子孝敬爷爷的视频互动频次显著高于祖孙娱乐视频的互动频次。

其次，在粉丝构成及演化研究中，基于评论发布数量定义粉丝类型，并用幂定律拟合评论发布数量与相应的粉丝人数之间的关系。研究发现，粉丝构成符合幂定律分布，即大部分的粉丝发布评论数量较少，只有少数粉丝发布大量评论，且该关系能够用幂定律给出准确的定量描述公式，拟合可决系数高达95%左右。有了确切的定量的幂定律公式，就可以进一步研究不同阶段分布函数的参数变化，以分析粉丝结构的定量变化规律。研究发现，随着时间的推进，幂定律分布的参数有明显的趋势性特征，说明评论发布越来越集中，即发生用户的分流，路人逐渐离开，粉丝逐渐形成，忠诚粉丝的评论数量越来越多。另外，基于漏斗模型研究视频播放、点赞率、评论率和收藏率之间的关系，发现粉丝互动存在显著的漏斗形层次关系，且随着时间的变化漏斗形状发生变化。

最后，基于粉丝评论进行文本挖掘和词频分析。研究发现，在粉丝形成的过程中粉丝情感也发生了演变，对其中的主人公小欧的情感会由路人的夸奖转化为粉丝的喜欢，最后变化为以心疼和担心为特征的共情。夸奖是站在局外人的角度给予的评价，喜欢表明粉丝开始有了感情的主观投入，而心疼和担心则表明粉丝开始把小欧当成了自己的孩子，构建了虚拟情感关系。在得出上述情感演化过程的同时，分析了不同阶段粉丝情感的转化比率（分为普通粉丝转化率和忠实粉丝转化率），并给出了其与时间的关系。结果表明，随着时间的推进，上述夸奖、喜欢和共情在单位时间内的词频均显著增加，普通粉丝转化率和忠实粉丝转化率也随时间增加。但是，普通粉丝转化率与时间的关系不显著，而忠实粉丝转化率随时间显著增加。

综上所述，粉丝的互动行为主要包括播放、点赞、收藏、评论等，这些行为之间存在着显著的关联关系，并受到时间、视频人物、视频主题的影响。在上述互动行为中，评论是交互程度最高、黏性最强的行为。基于幂定律拟合评论次数和评论人数的关系，发现粉丝构成符合幂定律，且随着时间的变化评论发布行为越来越集中到少数忠实粉丝身上。基于粉丝评论文本，挖掘出粉丝对于视频人物小欧的情感演化路径。粉丝形成过程表现为评论用词的变化过程，背后是粉丝情感的演化过程。最初，人们观看视频，站在第三方的角度进行夸奖评价；随着时间的推进，粉丝开始喜欢他并有了感情投入；最后，忠实粉丝在心中将小欧当作自己家孩子一样，建立了虚拟的亲情关系，开始有了心疼、担心之类的深度共情。

### 10.2.2 粉丝互动与情感演化研究建议和展望

时间是粉丝群形成的重要因素，粉丝互动行为、粉丝情感和粉丝构成都随着时间发生变化。因此，自媒体平台的博主要明白自媒体的发展遵循生命周期规律，要做好花时间慢慢培养粉丝的心理准备，要有长期发展的规划，不要急功近利指望一夜成名。另外，节假日和周末的粉丝互动行为明显多于工作日。这说明视频发布时机也是重要的因素，要在节假日前制作好视频，也要注意视频内容与节假日文化内涵的呼应。

视频人物与内容主题影响粉丝互动行为。对于自媒体博主来说，定期发布的视频是吸引粉丝的关键，要用心进行视频人物的选择和故事主题情节的设计，从娱乐、文化和价值观等角度，在满足粉丝娱乐需求和情绪释放的同时实现与粉丝文化和价值观的共鸣。在人物的选择方面，人物不能过多，要集中到关键的少数人物身上，便于和粉丝实现情感共鸣。另外，视频主题背后要有明确的价值观和文化基础，实现与自己特定粉丝群在文化价值观上的相互吸引。

粉丝构成符合幂定律，且随着时间的推进粉丝评论越来越集中。这说明在自媒体建立的初期，大部分是路人，互动行为都比较少。随着时间的积累，部分路人成为粉丝甚至是忠实粉丝，他们成为发布评论的主力军，即少数的粉丝发布了大量的评论。对于自媒体博主来说，要重点关注少数的粉丝，尤其是忠实粉丝的评论内容，分析他们评论背后的情感、动机和需求，与粉丝进行友好、及时的互动，并用于指导后续的视频制作，进一步提高粉丝的黏性。

从粉丝情感演化规律来看，粉丝形成过程是评论互动逐步强化的过程，也是粉丝情感投入强度逐渐增大的过程。粉丝对小欧这一人物情感的深入演化表现为夸奖—喜欢—共情的基本路径。进入共情阶段的忠实粉丝不仅会对每个视频进行评论，甚至会千方百计地取得博主的通信地址给小欧邮寄各种礼物。这些忠实粉丝会建立对小欧良好的信任基础，购物时不会怀疑和挑剔。因此，对于社会化商务自媒体平台来说，建立这种情感上的深度共情关系是赢得成功的关键。为了培养与粉丝的情感，一定要有关键核心人物，人物要有个性有特色，人物的语言和行为要积极阳光，儿童一定要懂事、单纯、可爱。对于粉丝的善意表达，要及时积极热情地响应，对粉丝表达诚挚的谢意并适当婉拒粉丝赠送礼物。

总之，在社会化商务环境下粉丝与自媒体博主之间的互动行为和感情交流是社会化商务成功的关键。本篇揭示了粉丝互动行为的影响因素、粉丝构成特征及粉丝情感演化规律，为进行自媒体内容设计、培养粉丝情感、营销等方面提供了理论指导和参考借鉴。但是，由于时间和篇幅所限，本篇仅选取了一个“三农”自媒体样本为研究对象，无法形成多样本对照。为了保证理论研究成果的普适性，可选取多种自媒体平台的多个样本进行多角度的研究和对照，以提高研究成果的信度和效度。

# 参考文献


蔡淑琴，喻友平，王庆国. 2005. 支持客户识别与维系的销售漏斗模型研究. 中国管理科学，(2)：70-75.

陈白雪，宋培彦. 2018. 基于用户自然标注的TF-IDF辅助标引算法及实证研究. 图书情报工作，62（1）：132-139.

陈明亮. 2002. 客户生命周期模式研究. 浙江大学学报（人文社会科学版），32（6）：67-73.

崔雪莲，那日萨，刘晓君. 2018. 基于主题相似性的在线评论情感分析. 系统管理学报，27（5）：821-827.

邓健，张静，林志彬. 2019. 基于回归分析及卡尔曼滤波的闽赣断裂带垂直形变预测. 自然灾害学报，28（3）：150-157.

邓卫华，易明. 2019. 考虑口碑衰竭效应时追加评论对网络口碑传播的影响研究. 管理学报，16（4）：595-602.

杜子芳，常志勇. 2014. 典型相关分析的延拓研究. 统计与信息论坛，29（5）：3-7.

付美菊，程艳霞. 2019. 在线评论对消费者购买意愿的影响研究. 现代商贸工业，40（21）：74-75.

高晓倩. 2012. 价格折扣对消费者感知价值和行为意向的影响. 辽宁工程技术大学学报（社会科学版），14（5）：461-463.

耿斌. 2019. 在线评论对用户购买行为的影响研究. 南京大学硕士学位论文.

郭均鹏，赵茹，李汶华. 2018. 考虑内部散点的区间型符号数据的回归分析. 管理科学学报，21（4）：114-126.

郭雷风. 2016. 面向农业领域的大数据关键技术研究. 中国农业科学院博士学位论文.

国家图书馆研究院. 2019. 中国互联网络信息中心发布第43次《中国互联网络发展状况统计报告》. 国家图书馆学刊，28（2）：13.

胡海波，王林. 2005. 幂律分布研究简史. 物理，(12)：889-896.

黄芳铭. 2005. 结构方程模式：理论与应用. 北京：中国税务出版社.

黄修泰，张莉. 2019. 电影《我不是药神》的使用与满足理论分析. 今传媒，27（6）：94-96.

科特勒 P，阿姆斯特朗 G. 2014. 市场营销原理：第13版. 北京：清华大学出版社.

孔维民. 2002. 情感心理学新论. 长春：吉林人民出版社.

李国鑫，李一军，李兵，等. 2012. 我国电子商务用户网上购物行为的影响因素及其演变：基于2006年与2009年数据的实证研究. 管理评论，24（7）：56-62.

李杰，陈家宁. 2016. 面向移动终端销售预测的短生命周期建模方法. 中国管理科学，24（S1）：779-784.

李杰，李欢. 2018. 基于深度学习的短文本评论产品特征提取及情感分类研究. 情报理论与实践，41（2）：143-148.
李杰，马士豪，靳孟宇，等. 2018. 基于 SA-SVM 的众筹违约风险预警模型. 统计与信息论坛，33（11）：70-77.
李杰，王宇菲，王聪，等. 2015. B2C 电子商务竞争结构及发展演化规律. 产业经济评论，（3）：49-61.
李杰，张向前，陈维军，等. 2014. C2C 电子商务服装产品客户评论要素及其对满意度的影响. 管理学报，11（2）：261-266.
李露丝. 2010. 商品种类及消费者个体差异对网络购物动机的影响分析. 哈尔滨工业大学硕士学位论文.
李琪，任小静. 2017. 矛盾性追加评论对感知有用性的影响效应研究. 管理科学，30（4）：139-150.
李为人，彭惠，唐雯，等. 2014. 我国 C2C 电子商务平台纠纷处理机制有效性及其改进研究. 中国社会科学院研究生院学报，36（2）：56-62.
李小倩，陈国宏. 2018. 社会化商务特性对消费者购买意愿的影响研究. 商业经济研究，37（4）：44-48.
林爽，吕兴洋，宋慧林. 2017. 一图胜千言？图片与文字在线评论对消费者购买意向的影响研究. 商业经济与管理，（8）：59-68.
林雅萍，2009. “使用与满足”理论与互联网环境下的文献接受. 上海师范大学学报（哲学社会科学版），38（6）：76-84.
刘明，王仁曾. 2012. 基于 t 检验的逐步回归的改进. 统计与决策，28（6）：16-19.
刘洋，李琪，殷猛. 2018. 网络购物节氛围对消费者冲动购物行为的刺激作用. 商业研究，61（7）：18-23.
卢长宝，黄桂艳，李娜. 2017. 秒杀对电商网站人气聚集的影响机制：基于时间压力的实证研究. 东南学术，30（5）：154-164，248.
路明磊. 2015. 电商虚折扣对顾客满意度影响的研究. 山东大学硕士学位论文.
吕文晶，赵占波，陈荣. 2014. 享乐性与实用性对赠品促销效果的影响. 商业研究，57（10）：87-93.
毛现桩. 2017. 电视公益广告语篇态度意义的认知评价理论分析——以 2016 年春晚电视公益广告为例. 郑州航空工业管理学院学报（社会科学版），36（2）：92-97.
莫赞，李燕飞. 2015. 在线评论对消费者购买行为的影响研究——消费者学习视角. 现代情报，35（9）：3-7.
穆广杰. 2011. T 检验失效的原因及处理. 统计与决策，27（21）：171-173.
聂文娟. 2011. 群体情感与集体身份认同的建构. 外交评论（外交学院学报），28（4）：83-95.
秦秋翠. 2013. 电视媒体的微博传播研究——基于新浪微博的考察. 苏州大学硕士学位论文.
屈慧芳，王恋，刘淑荣，等. 2015. 在线评论对购买决策影响实证研究. 现代商贸工业，36（12）：69-71.
邵景波，胡名叶，许万有. 2016. 在线评论情感属性的动态变化——基于 iPhone4 的实证研究. 预测，35（5）：9-15.

石文华，龚雪，张绮，等. 2016. 在线初次评论与在线追加评论的比较研究. 管理科学，29（4）：45-58.
苏海林，陈信康. 2011. 网络消费享乐性、功利性态度实证研究. 商业研究，54（2）：205-210.
孙彦波，陈达. 2018. 基于自媒体的网络政务信息传播影响因素分析. 现代情报，38（5）：87-93.
汤涛. 2013. 消费者报复行为的实证研究. 华东经济管理，27（12）：116-119.
陶晓波，杨学成，许研. 2015. 社会化商务研究述评与展望. 管理评论，27（11）：75-85.
万红新，彭云. 2018. 语义约束和时间关联LDA的社交媒体主题词链提取. 小型微型计算机系统，39（4）：742-747.
王成慧，范军，宋艳静. 2018. 电商购物节对消费者冲动性购买行为的影响分析. 价格理论与实践，38（7）：127-130.
王翠翠，高慧. 2018. 含追加的在线评论有用性感知影响因素研究——基于眼动实验. 现代情报，38（12）：70-77，90.
王菲. 2013. 基于生命周期模型的高校图书馆用户管理研究. 大学图书馆学报，31（2）：79-83.
王晶，朱珂，汪斌强. 2013. 基于用户社会属性及行为特征吸引度的微博粉丝网络演化模型. 计算机应用，33（10）：2753-2756，2761.
王婧宇，庄贵军，吴廉洁. 2018. 在线购物中情境因素对顾客线上抱怨方式的影响. 管理评论，30（12）：89-98.
王玉友. 2012. 基于情绪认知评价理论的人机交互中情感交互研究. 太原理工大学硕士学位论文.
王志辉. 2017. 网购节日氛围对消费者网购行为影响的实证研究. 价格理论与实践，37（8）：152-155.
魏守波，程岩. 2012. 虚拟氛围对在线消费者冲动购买意向影响的实证研究. 系统管理学报，21（4）：531-539.
魏婷，杨秋照. 2015. 基于粉丝消费行为的企业营销策略研究. 河北经贸大学学报，36（5）：95-98.
肖芃，高森宇. 2015. 社会化网络中"粉丝经济"的营销分析. 现代传播（中国传媒大学学报），37（10）：118-121.
谢择月，蒲瑞霞. 2019. 基于社会化创意下的粉丝营销中活跃度研究. 中外企业家，36（1）：111-112.
辛欣，刘文超，任俊生. 2018. 消费者购物动机研究述评. 税务与经济，40（1）：62-67.
薛文怡. 2016. 电子商务在线口碑与观察性学习对产品销售的影响. 河北工业大学硕士学位论文.
严燕美. 2016. 社会化商务特性对关系质量和购买意愿的影响研究——基于农产品消费者的调查. 华南农业大学硕士学位论文.
殷哲，胡芳芳. 2018. 考虑降价压力与物流成本影响的网络零售最优促销策略研究. 商业经济研究，37（22）：81-84.
张崇，刘颖，初敏，等. 2017. 基于海量日志数据的移动APP用户采纳过程研究. 管理评论，29（1）：125-133.
张昊. 2018. “电商造节”中的微观价格行为及竞争效应. 财贸经济，39（11）：128-144.
张静毓，王冬阳，孟芷伊，等. 2019. 网络购物投诉原因的调查及相关建议. 商业经济，38（2）：98-100，105.
张小凡. 2015. 当前自媒体发展的特点与趋势分析. 北京邮电大学学报（社会科学版），17（5）：1-5.
张艳辉，李宗伟，赵诣成. 2017. 基于淘宝网评论数据的信息质量对在线评论有用性的影响. 管理学报，14（1）：77-85.
周雄伟，马新朝，陈晓红. 2018. 价格比较广告中折扣比例对消费者积极反馈行为的影响. 管理学报，15（3）：410-419.
周燕，商平平. 2018. B2C网络平台在线评论对消费者购买决策的影响. 商业经济研究，22：66-68.
朱丽叶，袁登华，张静宜. 2017. 在线用户评论质量与评论者等级对消费者购买意愿的影响——产品卷入度的调节作用. 管理评论，29（2）：87-96.
朱晓峰. 2004. 生命周期方法论. 科学学研究，22（6）：566-571.
Aboubaker Ettis S. 2017. Examining the relationships between online store atmospheric color，flow experience and consumer behavior. Journal of Retailing and Consumer Services，37：43-55.
Ajzen I. 1985. From intentions to actions：a theory of planned behavior//Kuhn J，Beckman J. Action-control：from Cognition to Behavior. Berlin：Springer：11-39.
Ajzen I. 1991. The theory of planned behavior. Organizational Behavior and Human Decision Processes，50（2）：179-211.
Aldousari A A，Delafrooz N，Ab Yajid M S，et al. 2016. Determinants of consumers' attitudes toward online shopping. Journal of Transnational Management，21（4）：183-199.
Ananda A S，Hernández-García A，Lamberti L. 2014. RENL：A Framework for Social Media Marketing Strategy. Milano：Edim Phd Conference.
Archak N，Ghose A，Ipeirotis P G. 2007. Show me the money! Deriving the pricing power of product features by mining consumer reviews. California：Proceedings of the 13th ACM SIGKDD International Conference on Knowledge Discovery and Data Mining.
Arndt J. 1967. Role of product-related conversations in the diffusion of a new product. Journal of Marketing Research，4（3）：291-295.
Arnold M J，Reynolds K E. 2003. Hedonic shopping motivations. Journal of Retailing，79（2）：77-95.
Ashley C，Tuten T. 2015. Creative strategies in social media marketing：an exploratory study of branded social content and consumer engagement. Psychology & Marketing，32（1）：15-27.
Ayo C K，Adewoye J O，Oni A A. 2011. Business-to-consumer e-commerce in Nigeria：prospects and challenges. African Journal of Business Management，5（13）：5109-5117.
Babin B J，Darden W R，Griffin M. 1994. Work and/or fun：measuring hedonic and utilitarian shopping value. Journal of Consumer Research，（4）：644-656.

Baker J，Parasuraman A，Grewal D，et al. 2002. The influence of multiple store environment cues on perceived merchandise value and patronage intentions. Journal of Marketing，66（2）：120-141.

Bambauer-Sachse S，Mangold S. 2011. Brand equity dilution through negative online word-of-mouth communication. Journal of Retailing and Consumer Services，18（1）：38-45.

Banerjee A V. 1992. A simple model of herd behavior. The Quarterly Journal of Economics，107（3）：797-817.

Bansal H S，Voyer P A. 2000. Word-of-mouth processes within a services purchase decision context. Journal of Service Research，3（2）：166-177.

Beatty P，Reay I，Dick S，et al. 2011. Consumer trust in e-commerce web sites：a meta-study. ACM Computing Surveys，43（3）：1-46.

Berger C R. 1979. Beyond initial interaction：uncertainty，understanding，and the development of interpersonal relationships. Language and Social Psychology，(24)：122-144.

Berger J，Heath C. 2007. Where consumers diverge from others：identity signaling and product domains. Journal of Consumer Research，34（2）：121-134.

Berger J，Sorensen A T，Rasmussen S J. 2010. Positive effects of negative publicity：when negative reviews increase sales. Marketing Science，29（5）：815-827.

Berthon P R，Pitt L F，Plangger K，et al. 2012. Marketing meets Web 2.0，social media，and creative consumers：Implications for international marketing strategy. Business Horizons，55（3）：261-271.

Biocca F，Harms C. 2002. Defining and measuring social presence：contribution to the networked minds theory and measure. Porto：Proceedings of the Fifth Annual International Workshop on Presence.

Blei D M，Ng A Y，Jordan M I. 2003. Latent dirichlet allocation. Journal of Machine Learning Research，3：993-1022.

Brech F M，Messer U，Vander Schee B A，et al. 2017. Engaging fans and the community in social media：interaction with institutions of higher education on Facebook. Journal of Marketing for Higher Education，27（1）：112-130.

Brengman M，Karimov F P. 2012. The effect of web communities on consumers' initial trust in B2C e-commerce websites. Management Research Review，35（9）：791-817.

Burt R S，Knez M. 1995. Kinds of third-party effects on trust. Rationality and Society，7（3）：255-292.

Carfora V，Cavallo C，Caso D，et al. 2019. Explaining consumer purchase behavior for organic milk：Including trust and green self-identity within the theory of planned behavior. Food Quality and Preference，76：1-9.

Chan T K H，Cheung C M K，Lee Z W Y. 2017. The state of online impulse-buying research：a literature analysis. Information & Management，54（2）：204-217.

Chang C M，Hsu M H. 2016. Understanding the determinants of users' subjective well-being in social networking sites: an integration of social capital theory and social presence theory. Behaviour & Information Technology，35（9）：720-729.

Chen A H，Lu Y B，Chau P Y K，et al. 2014. Classifying，measuring，and predicting users' overall active behavior on social networking sites. Journal of Management Information Systems，31（3）：213-253.

Chen A H，Lu Y B，Wang B. 2017. Customers' purchase decision-making process in social commerce：a social learning perspective. International Journal of Information Management，37（6）：627-638.

Chen C C，Yao J Y. 2018. What drives impulse buying behaviors in a mobile auction? The perspective of the Stimulus-Organism-Response model. Telematics and Informatics，35（5）：1249-1262.

Chen M H，Tsai K M，Ke Y A. 2019a. Enhancing consumers' stickiness to online brand communities as an innovative relationship marketing strategy. International Journal on Semantic Web and Information Systems，15（3）：16-34.

Chen W K，Hung P C，Hsu P Y，et al. 2019b. The influence of shopping values on consumers' behavioral intention on m-shopping. Waseda University：the 10th International Conference.

Chen Y Y，Lai F W，Goh K N，et al. 2013. The effect of integrating social plugins into e-commerce website：a study on online consumer behaviour. Proceedings of the 7th International Conference on Ubiquitous Information Management and Communication.

Chi T. 2018. Understanding Chinese consumer adoption of apparel mobile commerce：an extended TAM approach. Journal of Retailing and Consumer Services，44：274-284.

Consoli D，Musso F. 2010. Marketing 2.0：a new marketing strategy. Journal of International Scitific Publications：Economy & Business，4：315-325.

Constantinides E. 2014. Foundations of social media marketing. Procedia-Social and Behavioral Sciences，148：40-57.

Cui G Q，Lockee B，Meng C Q. 2013. Building modern online social presence：a review of social presence theory and its instructional design implications for future trends. Education and Information Technologies，18（4）：661-685.

Davis F D. 1985. A technology acceptance model for empirically testing new end-user information systems：theory and results. Doctoral dissertation Massachusetts Institute of Technology.

Davis F D. 1989. Perceived usefulness，perceived ease of use，and user acceptance of information technology. MIS Quarterly，13（3）：319-340.

de Maeyer P. 2012. Impact of online consumer reviews on sales and price strategies：a review and directions for future research. Journal of Product & Brand Management，21（2）：132-139.

de Vries L，Gensler S，Leeflang P S H. 2012. Popularity of brand posts on brand fan pages：an investigation of the effects of social media marketing. Journal of Interactive Marketing，26（2）：83-91.

Deci E L，Cascio W F，Krusell J. 1975. Cognitive evaluation theory and some comments on the Calder and Staw critique. Journal of Personality and Social Psychology，31（1）：81-85.

Driediger F，Bhatiasevi V. 2019. Online grocery shopping in Thailand：Consumer acceptance and usage behavior. Journal of Retailing and Consumer Services，48：224-237.

Eid M I. 2011. Determinants of e-commerce customer satisfaction，trust，and loyalty in Saudi Arabia. Journal of Electronic Commerce Research，12（1）：78-93.

Engel J F，Kcgcrrcis R J，Blackwell R D. 1969. Word-of-mouth communication by the innovator. Journal of Marketing，33（3）：15-19.

Eslami S P，Ghasemaghaei M. 2018. Effects of online review positiveness and review score inconsistency on sales：a comparison by product involvement. Journal of Retailing and Consumer Services，45：74-80.

Felix R，Rauschnabel P A，Hinsch C. 2017. Elements of strategic social media marketing：a holistic framework. Journal of Business Research，70：118-126.

Filieri R，McLeay F，Tsui B，et al. 2018. Consumer perceptions of information helpfulness and determinants of purchase intention in online consumer reviews of services. Information & Management，55（8）：956-970.

Fishbein M，Ajzen I. 1975. Belief，attitude，intention，and behavior：an introduction to theory and research. MA：Addison-Wesley.

Floyd K，Freling R，Alhoqail S，et al. 2014. How online product reviews affect retail sales：a meta-analysis. Journal of Retailing，90（2）：217-232.

Fu S H，Yan Q，Feng G C. 2018. Who will attract you? Similarity effect among users on online purchase intention of movie tickets in the social shopping context. International Journal of Information Management，40：88-102.

Gefen D，Straub D W. 2000. The relative importance of perceived ease of use in IS adoption：a study of E-commerce adoption. Journal of the Association for Information Systems，1（1）：1-30.

Grieve R，Indian M，Witteveen K，et al. 2013. Face-to-face or Facebook：Can social connectedness be derived online?. Computers in Human Behavior，29（3）：604-609.

Groß M. 2018. Heterogeneity in consumers' mobile shopping acceptance：a finite mixture partial least squares modelling approach for exploring and characterising different shopper segments. Journal of Retailing and Consumer Services，40：8-18.

Hajli N. 2015. Social commerce constructs and consumer's intention to buy. International Journal of Information Management，35（2）：183-191.

Hajli N，Sims J，Zadeh A H，et al. 2017. A social commerce investigation of the role of trust in a social networking site on purchase intentions. Journal of Business Research，71：133-141.

Hallikainen H，Laukkanen T. 2018. National culture and consumer trust in e-commerce. International Journal of Information Management，38（1）：97-106.

Hamilton M，Kaltcheva V D，Rohm A J. 2016. Social media and value creation：the role of interaction satisfaction and interaction immersion. Journal of Interactive Marketing，36：121-133.

Hansen N，Kupfer A K，Hennig-Thurau T. 2018. Brand crises in the digital age：The short-and long-term effects of social media firestorms on consumers and brands. International Journal of Research in Marketing，35（4）：557-574.

Hargittai E，Litt E. 2011. The tweet smell of celebrity success：Explaining variation in Twitter adoption among a diverse group of young adults. New Media & Society，13（5）：824-842.

Hassanein K，Head M. 2005. The impact of infusing social presence in the web interface：an investigation across product types. International Journal of Electronic Commerce，10（2）：31-55.

Herzberg F. 2003. One more time：how do you motivate employees. Harvard Business Review，81：87-96.

Hollebeek L D，Macky K. 2019. Digital content marketing's role in fostering consumer engagement，trust，and value：framework，fundamental propositions，and implications. Journal of Interactive Marketing，45：27-41.

Hong I B，Cha H S. 2013. The mediating role of consumer trust in an online merchant in predicting purchase intention. International Journal of Information Management，33（6）：927-939.

Hong I B，Cho H. 2011. The impact of consumer trust on attitudinal loyalty and purchase intentions in B2C e-marketplaces：Intermediary trust vs. seller trust. International Journal of Information Management，31（5）：469-479.

Hovland C I，Harvey O J，Sherif M. 1957. Assimilation and contrast effects in reactions to communication and attitude change. The Journal of Abnormal and Social Psychology，55（2）：244-252.

Hsu C L，Chang K C，Chen M C. 2012. Flow experience and Internet shopping behavior：investigating the moderating effect of consumer characteristics. Systems Research and Behavioral Science，29（3）：317-332.

Huang L，Mou J，See-To E W K，et al. 2019. Consumer perceived value preferences for mobile marketing in China：a mixed method approach. Journal of Retailing and Consumer Services，48：70-86.

Hudson S，Huang L，Roth M S，et al. 2016. The influence of social media interactions on consumer-brand relationships：a three-country study of brand perceptions and marketing behaviors. International Journal of Research in Marketing，33（1）：27-41.

Im I，Hong S，Kang M S. 2011. An international comparison of technology adoption：testing the UTAUT model. Information & Management，48（1）：1-8.

Jiang C Q，Rashid R M，Wang J F. 2019. Investigating the role of social presence dimensions and information support on consumers' trust and shopping intentions. Journal of Retailing and Consumer Services，51：263-270.

Kahneman D，Tversky A. 1979. Prospect theory：an analysis of decision under risk.

Econometica，47（2）：263-292.

Kamińska D，Pelikant A. 2012. Recognition of human emotion from a speech signal based on plutchik's model. International Journal of Electronics and Telecommunications，58（2）：165-170.

Kassim N，Asiah Abdullah N. 2010. The effect of perceived service quality dimensions on customer satisfaction，trust，and loyalty in e-commerce settings：a cross cultural analysis. Asia Pacific Journal of Marketing and Logistics，22（3）：351-371.

Khan I，Han D P，Wahab A. 2016. Does culture matter in effectiveness of social media marketing strategy? An investigation of brand fan pages. Aslib Journal of Information Management，68（6）：694-715.

Kim J，Song H. 2016. Celebrity's self-disclosure on Twitter and parasocial relationships：a mediating role of social presence. Computers in Human Behavior，62（9）：570-577.

Kim S，Eastin M S. 2011. Hedonic tendencies and the online consumer：an investigation of the online shopping process. Journal of Internet Commerce，10（1）：68-90.

Kim S，Park H. 2013. Effects of various characteristics of social commerce (s-commerce) on consumers' trust and trust performance. International Journal of Information Management，33（2）：318-332.

Kim Y，Kim Y，Wang Y，et al. 2016. Uses and gratifications，journalists' twitter use，and relational satisfaction with the public. Journal of Broadcasting & Electronic Media，60（3）：503-526.

Koufaris M. 2002. Applying the technology acceptance model and flow theory to online consumer behavior. Information Systems Research，13（2）：205-223.

Labrecque L I. 2014. Fostering consumer-brand relationships in social media environments：the role of parasocial interaction. Journal of Interactive Marketing，28（2）：134-148.

Ladhari R，Rioux M C，Souiden N，et al. 2019. Consumers' motives for visiting a food retailer's Facebook page. Journal of Retailing and Consumer Services，50：379-385.

Lalelung M E，Pangemanan S S. 2018. Analysis of consumer online impulsive buying behaviour in manado. Jurnal EMBA，6（2）：908-917.

Laroche M. 2010. New developments in modeling Internet consumer behavior：Introduction to the special issue. Journal of Business Research，63（9/10）：915-918.

Lee J，Park D H，Han I. 2008. The effect of negative online consumer reviews on product attitude：an information processing view. Electronic Commerce Research and Applications，7（3）：341-352.

Lee T Y，Bradlow E T. 2011. Automated marketing research using online customer reviews. Journal of Marketing Research，48（5）：881-894.

Li C Y. 2019. How social commerce constructs influence customers' social shopping intention? An empirical study of a social commerce website. Technological Forecasting and Social Change，144：282-294.

Li D H，Browne G J，Wetherbe J C. 2006. Why do Internet users stick with a specific web site? A relationship perspective. International Journal of Electronic Commerce，10（4）：

105-141.

Li J，Lan Q L，Liu L，et al. 2019. Integrated online consumer preference mining for product improvement with online reviews. Journal of Systems Science and Information，7（1）：17-36.

Li J，Xue W Y，Yang F，et al. 2017. An integrated research framework for effect of EWOM. Journal of Systems Science and Information，5（4）：343-355.

Li X X，Hitt L M. 2008. Self-selection and information role of online product reviews. Information Systems Research，19（4）：456-474.

Lim H，Kumar A. 2019. Variations in consumers' use of brand online social networking：a uses and gratifications approach. Journal of Retailing and Consumer Services，51：450-457.

Lim K H，Sia C L，Lee M K O，et al. 2006. Do I trust you online，and if so，will I buy? An empirical study of two trust-building strategies. Journal of Management Information Systems，23（2）：233-266.

Lim Y J，Osman A，Salahuddin S N，et al. 2016. Factors influencing online shopping behavior：the mediating role of purchase intention. Procedia Economics and Finance，35：401-410.

Liu R R，McClure P. 2001. Recognizing cross-cultural differences in consumer complaint behavior and intentions：an empirical examination. Journal of Consumer Marketing，18（1）：54-75.

Liu Y，Li H，Peng G，et al. 2015. Online purchaser segmentation and promotion strategy selection：evidence from Chinese E-commerce market. Annals of Operations Research，233（1）：263-279.

Lorenzo O，Kawalek P，Ramdani B. 2012. Enterprise applications diffusion within organizations：a social learning perspective. Information & Management，49（1）：47-57.

Lovett M J，Peres R，Shachar R. 2013. On brands and word of mouth. Journal of Marketing Research，50（4）：427-444.

Luo X M，Gu B，Zhang J，et al. 2017. Expert blogs and consumer perceptions of competing brands. MIS Quarterly，41（2）：371-395.

Mackie D M，Devos T，Smith E R. 2000. Intergroup emotions：explaining offensive action tendencies in an intergroup context. Journal of Personality and Social Psychology，79（4）：602-616.

Marowka A. 2018. On parallel software engineering education using python. Education and Information Technologies，23（1）：357-372.

Marriott H R，Williams M D. 2018. Exploring consumers perceived risk and trust for mobile shopping：a theoretical framework and empirical study. Journal of Retailing and Consumer Services，42：133-146.

Mehrabian A，Russell J A. 1974. An Approach to Environmental Psychology. Cambridge：The MIT Press.

Miller K. 2004. Communication Theories：Perspectives，Processes，and Contexts. New

York：McGraw-Hill.

Morgan R M，Hunt S D. 1994. The commitment-trust theory of relationship marketing. Journal of Marketing，58（3）：20-38.

Mousavi M，Esfidani M R. 2013. A comprehensive model of customers' complaint behavior. International Journal of Academic Research in Business and Social Sciences，3（5）：548-569.

Mudambi S M，Schuff D. 2010. Research note：what makes a helpful online review? A study of customer reviews on amazon.com. MIS Quarterly，34（1）：185-200.

Ng C S P. 2013. Intention to purchase on social commerce websites across cultures：a cross-regional study. Information & Management，50（8）：609-620.

Ning Shen K，Khalifa M. 2012. System design effects on online impulse buying. Internet Research，22（4）：396-425.

Nobre H，Silva D. 2014. Social network marketing strategy and SME strategy benefits. Journal of Transnational Management，19（2）：138-151.

Nofadhila A，Prasetio A，Sofyan E，et al. 2018. The consumer acceptance of traveloka mobile App affects behavioral intention：analyzing 7 factors of modified utaut2 (study case in Indonesia). e-Proceeding of Management，5（1）：874-883.

Nowak K L. 2013. Choosing Buddy Icons that look like me or represent my personality：Using Buddy Icons for social presence. Computers in Human Behavior，29（4）：1456-1464.

O'Fallon M J，Butterfield K D. 2012. The influence of unethical peer behavior on observers' unethical behavior：a social cognitive perspective. Journal of Business Ethics，109（2）：117-131.

Oliveira T，de Alhinho M，Rita P，et al. 2017. Modelling and testing consumer trust dimensions in e-commerce. Computers in Human Behavior，71：153-164.

Olston C，Najork M. 2010. Web crawling. Foundations and Trends® in Information Retrieval，4（3）：175-246.

Ong C E，Teh D. 2016. Redress procedures expected by consumers during a business-to-consumer e-commerce dispute. Electronic Commerce Research and Applications，17：150-160.

Özen H，Kodaz N. 2016. Utilitatian or hedonic? A cross cultural study in online shopping. Organizations and markets in emerging economies，3（2）：80-90.

Pan Z，Lu Y B，Gupta S. 2014. How heterogeneous community engage newcomers? The effect of community diversity on newcomers' perception of inclusion：an empirical study in social media service. Computers in Human Behavior，39：100-111.

Parker E B，Short J，Williams E，et al. 1976. The social psychology of telecommunications. Contemporary Sociology，7（1）：32.

Pavlou P A. 2003. Consumer acceptance of electronic commerce：integrating trust and risk with the technology acceptance model. International Journal of Electronic Commerce，7（3）：101-134.

Pavlou P A，Gefen D. 2004. Building effective online marketplaces with institution-based trust. Information Systems Research，15（1）：37-59.

Pekar V，Ou S. 2008. Discovery of subjective evaluations of product features in hotel reviews. Journal of Vacation Marketing，14（2）：145-155.

Plutchik R. 2001. The nature of emotions. American Scientist，89（4）：344-350.

Rezaeian A，Shokouhyar S，Yousefi S. 2016. Intention to purchase behavior on social e-commerce website across cultures (case study：Iranian online purchaser). International Journal of Computers &Technology，15（9）：7077-7089.

Robert L P，Denis A R，Hung Y T C. 2009. Individual swift trust and knowledge-based trust in face-to-face and virtual team members. Journal of Management Information Systems，26（2）：241-279.

Rubin A M. 2002. The uses-and-gratifications perspective on media effects//Bryant J，Zillmann D. Media Effects：Advances in Theory and Research. 2nd ed. NJ：Erlbaum：525-548.

Ruiz-Mafe C，Chatzipanagiotou K，Curras-Perez R. 2018. The role of emotions and conflicting online reviews on consumers' purchase intentions. Journal of Business Research，89：336-344.

Rushton J P，Bons T A. 2005. Mate choice and friendship in twins：evidence for genetic similarity. Psychological Science，16（7）：555-559.

Rutter R，Roper S，Lettice F. 2016. Social media interaction，the university brand and recruitment performance. Journal of Business Research，69（8）：3096-3104.

Schulz，J. 2006. Vehicle of the self：the social and cultural work of the H2 Hummer. Journal of Consumer Culture，6（1）：57-86.

Seo S，Lee Y. 2008. Shopping values of clothing retailers perceived by consumers of different social classes. Journal of Retailing and Consumer Services，15（6）：491-499.

Shareef M A，Mukerji B，Alryalat M A A，et al. 2018. Advertisements on Facebook：Identifying the persuasive elements in the development of positive attitudes in consumers. Journal of Retailing and Consumer Services，43：258-268.

Shihab M R，Putri A P. 2019. Negative online reviews of popular products：understanding the effects of review proportion and quality on consumers' attitude and intention to buy. Electronic Commerce Research，19（1）：159-187.

Sokolova K，Kefi H. 2020. Instagram and YouTube bloggers promote it，why should I buy? How credibility and parasocial interaction influence purchase intentions. Journal of Retailing and Consumer Services，53：101742.

Stewart K J. 2003. Trust transfer on the world wide web. Organization Science，14（1）：5-17.

Svari S，Svensson G，Slåtten T，et al. 2010. A DIP-construct of perceived justice in negative service encounters and complaint handling in the Norwegian tourism industry. Journal of Service Theory and Practice，20（1）：26-45.

Takhire M，Taghizadeh J. 2015. Evaluation of effective factors on customer decision-making process in the online environment. International Journal of Managing Public Sector Information and Communication Technologies 6（3）：1-11.

Tang T Y, Fang E E, Wang F. 2014. Is neutral really neutral? The effects of neutral user-generated content on product sales. Journal of Marketing, 78: 41-58.

Tauber E M. 1972. Marketing notes and communications: why do people shop?. Journal of Marketing, 36 (4): 46-49.

Tien D H, Amaya Rivas A A, Liao Y K. 2019. Examining the influence of customer-to-customer electronic word-of-mouth on purchase intention in social networking sites. Asia Pacific Management Review, 24 (3): 238-249.

Toda A A. 2019. Wealth distribution with random discount factors. Journal of Monetary Economics, 104: 101-113.

Tseng T H, Lee C T. 2018. Facilitation of consumer loyalty toward branded applications: The dual-route perspective. Telematics and Informatics, 35 (5): 1297-1309.

Tu C H. 2000. On-line learning migration: from social learning theory to social presence theory in a CMC environment. Journal of Network Computer Applications, 23 (1): 27-37.

Utz S, Kerkhof P, van den Bos J. 2012. Consumers rule: How consumer reviews influence perceived trustworthiness of online stores. Electronic Commerce Research and Applications, 11 (1): 49-58.

Venkatesh V, Morris G M, Davis G B, et al. 2003. User acceptance of information technology: toward a unified view. MIS Quarterly, 27 (3): 425-478.

Verhagen T, van Dolen W. 2011. The influence of online store beliefs on consumer online impulse buying: a model and empirical application. Information & Management, 48 (8): 320-327.

von Helversen B, Abramczuk K, Kopeć W, et al. 2018. Influence of consumer reviews on online purchasing decisions in older and younger adults. Decision Support Systems, 113: 1-10.

Voss K E, Spangenberg E R, Grohmann B. 2003. Measuring the hedonic and utilitarian dimensions of consumer attitude. Journal of Marketing Research, 40 (3): 310-320.

Wang W T, Wang Y S, Liu E R. 2016. The stickiness intention of group-buying websites: The integration of the commitment-trust theory and e-commerce success model. Information & Management, 53 (5): 625-642.

Wang X Q, Lin X L, Spencer M K. 2019. Exploring the effects of extrinsic motivation on consumer behaviors in social commerce: Revealing consumers' perceptions of social commerce benefits. International Journal of Information Management, 45: 163-175.

Wang Y C, Yu C. 2017. Social interaction-based consumer decision-making model in social commerce: the role of word of mouth and observational learning. International. Journal of Information Management, 37 (3): 179-189.

Weinberg P, Gottwald W. 1982. Impulsive consumer buying as a result of emotions. Journal of Business Research, 10 (1): 43-57.

White Baker E, Hubona G S, Srite M. 2019. Does "being there" matter? the impact of web-based and virtual world's shopping experiences on consumer purchase attitudes.

Information & Management，56（7）：103153.

Wu F，Huberman B A. 2008. How public opinion forms//Papadimitriou C，Zhang S. Internet and Network Economics：4th International Workshop，WINE 2008，Shanghai，China，December 17-20，2008. Heidelberg：Springer Berlin Heidelberg：334-341.

Wu Y L，Ye Y S. 2013. Understanding impulsive buying behavior in mobile commerce. Jeju：Pacific Asia Conference on Information System.

Xiang L，Zheng X B，Lee M K O，et al. 2016. Exploring consumers' impulse buying behavior on social commerce platform：the role of parasocial interaction. International Journal of Information Management，36（3）：333-347.

Xiao K H. 2008. An Empirical Study of Custumer's Online Initial Trust Production Model. Dalian：The 4th International Conference on Wireless Communications.

Xiao L，Guo F P，Yu F M，et al. 2019. The effects of online shopping context cues on consumers' purchase intention for cross-border E-commerce sustainability. Sustainability，11（10）：2777.

Yadav M，Rahman Z. 2017. Measuring consumer perception of social media marketing activities in e-commerce industry：Scale development & validation. Telematics and Informatics，34（7）：1294-1307.

Yan Q，Wu S，Wang L L，et al. 2016. E-WOM from e-commerce websites and social media：Which will consumers adopt? Electronic Commerce Research and Applications，17：62-73.

Yang Y，Zhu Y. 2016. Effects of online pictorial versus verbal reviews of experience product on consumer's judgment. Acta Psychologica Sinica，48（8）：1026-1036.

Yen Y S. 2010. Can perceived risks affect the relationship of switching costs and customer loyalty in e-commerce?. Internet Research，20（2）：210-224.

Zanette D H，Manrubia S C. 2001. Vertical transmission of culture and the distribution of family names. Physica A：Statistical Mechanics and Its Applications，295（1/2）：1-8.

Zeithaml V A，Berry L L，Parasuraman A. 1996. The behavioral consequences of service quality. Journal of Marketing，60（2）：31-46.

Zhang H，Lu Y B，Gao P，et al. 2014a. Social shopping communities as an emerging business model of youth entrepreneurship：exploring the effects of website characteristics. International Journal of Technology Management，66（4）：319-345.

Zhang H，Lu Y B，Gupta S，et al. 2014b. What motivates customers to participate in social commerce? The impact of technological environments and virtual customer experiences. Information & Management，51（8）：1017-1030.

Zhang H，Lu Y B，Wang B，et al. 2015. The impacts of technological environments and co-creation experiences on customer participation. Information & Management，52（4）：468-482.

Zhang K Z K，Benyoucef M. 2016. Consumer behavior in social commerce：a literature review. Decision Support Systems，86：95-108.

Zhang K Z K，Cheung C M K，Lee M K O. 2014c，Examining the moderating effect of inconsistent reviews and its gender differences on consumers' online shopping decision[J]. International Journal of Information Management，34（2）：89-98.

Zhang W H，Xu H，Wan W. 2012. Weakness Finder：Find product weakness from Chinese reviews by using aspects based sentiment analysis. Expert Systems with Applications，39（11）：10283-10291.

Zhang X N，Prybutok V R，Koh C E. 2006. The role of impulsiveness in a TAM-based online purchasing behavior model. Information Resources Management Journal，19（2）：54-68.

Zhang X N，Prybutok V R，Strutton D. 2007. Modeling influences on impulse purchasing behaviors during online marketing transactions. Journal of Marketing Theory and Practice，15（1）：79-89.

Zhao J D，Huang J S，Su S. 2019. The effects of trust on consumers' continuous purchase intentions in C2C social commerce：a trust transfer perspective. Journal of Retailing and Consumer Services，50：42-49.

Zhu F，Zhang X M. 2010. Impact of online consumer reviews on sales：the moderating role of product and consumer characteristics. Journal of Marketing，74（2）：133-148.